DAS KAPITAL
am Pranger

Ein Kompaß durch den politischen Begriffsnebel

Für André Lichtschlag

Roland Baader

DAS KAPITAL
am Pranger

Ein Kompaß durch
den politischen Begriffsnebel

RESCH VERLAG

Bibliographische Information der Deutschen Bibliothek:
Die Deutsche Bibliothek verzeichnet diese
Publikation in der Deutschen Nationalbibliographie;
detaillierte bibliographische Daten sind im Internet
über http://dnb.ddb.de abrufbar.

1. Auflage 2005
© 2005 Verlag Dr. Ingo Resch GmbH
Maria-Eich-Straße 77, D-82166 Gräfelfing
Alle Rechte vorbehalten
Umschlaggestaltung: Atelier Georg Lehmacher, Friedberg (Bay.)
Satz: DTP Team, Martinsried
Druck und Bindung: RMO & Welte, München
Printed in Germany

ISBN 3-935197-45-4

INHALTSÜBERSICHT

VORWORT

Für das politische Schicksal Deutschlands markiert das Jahr 2005 eine folgenschwere Wegscheide. Zahllose Briefe meiner Leser zeugen von Bestürzung und Ratlosigkeit – und enthalten oft die dringliche Bitte um Orientierungshilfe. Daß sogar eine Regierungskoalition mit kommunistischer Beimengung in den Bereich des Möglichen gerückt ist, löst vielfach Entsetzen und Resignation aus. Hinzu kamen die Kapitalismus-Attacken des SPD-Parteivorsitzenden Müntefering, auf die viele Leute mit Schrecken reagiert haben. Seltsamerweise, denn nicht das sollte alarmierend wirken (sozialdemokratische Politik war schon immer sozialistische Politik), sondern erschreckend ist vielmehr die Tatsache, daß 70 % der Deutschen die Ausfälle für gut, richtig und notwendig halten. Und das nach den Erfahrungen mit zwei sozialistischen "Großexperimenten" auf deutschem Boden mit apokalyptischen Folgen. Offensichtlich ist den Bataillonen der sogenannten 68er-Revolution mit der Besetzung der Institutionen auch die Besetzung der Definitionen gelungen, eine Sprachzerstörung, der – nach allem, was uns Theorie und Erfahrung lehren – ein Verlust der Freiheit stets auf dem Fuße folgt.

Konfuzius wußte schon vor zweieinhalb Tausend Jahren: "Wenn die Wörter ihre Bedeutung verlieren, verlieren die Völker ihre Freiheit." Das ist so, weil (wie Erwin Chargaff das so schön gesagt hat) Wörter "unsere Gedanken machen" und weil wir Wahrheit und Lüge nicht mehr unterscheiden können, wenn die Begriffe mit falschem Inhalt gefüllt sind.

Die politischen und rhetorischen Rattenfänger haben dann leichtes Spiel mit denen, die sie beherrschen wollen. Nietzsche hat es lange vor George Orwell vorhergesehen, als er schrieb: "Der wirkliche Machthaber der Zukunft wird der sein, der neue Sprachregelungen durchsetzen kann."

Freiheit und Wahrheit bilden eine Einheit. Ebenso Unfreiheit (Herrschaft) und Lüge. Das wirksamste Instrument der Lüge – und somit auch der Knechtschaft – ist die verfälschte Sprache. Die schärftsten Waffen der Tyrannis, noch vor dem Schwert und dem Gewehr, sind die Nebel- und Trug-Wörter, mit denen wir getäuscht werden. Genau deshalb besteht die entscheidende Methode zur Verteidigung und Bewahrung der Freiheit im Bewußtsein und im Wissen um den wahren Inhalt der Begriffe. Machen wir uns also ans Werk, immer und immer wieder, die Begriffe zu klären und die Definitionen mit intellektueller Redlichkeit und dem Willen zur Wahrheit zu setzen – gegen alle Rattenfänger dieser Welt.

1. August 2005, Roland Baader

I. Was ist Kapital?

1. Definitionen

Stark vereinfacht, läßt sich der Produktionsfaktor *Kapital* wie folgt definieren: Kapital kann Investitionsgüter oder Finanzkapital bedeuten, oder (meistens) beides. Der Nationalökonom ist mit dieser Definition natürlich nicht zufrieden, sondern erwartet eine differenziertere Darstellung des Kapitalbegriffs, der im Verlauf der ökonomischen Dogmengeschichte zahllose Wandlungen durchgemacht hat und noch immer in vielen Variationen vorgestellt wird. Aber die vorliegende Publikation ist kein Lehrbuch der Volkswirtschafts- oder Betriebswirtschaftslehre (jedenfalls kein akademisches und systematisches), sondern eine Streitschrift, die sich mit dem befaßt, was die meisten Leute (inklusive der Politiker) unter *Kapital* verstehen – und vor allem, was sie daran mißverstehen. Aber der vulgär-populäre und der wissenschaftlich-korrekte Kapitalbegriff haben wenigstens einen akzeptablen gemeinsamen Nenner: Sie meinen wirtschaftliche Potenz. Und was daran gut oder schlecht, richtig oder falsch, nützlich oder schädlich ist, das wollen wir hier untersuchen.

Unter dem Begriff "das Kapital" verstehen die meisten Menschen einfach reiche Leute, große Vermögen und Konzerne, Großspekulanten und eine Art heimliche Verschwörung der Superreichen, oft verfilzt mit den Figuren und Institutionen der politischen Macht zum Zwecke der Vereinnahmung der Schätze der Erde und des Ertrages aus dem Arbeitsschweiß der kleinen Leute. Entsprechend groß, dauerhaft und unausrottbar sind die Vorbehalte und Abneigungen oder die Haß- und Neidgefühle gegenüber "dem Kapital". Mit dem Werk *Das Kapital* von Karl Marx wurde diesen tragischen Aversionen ein wissenschaftliches Mäntelchen umgehängt. Das unbeschreibliche Elend des 20. Jahrhunderts mit seiner sozialistisch-kommunistischen Versklavung eines Großteils der Menschheit und mit seiner hundertmillionenfachen Menschenvernichtung hat nicht gereicht, den homo sapiens von diesem schrecklichen Wahn zu heilen.

Schon im antiken Griechenland begann die politische und philosophische Diskriminierung des Kapitals. Auch der im übrigen so kluge und genialische Aristoteles hat einer kapitalfeindlichen Theorie gefrönt und fand die Anhäufung von Reichtümern um des Erwerbes willen – und insbesondere das Ausleihen von Geld gegen Zins – als unnatürlich und staatsfeindlich. Die Lehren des frühen Christentums haben in dieser Hinsicht noch mehr Verwirrung gestiftet, und erst im 13. Jahrhundert kehrte mit Thomas von Aquin – und rund zwei Jahrhunderte später mit Bernhardin von Siena und Antonin von Florenz ein wenig ökonomischer Realismus in die theologische Debatte ein.

Abgesehen von den Denkern der spanischen Spätscholastik (die hier leider nicht behandelt werden können), kam es im ökonomischen Denken Europas erst mit der englischen Klassik – vor allem bei Adam Smith und David Ricardo – zu einer unvernebelten Sicht auf das Phänomen *Kapital*. Beim englischen Ökonomen John Stuart Mill tauchten dann endlich glasklare Erkenntnisse über das Wesen und die Funktion des Kapitals als Produktionsfaktor auf. In seinem Werk *Grundsätze der politischen Ökonomie* von 1852 hat er eine Reihe von "Fundamentalsätzen" über das Kapital aufgestellt. Die zwei wichtigsten davon lauten (sinngemäß): 1) Die Erwerbstätigkeiten eines Landes sind durch seinen Kapitalreichtum begrenzt; daher sind weder Gesetze noch Regierungen in der Lage, Erwerbstätigkeiten zu schaffen, wenn sie nicht zugleich über die erforderlichen Kapitalien verfügen. 2) Alles Kapital – und insbesondere jeder Zuwachs an Kapital – ist das Ergebnis von Ersparnis.

Eine weitere, entscheidende Klärung fand der Kapitalbegriff bei den Denkern der sogenannten *Österreichischen Schule der Nationalökonomie*, ganz besonders bei Eugen von Böhm-Bawerk (*Kapital und Kapitalzins*, Jena 1921) und bei Friedrich A. von Hayek (*Preise und Produktion*, Wien 1931). Wir wollen uns hier mit dem Böhm-Bawerk'schen Kapitalbegriff begnügen, der für die Zwecke unserer Erörterungen ausreicht. Er definiert *Kapital* als "Produkte, die als Mittel des Gütererwerbs dienen". Kapital ist also einer der drei Produktionsfaktoren – neben Arbeit und Boden. Heute beschränkt man sich in der Nationalökonomie meistens auf nur noch zwei Faktoren, nämlich *Kapital* und *Arbeit*, wobei der Boden im Faktor *Kapital* enthalten ist. Allerdings ist in den letzten Jahren ein Produktionsfaktor immer wichtiger geworden, so daß er fast regelmäßig als "Dritter im Bunde" genannt wird. Es handelt sich um das sogenannte *Humankapital*, das zwischen den Faktoren *Kapital* und *Arbeit* oszilliert.

Mit *Humankapital* ist gemeint: Wissen, Bildung, Ausbildung, Erfindergeist, Kombinationsgeschick, Phantasie, Begabung etc. Man könnte also das *Humankapital* eigentlich dem Faktor Arbeit zuschlagen, aber so einfach ist die Sache nicht. Gerade weil der Begriff von den ökonomisch schimmerlosen Intellektuellen der Republik zum "Unwort des Jahres" vorgeschlagen worden ist (weil er angeblich den Menschen auf die Ebene eines Produktionswerkzeugs herunterziehe), soll er hier ein wenig näher betrachtet werden. Im Vokabular der Ökonomen hat das Wort *Humankapital* einen ganz anderen, höchst ehrenwerten Stellenwert. Bei etlichen Ökonomen überragt die Bedeutung dieses Produktionsfaktors sogar diejenige des Sachkapitals für den Wertschöpfungsprozeß bei weitem – sowohl was seine Quantität als auch seine Qualität anbelangt. Mit der gesonderten Benennung des *Humankapitals* soll gerade das Einzigartige und Wunderbare der menschlichen Fähigkeiten und Fertigkeiten herausgestellt werden, ohne die alles Sach- und Finanzkapital nur "totes Kapital" bleibt.

Es gilt jedoch, zu bedenken, daß das Humankapital seine Kräfte nur in einer Symbiose mit dem Sach- und Finanzkapital entfalten kann – und nur wenn es in eine kapitalistische Ordnung eingebettet ist. Am kürzesten hat das der Ökonom und Nobelpreisträger Gary S. Becker mit dem Satz ausgedrückt: "Der Beitrag der Bildung für eine Wirtschaft ohne

Märkte und Wettbewerb [ist] verschwendet." (Becker 1995/ 96, S. 20). Zur Verdeutlichung sei ein Beispiel genannt: Bei einem Auto (Pkw oder Lkw), das nicht ausschließlich dem privaten Vergnügen dient, handelt es sich zweifellos um Kapital. Wenn nun niemand da ist, der das Auto fahren kann (Solches Können ist ein Element des Humankapitals), so ist das Auto (Kapital) wertlos. Andererseits ist auch die Fähigkeit, ein Auto fahren zu können (Humankapital) völlig wertlos, wenn kein Auto vorhanden ist. Da es nicht besonders schwierig ist, das Fahren eines Autos zu erlernen, aber sehr schwierig und teuer, eines herzustellen – und auch teuer, sich eines anzuschaffen, und weil es überhaupt erst möglich und nützlich ist, Autofahren zu lernen, wenn ein Auto vorhanden (produziert) ist, bleibt das Sach- und Finanzkapital der entscheidende Engpaßfaktor des Wertschöpfungsprozesses, weit vor dem Humankapital. Gleichwohl stehen die Bedeutung des Humankapitals und die respektvolle Verwendung des Wortes in der ökonomischen Analyse im krassen Gegensatz zur Empörung, die es bei den schreibenden und redenden Eliten unseres Landes ausgelöst hat. (Auch das ist – unter vielem anderen – ein Indikator für die zweifelhafte "Qualität" dieser Eliten in ökonomischen Belangen).

Das Konvolut der Marx'schen Kapitalbegriffe darzustellen, lohnt sich nicht. Die impliziten Verbindungen seiner Kapital-Termini mit seiner völlig falschen Arbeitswertlehre ergeben einen Wust an unklaren, unfruchtbaren und falschen Vorstellungen über das Phänomen Kapital. Nach langer Beschäftigung mit den Marx'schen Begriffswelten halte ich solche

Bemühungen für verschwendete Lebenszeit und halte mich lieber an das ebenso nonchalante wie treffliche Urteil des großen Marx-Kenners Professor Konrad Löw: "Marx ist Murks".

2. Was bewirkt das Kapital?

Unendlich viel bedeutsamer als die Definition des Phänomens *Kapital* ist die Antwort auf die Frage "Was bewirkt das Kapital?" Eine generelle These vorweg: Kapital und das Bilden und Anhäufen von Kapital ist die Hauptquelle allen materiellen Wohlstands und Fortschritts der Menschheit, das einzige Mittel, mit dem sie über den Status von primitiven Höhlenbewohnern und Steinzeit-Horden hinausgelangen konnte – und sich vor einem Rückfall in diesen Zustand bewahren kann. Und weil materieller Wohlstand auch den Boden für Bildung, Kultur, Kunst und geistige Aufgeschlossenheit bereitet, ist Kapital und Kapitalakkumulation auch die Hauptvoraussetzung für alle kulturelle und zivilisatorische Entwicklung.

Zu letzterem wird oft eingewendet, es habe auch in früheren, bettelarmen Zeiten viele Hochkulturen gegeben. Das ist richtig, aber das waren jeweils die Kultur und der Prunk von mächtigen Herrschern, deren Völker als Sklaven oder wie dressierte Ochsen schuften mußten. Eine Kultur breiter Bevölkerungsschichten und eine Massenzivilisation kann nur bei allgemeinem Wohlstand entstehen, und allgemeinen Wohlstand kann es nur bei hinreichender Kapitalbildung geben – das heißt: wenn der Kapitalbestand je Kopf der Bevölkerung wächst.

Man sollte sich einmal klar vor Augen führen, daß die Menschheit über Jahrtausende hinweg in bitterer Armut vegetieren mußte und stets (im besten Fall!) auf dem Subsistenzniveau gerade noch überleben konnte. Nach fundierten Schätzungen und Berechnungen des britischen Historikers Angus Maddison lag das durchschnittliche Pro-Kopf-Einkommen der Erdenbewohner zum Zeitpunkt von Christi Geburt bei 400 Dollar im Jahr (Kaufkraftbasis 1990). Tausend Jahre später lag es immer noch bei 400 Dollar (das waren 33 Dollar im Monat nach heutiger Kaufkraft!), und bis 1829 war es nur auf 670 Dollar pro Jahr gestiegen. Erst die mit der *Industriellen Revolution* (im späten 19. und frühen 20. Jahrhundert) einsetzende Kapitalbildung konnte die Grundlage und die Startbasis für den heutigen Wohlstand in den Industrieländern schaffen (s. Schwarz 1999).

Die existentielle Situation und Lebensqualität der Menschen in der Antike, im Mittelalter und in der frühen, vorindustriellen Neuzeit wird meistens dadurch überschätzt, daß heute nur noch die Prachtbauten und Kunstwerke aus jenen Zeiten übrig geblieben und bekannt sind. Das waren aber alles Produkte einer winzig kleinen Feudalschicht, die sie in Auftrag gegeben, bezahlt, genutzt und unterhalten hat. Das armselige Existenzniveau der übrigen Bevölkerung blieb davon unberührt (oder wurde durch steuerliche Auspressung noch miserabler). Eine gemilderte Ausnahme hiervon bildeten in vorindustrieller Zeit nur einige Stadtstaaten, in denen durch bestimmte Umstände eine Art Früh- oder Vor-Kapitalismus entstehen konnte, eine breitere wohlhabende Kaufmannsschicht, reiche Bankiers und gutsituierte Handwerker. So z. B. in einigen oberitalienischen Städten, vor allem in Florenz und Venedig, sowie in den flandrischen Städten Brügge und Gent, und in Deutschland in den Hansestädten. Doch waren auch diese Ausnahmesituationen noch weit von dem Massenwohlstand entfernt, der erst mit der massiven Kapitalakkumulation des Industriezeitalters beginnen und sich allmählich entwickeln konnte.

Der Ökonom, der als erster den Wirkungsmechanismus zwischen Kapital und Wohlstand in seiner ganzen Tiefe und Breite erkannt, analysiert und dargelegt hat – und der zugleich als der genialste Kopf der *Österreichischen Schule* gilt (und als der wahrscheinlich bedeutendste Ökonom, der jemals gelebt hat), war Ludwig von Mises. In seinem epochalen Werk *Die Gemeinwirtschaft* von 1922 kann man lesen: "Im Wesen der kapitalistischen Gesellschaftsordnung liegt es, daß Kapital stets neu gebildet wird. Je größer der Kapitalfonds wird, desto höher steigt die Grenzproduktivität der Arbeit, desto höher wird daher absolut und relativ der Arbeitslohn. Die fortschreitende Kapitalbildung ist der einzige Weg, um jene Gütermenge zu mehren, die die Gesellschaft jährlich ohne Schmälerung der künftigen Produktionserträge verbrauchen kann, und zugleich der einzige Weg, um den Verbrauch des Arbeiters dauernd und ohne Schaden für die kommenden Arbeitergeschlechter zu erhöhen. Darum hat der Liberalismus als das einzige Mittel zur dauernden Hebung der Lage der breiten Schichten das Fortschreiten der Kapitalbildung bezeichnet. Der Weg, den Sozialismus und Destruktionismus gehen wollen, ist ein anderer: sie wollen Kapital aufzehren, um die Gegenwart reich zu machen auf Kosten der Zukunft. Die Politik des Liberalismus gleicht dem Vorgehen des sorgsamen Hausvaters, der für sich und seine Nachkommen sammelt und baut. Die Politik des Destruktionismus gleicht dem Vorgehen eines Verschwenders, der unbekümmert um das Morgen das Ererbte verjubelt." (Mises 1922, S. 425).

Der großen Bedeutung wegen sei pointiert wiederholt: Die einzige Möglichkeit zur Erzeugung von Wohlstand, Fortschritt und Zivilisation liegt in der Vermehrung des investierten Kapitals je Kopf der Bevölkerung – das heißt: in einer Vermehrung des Kapitals, welche die Vermehrung der Bevölkerung übersteigt. (Zum Einwand, in diesen Sätzen fehle die Erwähnung des Humankapitals: 1) Humankapital in maßgeblichem Umfang kann erst entwickelt werden, wenn durch die Investition in Sachkapital – in Maschinen, Werkzeuge, Energie etc. – ein wenigstens bescheidenes Wohlstandsniveau erreicht worden ist, wenn also der schiere Existenzkampf nicht mehr das ganze Leben in Anspruch nimmt. 2) Beim Humankapital verhält es sich – um es in mit einem anderen als dem bereits gezeichneten Bild zu wiederholen – wie bei einem Reiter ohne Pferd, oder wie bei einem Handwerker ohne Werkzeug, oder wie bei einem Arbeiter, der ohne Bagger nur mit bloßen Händen eine Baugrube ausheben soll: Sie können zwar bestenfalls ein klein wenig mehr Leistung erbringen als ein unbegabter oder unerfahrener Nichtskönner, aber gleichwohl nur einen winzigen Bruchteil ihrer eigentlichen Potenz entfalten).

Unser heutiger Wohlstand beruht auf der Tatsache, daß in jedem westdeutschen Arbeitsplatz aktuell und im Durchschnitt mehr als 200.000 Euro Sachkapital stecken, in einigen Arbeitsplätzen wie z. B. in der Energiewirtschaft sogar fast zwei Millionen Euro. Natürlich nützt ein noch so großer Kapitalstock wenig, wenn der Faktor Arbeit – also die arbeitenden Menschen – nicht frei sind und nicht frei über ihre Arbeitskraft verfügen können. Um beim Beispiel >Pferd und Reiter< zu bleiben: Wenn der Reiter nicht frei in seiner Entscheidung ist, wann er aufsteigen und absteigen will – und wohin er in welchem Tempo reiten will, dann nützt der beste und schnellste Gaul nichts. Dasselbe gilt selbstverständlich auch umgekehrt für die Freiheit des Kapitals: Wenn das Ross nicht frei ist, sondern angebunden im Stall steht, dann kommt auch der beste Reiter nicht vom Fleck.

Deshalb sollte sich jeder, der die Kapital-Schelte Münteferings mit Zustimmung quittiert, den Satz des englischen Historikers und Philosophen Lord Acton (1834–1902) übers Bett nageln: "Die Arbeiterklasse hat durch eine Schädigung des Kapitals viel mehr zu verlieren als die Kapitalisten, denn was für letztere den Verlust von Luxus und Überfluß heraufbeschwört, beschwört für erstere den Verlust des Notwendigen herauf." (Fears 1988, S. 552).

Von großer Bedeutung ist ein weiterer Aspekt der Kapitalbildung, und zwar die Tatsache, daß die Wohlstandswirkungen des investierten Kapitals weit über das schiere Wachstum des Sozialprodukts oder des Volkseinkommens hinausgehen. Mit dem Reichtumsprozeß der Kapitalakkumulation während der

Industrialisierung hat sich nämlich die durchschnittliche Lebenszeit der Bevölkerung dramatisch erhöht. Wenn man diesen Aspekt in die Berechnungen einbezieht, ist der Wohlstand im Sinne von *Lebensqualität* seit 1820 geradezu explodiert. Der amerikanische Ökonom Hendrik van den Berg hat mit umfangreichen statistischen Arbeiten errechnet, daß sich das reale Inlandsprodukt in Deutschland von 1820 bis 1998 knapp versiebzehnfacht hat. Aber das, was van den Berg *Expected Individual Lifetime Welfare* nennt (= die im Durchschnitt zu erwartende Qualität des Lebensniveaus einer jeden Person) hat sich in derselben Zeit verzweiunddreißigfacht. Zurecht führt er aus: "Es ist eine Sache, ob das durchschnittliche Pro-Kopf-Einkommen eines Landes 40.000 Dollar oder 4.000 Dollar beträgt, aber es ist eine andere Sache und ein gewaltiger Unterschied, ob die Bewohner des betreffenden Landes die 40.000 Dollar jährliches Durchschnittseinkommen dreißig Jahre lang genießen können oder siebzig Jahre lang." (van den Berg 2002).

Zu dieser fast ins Märchenhafte gestiegenen Lebensqualität gehört auch eine drastisch verringerte Tages-, Wochen-, Jahres- und Lebens-Arbeitszeit. Professor Meinhard Miegel hat es in einem Interview deutlich gemacht: "Die Mehrung des Wohlstandes ist immer weniger vom geleisteten Arbeitsvolumen abhängig. Dazu ein paar Zahlen: In Deutschland hat sich das Arbeitsvolumen, gemessen an effektiv geleisteten Arbeitsstunden, im Laufe des 20. Jahrhunderts sowohl pro Kopf der Erwerbstätigen als auch pro Kopf der Bevölkerung halbiert. Zugleich hat sich das reale Bruttoinlandsprodukt pro Kopf versiebenfacht! Pro Stunde wird heute vierzehnmal so viel erwirtschaftet wie vor hundert Jahren. Das heißt: Nie zuvor haben Menschen mit so wenig Arbeit so viel Wohlstand erzeugt." (Miegel 2003, S. 10f.)

Der Spagat zwischen halbiertem Arbeitsvolumen und vervielfachtem Wohlstand läßt sich natürlich nur mit einem massiv vermehrten Kapitaleinsatz erklären. Den Patentrezeptlern in Politik und Medien, die zwecks Verbesserung der deutschen Wachstums- und Beschäftigungsmisere nach verlängerter Arbeitszeit und höherer Erwerbstätigenquote rufen, macht Miegel deutlich, daß sie aufs falsche Pferd setzen: Kapital, so Miegel, eingesetzt mit einer annähernd *optimalen Allokation der Ressourcen* [= optimale Aufteilung der knappen Mittel auf alternative Produktionsverwendungen gemäß den Preissignalen freier, unbehinderter Märkte] ist wesentlich wichtiger als längere Arbeitszeit und höhere Erwerbstätigenquote. Aber dazu darf eben die Politik weder die freien Märkte behindern noch auf "das Kapital" eindreschen. Und weil das leider doch in wachsendem Maße geschieht, hat Miegel seinem Interview den Titel gegeben: "Deutschland steuert in die Ausweglosigkeit."

3. Erfindergeist und Kapital
In Politik und Medien erwecken viele – wenn nicht sogar alle – Prominenzen den Eindruck, als würde eine nationalökonomische Bildung zugleich mit dem Amtseid oder mit der Einladung zur nächsten Talkshow als Begrüßungsgeschenk vom Himmel fallen. Von solchen Zeitgenossen stammt auch

der Einwand, die dramatische Verbesserung unseres Lebensstandards entstamme weniger dem vermehrten Kapitaleinsatz als vielmehr dem Erfindergeist der Ingenieure, Mediziner und Wissenschaftler aller Art. Besonders die Verlängerung der Lebenszeit um 30 Jahre im Verlauf des 20. Jahrhunderts, die um 90 % gesunkene Kindersterblichkeit, das Fast-Verschwinden schwerer Infektionskrankheiten und Seuchen sei nicht der Kapitalakkumulation und dem Kapitalismus zu verdanken, sondern den genialischen Erfindungen und Entdeckungen von Forschern auf dem Sektor der Medizin, der Biologie, Biochemie usw. Ähnlich, so geht die Kunde, sei das auch bei den Fortschritten der Elektronik, der Telekommunikation und der Klein- und Großtechnik aller Art.

Die Wirklichkeit sah und sieht ganz anders aus. Es waren zu allen Zeiten – und so auch heute und in Zukunft – stets mehr Erfindungen in den Köpfen und Schubladen vorhanden, als durch Investitionen in die Alltagsverwendung umgesetzt und eingeführt werden können. Schon die alten Griechen hatten Gerätschaften, die mit Dampf betrieben wurden. Aber erst die Kapitalakkumulation im England des späten 18. und frühen 19. Jahrhunderts machte es möglich, daß die von James Watt um 1760 erfundene Dampfmaschine im großen Stil in die produktive Praxis eingesetzt und weiterentwickelt werden konnte. Und war erst einmal die Dampfmaschine im Einsatz, dann fiel es auch leichter, sie zu Dampfschiffen und Dampflokomotiven weiterzuentwickeln und dafür das notwendige Kapital und findige Unternehmer anzulocken.

Daß es nach wie vor unterentwickelte Länder zuhauf auf dem Globus gibt, ist ein weltweit schlagender Beweis für die Tatsache, daß Kapital und Kapitalismus der Motor des Fortschritts sind. Die Regierungen und Eliten dieser Länder haben alle technischen und medizinischen Neuerungen und Erfindungen der Industrieländer vor ihren Augen. Sie könnten auf alles diesbezügliche Wissen zugreifen und jedes Gerät nachbauen oder Anwendungsmethoden nachahmen. Aber in die Tat umsetzen können sie das nicht, weil es ihnen am notwendigen Kapital – und meistens auch an Unternehmern und freien Märkten (also an kapitalistischer Ordnung und Freiheit) mangelt. Wissen kann sehr wohl auch dann existieren, wenn das notwendige Kapital zur Umsetzung fehlt, aber damit technologisches know how praktische Wirklichkeit werden kann, muß es immer einen Prozeß der Kapitalinvestition durchlaufen.

Oft muß sogar das Kapital zeitlich vor dem Wissen bereitstehen, nämlich bei allen Arten der Forschung. So kostet beispielsweise die Entwicklung eines neuen Medikaments – besonders in der Krebsforschung – im Durchschnitt mindestens fünfzig Millionen Dollar, und weil die meisten Medikamente sich als untauglich erweisen, belaufen sich die wahren Kosten eines schließlich marktfähigen neuen Medikaments auf rund fünfhundert Millionen Dollar.

Auch beim gesellschaftlichen "Großexperiment" auf deutschem Boden, nämlich bei der vormaligen DDR, konnte man das geradezu modelltypisch beobachten. An mangelnden Ingenieurstalenten und an technologischem Wissensrückstand lag es gewiß nicht, daß die gut ausgebildeten Technik-Eliten in fünfzig Jahren volksdemokratischer Ingenieurskunst nichts anderes hervorgebracht haben als die stinkende Trabi-Schaukel. Sie hätten auch jedes der vielen hundert Automodelle des Westens einfach kaufen und "nachkupfern" können. Aber ohne Kapital und Kapitalismus ist es eben Essig mit allem Erfinder-, Entdecker- und Bastelgeist. Dasselbe gilt für das fast einem Labortest entsprechende Experiment *Korea: Ein* Volk, *eine* Geschichte, *ein* geographischer Standort, *eine* Sprache, *eine* Kultur. Und dann die Teilung in Nord und Süd. Im Süden Marktwirtschaft, im Norden Sozialismus. Das Ergebnis nach wenigen Jahren: Südkorea eines der reichsten Länder Asiens, Nordkorea eine Armutshölle, in der die Menschen zu Hunderttausenden an Unterernährung sterben. Wer diese einfache Wahrheit einmal begriffen hat, kann nicht mehr verstehen, warum Kapital und Kapitalismus die Feindbilder Nummer eins der Menschheit darstellen.

4. Wirtschaftswunder-Kapital

Einer der ganz wenigen Politiker unseres Landes, der wußte, was Kapital ist, war Fritz Schäffer, Bundesfinanzminister von 1949 bis 1957. Ihm ist – mehr noch als Ludwig Erhard – das deutsche Wirtschaftswunder der Fünfziger und frühen Sechziger Jahre zu verdanken. Der Schriftsteller Antal Sorba hat diesem beeindruckenden Mann in seinem Buch *Die große Schröpfung* ein ehrendes Denkmal gesetzt (Sorba 1970). Gerade, weil der Name Fritz Schäffer in Vergessenheit geraten ist und fast nie genannt wird, wenn es um die politische und wirtschaftliche Geschichte Nachkriegsdeutschlands und um das vielgerühmte Wirtschaftswunder geht, sei das Portrait aus der Feder von Sorba hier in groben Zügen nachgezeichnet:

Die Steuerlast, berechnet als Anteil am Bruttoinlandsprodukt (BIP), hatte im Deutschen Reich vor Ausbruch des Ersten Weltkrieges nur 7,5 % betragen und war sogar unter den Nationalsozialisten nie über 28 % hinausgegangen. Nach dem Zweiten Weltkrieg erhöhten jedoch die Alliierten die deutsche Einkommensteuer auf 58 %, wobei die Steuersätze für höhere Einkommen auf 90 % und teilweise sogar auf über 100 % festgesetzt wurden. Hinzu kam noch eine Vermögensteuer. Mit diesen Horror-Sätzen wollten die Alliierten die Wiederbelebung der deutschen Wirtschaft verhindern. Daß dennoch das "Wirtschaftswunder" gelang, ist hauptsächlich das Verdienst Fritz Schäffers. Ohne daß die Besatzungsmächte merkten, was da vor sich ging, setzte er mit dem Paragraphen 7a des *Gesetzes zur Änderung der Einkommen- und Körperschaftsteuer* durch (später noch mit den §§ 7c, d und e), daß der Begriff der *abschreibungsfähigen Sonderausgaben* so weit ausgedehnt wurde, daß sich den Unternehmen ein gewaltiger Selbstfinanzierungsspielraum eröffnete. Diese Steuerbefreiung auf Umwegen (und spätere Steuersenkungen) erhöhte die Wirtschaftsleistung der Firmen so massiv, daß sich die Steuereinnahmen der neuen Bundesrepublik von 1950 bis 1965 verdreifachten. Hinzu kam die belebende Wirkung des DM-Bilanzierungsgesetzes, das alle Kapitalgesellschaften zwang, ihre Aktien bis zum 30. Juni 1951 neu zu bewerten. Schäffer ermöglichte diese Neubewertung ohne steuerliche

Nachteile und erreichte damit die Mobilisierung von vielen Milliarden "schlummernden" Industriekapitals.

Der Kurswert der deutschen Aktien betrug Ende 1949 weniger als 5 Milliarden DM. Zwanzig Jahre später waren es bereits 193 Milliarden Mark – also das Vierzigfache. Schäffers Maßnahmen hatten aus stillen Reserven produktives Geld und Kapital gemacht. Gelingen konnte das nur, weil Schäffer die Umstellungsgewinne des Grundkapitals von Reichsmark auf D-Mark steuerfrei stellte. Das verschaffte den deutschen Unternehmen Aufbaukapital, und jeder Alteigentümer von ein paar Aktien konnte ein kleines Geschäft oder eine Praxis eröffnen. Schäffer senkte 1953 – und erneut 1956 und 1957 die Steuern, formulierte die Steuervorschriften aber stets so, daß sich nur Produzieren rentierte, nicht aber das Verbrauchen (nicht der Konsum). Während damals in England nur rund 16 % der Wirtschaftsleistung neu investiert wurde, waren es in Deutschland mehr als märchenhafte 25 %. (Unter einer SPD-Regierung hätte das natürlich nicht stattfinden können, denn die Genossen tönten schon damals – wie heute in ähnlicher Form Müntefering und Konsorten – von "Geschenken an die besitzenden Klassen"; aber auch aus den CDU- und CSU-Reihen kam vielfach erbitterter Widerstand gegen den eigenen Parteimann Schäffer).

Bei Sorba können wir lesen: "Schäffer setzte gegen den allgemeinen Nachkriegstrend und gegen den oft erbitterten Widerstand seiner eigenen Partei – der CSU und vor allem der CDU – wie der Opposition Prinzipien praktisch durch, die vor mehr als einem Jahrhundert Abraham Lincoln vertreten hatte. Der wußte: Man kann die Schwachen nicht dadurch stärker machen, daß man die Starken schwächt. Wohlstand ruht nicht auf geborgtem Geld. Mut und Charakter sind nicht aufrechtzuerhalten, wenn die persönliche Initiative und Leistung, wenn Fleiß und Sparsamkeit nicht belohnt werden. Diesen Ansichten entsprechend handelte Schäffer. Aber er blieb nur bis 1957 Finanzminister, denn strikt lehnte er jede >Gefälligkeitsdemokratie< und erst recht jedes >deficit spending< ab, nur über seine >Leiche< sollte es zur Inflation kommen." (S. 447f.)

Fritz Schäffer hatte noch eine große Steuersenkungsaktion vorbereitet, die 1958 in Kraft trat. Sie bewirkte, daß nicht nur die Nettoeinkommen der Steuerzahler rapide stiegen, sondern daß die Mehreinnahmen des Fiskus zwei bis drei Mal stärker stiegen als die Einkommen der Bürger. Die Erkenntnis, daß niedrigere Steuern höhere Steuereinnahmen einbringen, ist also keinesfalls neu oder nur eine theoretische Behauptung. Danach, nach Schäffers Wechsel ins Justizministerium, ging es nur noch bergab mit Deutschland – und bergauf mit Steuern und Staatsschulden. Bei Schäffers Rücktritt im Jahr 1957 hatte der Bundeshaushalt 32 Milliarden betragen, im Jahr 1969 lag er mit über 82 Milliarden bereits beim mehr als Zweieinhalbfachen – und heute kommt Hans Eichel auch mit dem fast 16-fachen Betrag (254 Milliarden Euro = 500 Milliarden Mark) nicht mehr aus. Unter Schäffer als Finanzminister war es auch zum berühmten "Juliusturm" gekommen. Er hatte 5,5 Milliarden Mark als zinslose Bundesguthaben bei der Bundesbank angesammelt, um während einer eventuellen Rezession die Steuern senken zu können. Unter seinen Nachfolgern schmolz der Turm wie Schnee in der Sonne. Sie kannten nur noch einen Weg: mehr Steuern und mehr Schulden.

Schäffer hat auch noch gewußt, daß Kapital nicht nur die entscheidende Wohlstandsquelle einer jeden Nation ist, sondern daß man Kapital nur aus Ersparnis bilden kann. Deshalb seine Maßnahmen, die Produktion zu stärken und den Konsum zu bremsen – das heißt: das Sparen anzuregen. Sparen und Investieren sind zwei Seiten derselben Medaille. Eine jede Person kann nur das investieren, was sie gespart hat – oder das, was sie geborgt hat, was also andere gespart haben. Genau dasselbe gilt für eine ganze Volkswirtschaft. Der heute von der Politik und leider auch von vielen Ökonomen verbreitete Unsinn, man müsse den Konsum stärken, um Beschäftigung und Wachstum zu erzeugen, stellt die ökonomischen Gesetze auf den Kopf. So wie sich eine einzelne Person oder eine Familie nicht "reich konsumieren" kann, so kann das auch ein ganzes Land nicht. Und so wie eine Einzelperson oder eine Familie zuerst etwas leisten (produzieren) muß, um mit dem für diese Leistung erworbenen Geld etwas kaufen (konsumieren) zu können, so verhält es sich auch mit der Volkswirtschaft als ganzes. Konsum ist Nicht-Ersparnis oder Verbrauch von Ersparnissen. Und Nicht-Ersparnis ist unterlassene Kapitalbildung, während das Aufbrauchen von Ersparnissen für Konsumzwecke (und daraus bestehen auch die meisten Staatsausgaben und alle Staatsschulden) sogar Kapitalvernichtung bedeutet. Und Nicht-Kapitalbildung oder gar Kapitalvernichtung haben Armut, Elend, Hunger und Tod zur Folge. Wir werden die fast naturgesetzliche Gültigkeit dieser Gleichung noch erleben – so wie sie schon viele Generationen vor uns bitter erleben mußten.

5. Die wahre Macht des Kapitals

Noch ein paar Sätze zur angeblichen "Macht des Kapitals": Wenn *das Kapital* in unserem Land oder anderswo Macht hätte, dann hätten wir keine rot-grüne Regierung; dann hätten wir Steuersätze wie in Slowenien oder Tschechien – oder gar wie in Monaco oder Liechtenstein; dann hätten wir keine Staatsquote von 50%; dann hätten wir keine Mitbestimmung und keine Gewerkschaften, die in den Aufsichtsräten der großen Unternehmen sitzen wie die Maden im Speck; dann hätten wir keine gefesselten Arbeitsmärkte und keine von Steuern und Sozialabgaben mehr als halbierten Nettolöhne; dann hätten wir keine Kapitalgewinn- und Erbschaftsteuern und keinen Steuerdschungel, den auch Experten nicht mehr durchdringen können. Und wir hätten noch tausend andere Knebel und Fesseln nicht, die "dem Kapital" das Leben schwer machen und es auszehren.

Der wahre Hintergrund für die Müntefering-Attacke gegen das Kapital ist – abgesehen von einigen anderen, wahltaktischen und machtpolitischen Motiven – ein ganz anderer: Politik besteht aus dem permanenten Versuch (oder dem unablässigen Scheinmanöver), die Gesetze der Ökonomie aus wahltaktischen, macht- und klientel-politischen Gründen auszuhebeln. Alle diese Aktionen sind zerstörerisch für den wohlstandsschaffenden Wirtschaftsprozeß und für eine friedlich funktionierende Gesellschaftsstruktur. Wenn die Politik dann nach Jahrzehnten der destruktiven Klempnerei am Ende ist und all ihre "sozialen" Großkonstrukte vor dem Bankrott stehen, dann wird als Sündenbock "das Kapital" vorgeführt und "die Macht des Kapitals" für das Desaster verantwortlich gemacht. Von der inneren Logik her ist das genauso töricht und lächerlich wie ein Aufruf zum Widerstand gegen die "Macht des Wetters" oder die "Macht der Schwerkraft". Und noch genauer besehen, bedeutet diese Schelte eigentlich nichts anderes als das (unbeabsichtigte) Eingeständnis: "Schaut her, was wir – die politische Kaste – in Jahrzehnten der Zerstörungswut angerichtet haben. Seht nur, wie zielgenau wir das Land des Wirtschaftswunders an die Wand gefahren haben."

Macht ist nur gefährlich und verwerflich im Sinne von *Herrschaft*, im Sinne von *Herrschaft von Menschen über Menschen*, nicht aber im Sinne von Kaufkraft oder wirtschaftlicher Potenz. Je größer das Kapital (Kapitalvermögen) einer Person ist, desto mehr Wohltaten und Einkommen hat sie den übrigen Menschen beschert (natürlich nur, wenn das Vermögen nicht mit kriminellen Methoden erworben wurde). Man überlege nur, was Bill Gates alles an nützlicher oder Freude bereitender Elektronik in die Welt gebracht und wie vielen Millionen Menschen er seit Jahrzehnten zu ihren Einkommen und Vermögen verholfen hat, bis sich bei ihm selber ein Milliardenvermögen angesammelt hatte. Und auch dieser märchenhaft reiche Mann, *das Kapital* in Person, darf genauso wenig "böse Macht" (Herrschaft) ausüben wie jeder andere Bürger. Er kann versuchen, Leute zu bestechen oder sie mit Geld dazu verlocken, zu tun, was er will. Aber er darf sie nicht dazu zwingen (nicht herrschen), und er wird genau wie jeder andere Bürger bestraft, wenn er etwas Rechtswidriges anstellt. Jeder kleine Beamte mit Exekutivfunktion kann ihn mühelos an *Macht* übertreffen und ausstechen.

Macht im Sinne von Herrschaft wächst "dem Kapital" nur dann zu, wenn die politische Kaste ihm die Hand reicht und sich mit ihm verbindet. Und das geschieht leider regelmäßig.

An dieser Stelle müssen wir einen Aspekt vorwegnehmen, der eigentlich ins nächste Kapitel – zum *Kapitalismus* – gehört, hier aber der Abrundung des Themas *Macht des Kapitals* dient: Wo immer kapitalistische Mechanismen zu Reichtum und Wohlstand führen, reiten die politischen Machteliten auf diese Reichtumsmaschine *Kapitalismus* auf. Bezeichnend für diese Perversion ist aktuell die Tatsache, daß heute unisono nicht vom künftigen Wohlstandsland China gesprochen wird, sondern von der "kommenden Weltmacht China". Es wird also als selbstverständlich angenommen, daß sich die politischen Machtcliquen – wie überall auf der Welt – die vom Kapital und dem Kapitalismus erwirtschafteten Reichtümer zu erheblichen Teilen unter den Nagel reißen und damit ihre imperialen Ambitionen finanzieren werden. (Man kann dort, nebenbei bemerkt, derzeit die Wiederholung dessen beobachten, was die Sozialisten der Erde seit Generationen als *Manchesterkapitalismus* oder *Finsterster Kapitalismus des 19. Jahrhunderts* geißeln, eine Industrielle Revolution nach dem Vorbild der englischen und kontinentaleuropäischen im 19. Jahrhundert. Der chinesische Doppelgänger wird aber von den Linken keineswegs mit Haß und Verachtung überschüttet wie sein europäischer oder amerikanischer Vorgänger, sondern staunend bewundert. Bei China handelt es sich zwar um ein Land, das sich mehr und mehr der Marktwirtschaft öffnet, was die westliche Intelligentzia mit Mißfallen betrachtet, aber es ist dort nach wie vor eine kommunistische oder sozialistische Regierung am Ruder. Und das entschuldigt alles. Sozialismus ist den Intellektuellen der Welt auch dann heilig, wenn die von Sozialisten freigegebenen Märkte genau dasselbe Geburtsstadium durchleben – durchleben müssen – wie die des frühen Kapitalismus).

Jedenfalls gilt: Wann und wo immer der Kapitalismus (oder das Kapital) ein Land reich macht, reitet die politische Kaste auf diesen Reichtumsgaul auf und läßt ihre machtpolitischen Muskeln spielen (nach innen und nach außen). Das ist auch der Grund dafür, daß *Kapitalismus* weltweit mit *Imperialismus* gleichgesetzt wird, obwohl es sich bei den beiden um radikale Gegensätze handelt. Der Kapitalismus allein (ohne Politik) hat nichts mit politischer Macht, nichts mit Herrschaft, Eroberung, Krieg oder Hegemonie zu tun. Im Gegenteil: Alle Arten von Krieg und Feindschaft stören nur seine Geschäfte. Es mag zwar einige Unternehmen geben, die an Krieg und Eroberung verdienen, aber die große Masse der Kapitaleigner weiß, daß sie bei Krieg und Feindschaft nur verlieren können, daß ihre Produktions- und Handelsvolumina schrumpfen werden, ihre weltweiten Kooperationskontakte austrocknen, ihre Produktionsanlagen und Sachkapitalien von Zerstörung bedroht sind und ihr Geldvermögen durch Währungs- und Geldwertzerfall wertlos wird. Wer sich für Geschichte interessiert, studiere einmal das friedliche "Weltreich" der Kaufmanns- und Handelsvölker der Phönizier und Karthager – und vergleiche es mit dem kriegerischen Eroberungs-Weltreich der Römer.

Aber es hilft nichts: Wo die Politik die Geschicke der Nation bestimmt, müssen sich Unternehmer und Kapitaleigner fügen, anpassen und versuchen, "das Beste daraus zu machen". Der Kapitalismus (und das Kapital) ist – nicht nur, aber auch – deshalb so verhaßt, weil seine ökonomischen Erfolge fälschlicherweise mit den Taten der politischen Eliten in einen Topf geworfen werden. Wo immer Kapital und Kapitalismus Reichtum erzeugen, nutzt die politische Kaste diese Reichtumsmittel, um hegemoniale Machtpolitik zu betreiben. Und so verschmelzen kapitalistischer Wohlstand und politische Machtarroganz in der Vorstellungswelt der Menschen immer wieder zu einer Einheit, die fälschlicherweise als *Kapitalismus* betrachtet und bezeichnet wird. Die sogenannten *Anarcho-Kapitalisten* (Vertreter einer völlig staatsfreien Marktwirtschaft) haben schon recht mit ihrer Warnung: Wenn man dem Staat (jeder Art von Regierung) die Türe auch nur einen Spalt breit öffnet, dringt er ins kapitalistische Haus ein und zerstört die Freiheits- und Friedensordnung des Kapitalismus sukzessive – bis zum bitteren (totalitären) Ende.

Halten wir fest: Die *Macht des Kapitals* gibt es nicht. Seine einzig wahre "Macht" – wenn man das so nennen will – ist seine Eigenschaft als hauptsächliches und bei weitem wichtigstes, durch nichts zu ersetzendes Mittel zur Schaffung von Wohlstand, Fortschritt und Zivilisation. *Das Kapital* hat keine (Herrschafts-) Macht, aber immer eignet sich *die Macht* (die politische Kaste) das Kapital oder seine Früchte auf die eine oder andere Weise an. Und immer endet diese Perversion letztlich in der Zerstörung des Kapitals – und somit auch in der Zerstörung des Wohlstands, des Glücks und (oft genug auch) des Lebens der Menschen.

Diese Ausführungen dürfen nicht zu dem Trugschluß führen, daß die Verfügung über hinreichende Kapitalmengen in einem Land genügen würden, Wohlstand "ausbrechen" zu lassen. Kapital ohne Unternehmer, die es einzusetzen wissen und gewillt sind, es einzusetzen, ist wertlos. Es ist dann wie ein Auto ohne Fahrer. Kapital wird nicht nur von Unternehmern (und Sparern) gebildet, sondern entwickelt auch nur mit und durch Unternehmer seine dynamische, kreative und wohlstandsschaffende Kraft. Schon 1953 hat der Philosoph unter den Ökonomen, Wilhelm Röpke, geschrieben: "Gegenüber dem Aberglauben, daß es nur auf Kapital, Energie, große Pläne und technische Abrichtung ankomme, ist aufs Stärkste zu betonen, daß die eigentliche Quelle und Voraussetzung der westlichen Prosperität... die fortgesetzte Aktivierung und Koordinierung der wirtschaftlichen Kräfte ist, die von jener spezifischen und durchaus dünn gesäten... Begabung abhängt, die wir die unternehmerische nennen.

Alle – im Westen wie in den 'unterentwickelten Ländern' – müssen lernen, daß das letzte Geheimnis der 'reichen' Länder nicht in 'Kapital', Maschinenmodellen, technisch-organisatorischen Rezepten und Naturreserven zu suchen ist, sondern in einem ... Geiste des Ordnens, Vorsorgens, Kombinierens, Unternehmens, menschlichen Führens und freien Gestaltens, kurzum in einem Geiste, den man weder aus dem Boden stampfen noch importieren kann ... Der Unternehmer ist also der eigentliche Exponent und Träger der Marktwirtschaft ..." (Röpke 1953, 1997, S. 56)

Da die Figur des Unternehmers an späterer Stelle ausführlicher behandelt wird, können wir die Erörterung der engen Einheit von Kapital und Unternehmertum vorerst zurückstellen.

So wie der Fisch nur im Wasser leben kann, so kann das Kapital seine schöpferische Lebenskraft nur im Kapitalismus – in einer kapitalistischen Wirtschafts- und Gesellschaftsordnung entfalten. Auch in einem sozialistischen System gibt es *Kapital* (Maschinen, Werkzeuge, Fabriken, Traktoren usw.). Es ist entweder aus kapitalistischer Zeit (vor Einführung des Sozialismus) übernommen, oder neu erstellt durch befohlene Sklavenarbeit der Bevölkerung. Weil es aber kein kapitalistisches Kapital ist, d. h. weil es keinen Eigentümer hat (weil es angeblich *allen* – also *niemandem* gehört), und weil somit auch niemand darüber *in optimaler Weise* verfügen kann, bleibt solches "Kapital" kraftlos. Es verhält sich dann wie ein Ackergaul, der nur drei Schritte vorwärts geht, weil er mit der

Peitsche geschlagen wird, und nicht (wie im Kapitalismus) wie ein Rennpferd, das losgaloppiert, weil es unter seinen Konkurrenten das schnellste sein will.

Seine optimale Verwendung (das, was die Ökonomen die *Optimale Allokation der Ressourcen* nennen) kann das Kapital nur dann finden, wenn in einem freien Preissystem die millionenfachen Hinweise, die den Wertschätzungspräferenzen der Konsumenten und den Knappheits- und Kostenrelationen der Produzenten entstammen, in (Preis-) Signale umgesetzt werden. In Signale also, die den Kapitaleignern, Investoren und Unternehmern den (sich ständig verändernden) Weg zur ertragreichsten und effizientesten Verwendung zeigen – und den Konsumenten den Weg zur günstigsten Bedarfsdeckung. Eine solche Ordnung, in der das Kapital individuellen Eigentümern gehört und somit Angebot und Nachfrage aller Menschen in unbehindertem Wettbewerb zu einer freien Preisbildung führen können, an der sich (rückgekoppelt) wiederum alle Anbieter und Nachfrager, alle Produzenten und Konsumenten orientieren können: Eine solche Ordnung nennt man *Kapitalismus*. Diese erste Annäherung führt uns zur umfassenden Frage: *Was ist Kapitalismus?*

II. Was ist Kapitalismus?

1. Definitionen

Eigentlich sollte man den Begriff Kapitalismus für die freie und offene Gesellschaft mit freien Märkten und geschütztem Privateigentum nicht verwenden, denn es handelt sich bei dieser Ordnung nicht um einen *-ismus*, nicht um ein ideologisches Konstrukt wie beim Sozialismus. Kapitalismus oder freie Marktwirtschaft braucht keine Konstrukteure, keine Gesellschaftsingenieure oder ideologische Vordenker. Solche Gesellschaftsklempnerei brauchen nur alle Arten und Formen des Sozialismus – auch die des Samtpfotensozialismus namens *Wohlfahrtsstaat*. Märkte und Marktwirtschaft entstehen überall spontan – also von ganz alleine, wo man die Menschen in Ruhe läßt und ihnen keine politischen Nasenringe anlegt. Es ist deshalb, um es zu wiederholen, eigentlich verfehlt, einer solchen Ordnung einen -ismus-Namen zu geben.

Deshalb gebe ich auch meinem Freund, dem großen Schweizer Freiheitsdenker Robert Nef, völlig recht, wenn er in einem Brief (und zugleich einem der eindrucksvollsten Texte der Freiheitsliteratur) schreibt: "*Den* Kapitalismus und *die* Wirtschaft gibt es gar nicht... Der Tausch ist in Form des Stoffwechsels ein Naturphänomen, eine Voraussetzung organischen Lebens, und Arbeitsteilung gibt es auch im Tierreich... Spätestens seit der Schule von Salamanca, der Schottischen Aufklärung... und der subjektiven Wertlehre der Neoklassiker und der Austrian Economics muß man die Welt unter dem Aspekt von konkurrierenden Werten und Knappheiten, von Angeboten und Nachfragen im allerweitesten Sinn deuten …, im Wechselspiel von spontanen und eingreifenden Abläufen, von Versuch und Irrtum. Wer das begriffen hat, weiß um die Anmaßung von Wissen, um die Unmöglichkeit der rationalen Kalkulation von Preisen, von zentraler Planung usw.… Nur Gott kennt den *wahren* Preis und die *soziale Gerechtigkeit* oder – säkularisiert ausgedrückt: niemand darf sich anmaßen, solche Größen zu kennen, *wissenschaftlich* zu beweisen und allgemeinverbindlich vorzuschreiben. Es steht also nicht -ismus gegen -ismus, sondern System versus Non-System, Eingriffsideologie gegen Nichteingriffs-Ideologie, Dogma gegen Erfahrung, pathetischer gesagt: Knechtschaft gegen Freiheit. Freiheit bedeutet die Negation von Systemen, Hierarchien und Modellen, die Bejahung des permanenten, offenen Experiments." (Nef 2003)

Dennoch halte ich, gewissermaßen wider bessere Einsicht, am Begriff *Kapitalismus* fest. Der Grund: Solange die weit überwiegende Zahl der Weltbevölkerung – aufgrund mangelnden Wissens und aus Gründen des Irrtums und der Irreführung, der ideologischen Verführung und machtpolitischen Indoktrination – den Kapitalismus als Feindbild betrachtet, und solange er deshalb schutzlos den etatistischen und sozialistischen Falschmeldern ausgeliefert bleibt, werde ich den zur Kampfvokabel seiner Gegner gewordenen Begriff *Kapitalismus* auf die Fahnen meiner Aufklärungsarbeit schreiben.

Was also ist *Kapitalismus*? Kapitalismus ist (wäre!) in seiner Idealform eine Wirtschafts- und Gesellschaftsordnung, in welcher es nur Privateigentum gibt und in welcher alle menschlichen Kooperationen und Interaktionen freiwillig geschehen und auf freiwillig geschlossenen Verträgen beruhen. ("Vertragsschluß" natürlich im weitesten Sinne gemeint – also inklusive aller formlosen Arten der Einigung, Zustimmung, Duldung, Einladung etc., aber auch inklusive der Möglichkeit zur Vertragsverweigerung).

Diese Definition enthält zwei Pleonasmen: Zum einen das Wort *Privateigentum*, denn es gibt kein anderes Eigentum als privates. Das Wort *Gemeineigentum* ist ein Täuschungsbegriff. Es kann sich dabei nicht um Eigentum handeln, weil etwas, das allen gehört, niemandem gehört. Zum Eigentum gehört wesentlich das Verfügungsrecht, und von allen (also von einer unbestimmten Personenzahl) kann nicht nach je eigenem (d. h. persönlichem) Willen über etwas verfügt werden. Wenn jedermann über etwas, das als Gemeineigentum gilt, nach seinem eigenen Gutdünken verfügen kann, kommt es früher oder später zu Streit und Gewalttätigkeit. Handelt es sich bei "allen" jedoch um eine noch überschaubare und identifizierbare Zahl von Menschen, zum Beispiel um eine Dorfgemeinschaft, so wird das auf viele aufgeteilte Verfügungsrecht rasch wertlos – und somit irrelevant. Die Ökonomen sprechen in letzterem Fall von der *tragedy of the commons*, der *Tragödie des Gemeineigentums*. Dazu ein Beispiel: Wenn sich die Bewohner eines afrikanischen Dorfes darin einig sind – oder wenn ihr Häuptling vorschreibt, daß eine bestimmte Wiese von jedem Dorfbewohner als Ziegenweide benutzt werden darf, dann wird jeder seine Ziegen schnellstmöglich dorthin führen und sie dort solange irgend möglich weiden lassen. Binnen kurzer Zeit wird die Wiese überweidet sein, also ruiniert und als Weide unbrauchbar. (Auch das Überfischen der Meere – und damit letztlich der Ruin aller Fischbestände – rührt daher, daß die Meere "allen" gehören, also niemandem – und somit keinem, der sein Eigentum pfleglich behandeln würde, um daraus langfristigen und vielleicht über Generationen anhaltenden Nutzen ziehen zu können).

Man verwechsle Gemeineigentum (das kein Eigentum ist) nicht mit Gemeinschaftseigentum, das sehr wohl Eigentumscharakter hat (Bruchteilseigentum). Es beruht auf dem Vertragsschluß einer definitiv bestimmten Zahl identifizierbarer Personen, die meistens auch noch Regelungen über die Art und Weise der Verfügung, sowie über die Zuständigkeit und das Prozedere hinsichtlich der Verfügung über das gemeinsame Eigentum getroffen (d. h. Verträge geschlossen) haben.

Der zweite Pleonasmus steckt in der Formulierung *freiwillig geschlossene Verträge*, denn ein unter Zwang geschlossener Vertrag verdient diese Bezeichnung nicht. Ein Vertrag muß definitionsgemäß auf der Freiwilligkeit der beteiligten Vertragspartner oder Vertragsparteien beruhen.

Gleichwohl ist die gewählte Definition sinnvoll, weil sie eine lange, umständliche Formulierung und lange Erklärungen (wie die vorstehenden) erübrigt. Implizit enthält sie auch die Tatsache, daß es sich beim Kapitalismus um eine Friedensordnung handelt, denn wo alles freiwillig geschieht, sind Zwang und Gewaltanwendung oder Gewaltandrohung ausgeschlossen.

Natürlich gibt es noch zahllose andere Kapitalismus-Definitionen. Sie beziehen sich aber meistens nur auf einen Detailaspekt der kapitalistischen Ordnung. Wegen ihrer Prägnanz oder ihrer interessanten Begleitsätze seien hier noch drei genannt: Vom amerikanischen Ökonomen Gary North stammt der einprägsame Satz: "Die Zuführung knapper Ressourcen zu ihren Verwendungen über Preise (eine Art Auktion!) heißt *Kapitalismus*, die Zuführung über Warteschlangen heißt *Sozialismus.*"

Der Ökonom Donald H. Nash hat formuliert: "Kapitalismus nennt man eine Wirtschafts- und Gesellschaftsordnung der freiwilligen Beziehungen der Menschen untereinander, in welcher die Leute miteinander in friedlicher Weise tauschen und Verträge schließen. Von allen faktisch existierenden Systemen funktioniert nur der Kapitalismus auf der Basis der Respektierung von freien, unabhängigen und eigenverantwortlichen Personen. Jedes andere System hat ein niedrigeres Niveau an Achtung vor der Freiheit, Unabhängigkeit und Eigenverantwortlichkeit des Individuums, ist also näher an der Sicht des Einzelnen als Befehlsempfänger oder Sklave oder unmündiges Kind." (Nash 1986).

Die dritte Version, der Feder des deutschen Soziologen Erich Weede entstammend, ist von Interesse, weil sie zugleich auf die (nicht vollständige, aber weitgehende) Identität von *Kapitalismus* und *Marktwirtschaft* hinweist. In seinem Buch *Asien und der Westen* lesen wir: "Zwischen Kapitalismus und Marktwirtschaft unterscheide ich nicht. Man kann die Marktwirtschaft als ein Wirtschaftssystem definieren, in dem die Akteure für den Markt produzieren, auf dem Markt konkurrieren, und die Preise durch Angebot und Nachfrage zumindest wesentlich mitgestaltet werden… Man kann den Kapitalismus durch Privatbesitz an Produktionsmitteln definieren… Eine kapitalistische Marktwirtschaft zeichnet sich dann sowohl durch Privatbesitz an Produktionsmitteln als auch durch Produktion für den Markt und Preisgestaltung auf dem Markt aus. Mit Berger… oder Eucken… vertrete ich allerdings die Meinung, daß es ohne Privateigentum bzw. Kapitalismus auch keine funktionierende Markt- und Wettbewerbswirtschaft geben kann." (Weede 2000, S. 7, Anm. 1)

2. Wer ist Kapitalist?

So wie man die Anhänger des Sozialismus als Sozialisten bezeichnet, so dürfte man nach streng logischen Maßstäben nur solche Personen als Kapitalisten bezeichnen, die in der kapitalistischen Ordnung die beste aller möglichen sehen – oder jedenfalls diejenige, in welcher sie leben möchten. Es genügt also keinesfalls, ein reicher Mann zu sein und deshalb landläufig als "Kapitalist" bezeichnet zu werden. Diese Art von "Kapitalisten" versteht sogar meistens wenig vom Kapitalismus. Das bezeugen jedenfalls ihre Bücher und Artikel über den Kapitalismus, die sie gelegentlich zu schreiben pflegen. So ist z. B. George Soros gewiß ein Finanzgenie und ein überaus geschickter Kaufmann und Anleger, aber nachdem er in der Zeitschrift *The Atlantic Monthly* vom Februar 1997 einen Aufsatz *The Capitalist Threat* (Die kapitalistische Gefahr) publiziert hatte, unterzog sich einige Jahre später ein echter Kapitalist (ja sogar einer der weltbesten Kapitalisten), nämlich der amerikanische Wirtschaftsprofessor George Reisman der Mühe, mit einem zehnseitigen Essay den Wust an Irrtümern und Fehlern aufzudecken, die Soros unterlaufen waren. Nach der mit messerscharfem Verstand vorgenommenen Widerlegung der meisten von Soros vertretenen Thesen sollte klar geworden sein, daß Soros alles ist, nur kein Kapitalist. (s. Reisman 2004).

Ähnliches trifft auf die meisten der in den letzten Jahren dutzendweise von sogenannten "Kapitalisten" geschriebenen Bücher zu, die leider mehrheitlich zu Bestsellern wurden. Weil die Leser diese erfolgreichen Finanz-, Börsen- und Unternehmens-Manager für "absolut kompetent" halten, richten solche Publikationen einen gewaltigen Schaden an, indem sie dazu beitragen, die marktwirtschaftliche Ordnung zu delegitimieren.

Auch andere Bosse von Großunternehmen, die sich nicht zum Autor berufen fühlen, beschädigen oft faktisch das Ansehen der Marktwirtschaft, indem sie als einstmals erfolgreiche Konzernführer sofort nach staatlichen Schutzmaßnahmen und nach Gesetzen rufen, wenn die Position ihres Unternehmens (und damit auch ihre eigene) vom Strukturwandel und von weltwirtschaftlichen Umbrüchen bedroht wird. Die beiden Wissenschaftler Rajan und Zingales haben diesem bedauerlichen Umstand ein ganzes Buch gewidmet, das den Titel trägt: *Saving Capitalism from the Capitalists* (*Wie rettet man den Kapitalismus vor den Kapitalisten*) (Rajan 2003).

Unternehmer und Manager sind ganz generell keine Kapitalisten im echten Wortsinn. Ich habe im Verlauf meines Lebens sehr viele Unternehmer und Manager kennengelernt, darunter aber nur einen einzigen (echten) Kapitalisten – und auch der ist, wie er mir versichert hat, nur durch das Studium meiner Bücher und Schriften zum überzeugten Kapitalisten geworden. Ich bin ziemlich sicher, mindestens die Hälfte aller deutschen (echten) Kapitalisten zu kennen – und schätze, daß es insgesamt nicht mehr als dreihundert sind. Dreihundert von achtzig Millionen Deutschen. Keiner davon – außer dem genannten "Unternehmer-Kapitalisten" – hat ein nennenswertes Vermögen. Dieser eine "Reiche" hat einer marktwirtschaftlichen "Denkfabrik" (=Vereinigung zur Verbreitung des marktwirtschaftlichen Ideenguts) eine größere Summe gestiftet und mir gestanden: "Eigentlich habe ich das nur gemacht, weil ich gemerkt habe, daß die Kapitalisten allesamt arme Schweine sind."

Unternehmer und Manager haben natürlich in aller Regel umfassende betriebswirtschaftliche, finanz- und bilanztechnische Kenntnisse, ein großes Wissen über Managementmethoden, Menschenführung, Rechts- und Steuerfragen aller Art, über Marketing und Werbung, Kostenrechnung und Buchhaltung. Sie sind oft brillante Ingenieure, Juristen oder Betriebswirtschaftler und brauchen für ihre schwierige und aufreibende Tätigkeit geradezu Tausendsassa-Fähigkeiten. Aber gute Kenntnisse in Nationalökonomie haben sie selten – und verstehen somit in den wenigsten Fällen wirklich Substantielles vom Wesen der Marktwirtschaft oder des Kapitalismus. Wozu auch?! Um ein guter und erfolgreicher Unternehmer oder Manager zu sein, braucht man kein guter Nationalökonom zu sein. Wahre und solide Volkswirtschaftslehre (also nicht die heute weitverbreitete mathematisierte Gebrauchsanleitung für Gesellschaftsklempnerei) war und ist ein Zweig der Moral- und Sozialphilosophie. Sie ist im unternehmerischen und kaufmännischen oder handwerklichen Alltag überflüssig und unbrauchbar, ja manchmal sogar hinderlich. Man kann, um es bildhaft zu machen, Unternehmer mit herausragenden Autofahrern vergleichen, mit Fahrkünstlern gewissermaßen, die aber wenig bis gar keine Ahnung davon haben, wie das Getriebe und die Elektronik ihres Wagens funktionieren. Und das ist kein Manko. Denn so wie man kein Automechaniker sein muß, um Auto fahren zu können, so braucht man auch keine nationalökonomischen Kenntnisse, um ein Unternehmen führen und sich am Markt behaupten zu können.

Anmerkung:
Zu sagen, *Kapitalist* sei ein Mensch, der das Wesen des Kapitalismus versteht und deshalb in einer kapitalistischen Ordnung leben möchte, ist – zugegeben – eine eigenwillige Definition. Man mag sie als meine Marotte bezeichnen. In der ökonomischen Wissenschaft wird anders definiert: *Kapitalist* ist dort derjenige, der einem

Unternehmer (oder mehreren) Kapital zur Verfügung stellt, sei es als Darlehen oder als Beteiligung (auch als Aktionär), sei es in Form von Maschinen, Gebäuden, Grundstücken oder Waren. Der Kapitalist muß nicht unbedingt selber Unternehmer sein, wenngleich er sich meistens wie ein solcher verhält, indem er nach Ertrags- oder Gewinnkalkülen auswählt, welchem Unternehmer (oder Unternehmen) er sein Kapital anvertraut. Umgekehrt braucht nicht jeder Unternehmer ein Kapitalist zu sein. Es gibt Unternehmer, die ausschließlich mit fremdem Kapital wirtschaften. Wenn sich Unternehmer- und Kapitalisten-Eigenschaft in einer Person vereinigen, spricht der Ökonom von *Eigentümer-Unternehmer*. Dabei handelt es sich um die unternehmerische Idealfigur, die sich leider auf dem Weg vom Normalfall zur Ausnahme befindet.

Meine eigene Definition des *Kapitalisten* ist eine bewußt polemische, die mir die geeignete für den weltanschaulichen oder fachlichen Streit zwischen Sozialismus und Kapitalismus zu sein scheint. Wir reden ja auch von einem *Sozialisten* nicht nur dann, wenn es sich um einen Bürokraten in einem Staatsbetrieb handelt – oder um den Staat selber als Eigentümer des Kapitals. *Sozialist* ist für die meisten Menschen – auch für die meisten Ökonomen – jemand, der sozialistischen Überzeugungen anhängt. Also ist es nur konsequent, den Begriff *Kapitalist* ebenfalls an der Überzeugung festzumachen. Daß diese Begriffszuordnung durchaus sinnvoll ist, kann man am angeführten Beispiel George Soros erkennen – und an den vielen anderen, die zwar im Sinne der ökonomischen Wissenschaft "Kapitalisten" (Kapitaleigner) sind, zugleich aber der kapitalistischen Ordnung skeptisch, kritisch oder ablehnend gegenüberstehen. Jedenfalls erweist sich die wissenschaftlich korrekte Definition als gefährlich für den Kapitalismus, weil viele Exemplare dieser Art von "Kapitalisten" Zustände als "kapitalistisch" bezeichnen, die es nicht sind. Und diese sprachliche (oder geistige) Schlamperei (oder Finte) ist, wie wir noch sehen werden, die schärfste aller antikapitalistischen Waffen überhaupt. Belassen wir es also – aus guten Gründen – in der vorliegenden Schrift bei der gewählten Definition zur Figur des Kapitalisten.

Jedenfalls funktionieren Marktwirtschaft oder Kapitalismus auch dann, wenn die Beteiligten ihr Wesen und ihre inneren und verborgenen Mechanismen nicht verstehen. Gottseidank ist das so, denn weil es, wie gesagt, nur wenige Personen gibt, die fundierte Kenntnisse über die komplexe Natur und die spontanen Kräfte des Marktes ihr Eigen nennen, könnte Marktwirtschaft sonst nicht stattfinden. Wenn der Markt nur funktionieren würde, wenn die Beteiligten seine komplexen Regelmechanismen kennen und verstehen, könnte es ihn nicht geben. Es würde dann nur ein winziger Bruchteil der heutigen Menschenzahl leben – und diese wenigen würden buchstäblich noch auf den Bäumen hausen. Bereits die Stein-zeitmenschen kannten nämlich arbeitsteilige Prozesse und den Tauschhandel, folgten also einfachen Grundstrukturen des Marktes.

Dieser eigentlich glückliche Umstand hat jedoch einen großen, verhängnisvollen Nachteil: die Tatsache nämlich, daß kaum jemand erkennen, ermessen und beurteilen kann, wel-che immensen Schäden verursacht und welche Gefahren her-aufbeschworen werden, wenn die Politik am unsichtbaren und unüberschaubar komplexen Uhrwerk der Wirtschafts- und Gesellschaftsordnung herumschraubt. Das gilt leider auch mehr und mehr für die professionellen Ökonomen sel-ber, die unsere philosophische Kunst im Verlauf der letzten 50 Jahre zu einer Schein-Naturwissenschaft und zu einer Scharlatan-Abteilung der Mathematik gemacht haben. Ein Resultat davon ist das geradezu perverse Faktum, daß es in Deutschland zwar kaum einen Ökonomen gibt, der nicht mit großer Hochachtung von Friedrich A. von Hayek als einem der bedeutendsten Nationalökonomen und Sozialphilosophen sowie einem herausragenden Vertreter der Österreichischen Schule der Nationalökonomie reden würde, daß es aber zugleich in ganz Deutschland nicht einen einzigen Lehrstuhl für Wirtschafts- und Gesellschaftswissenschaften gibt, der von einem Vertreter dieser Schule besetzt wäre. Das ist in etwa so wie wenn es in unserem Land keinen einzigen Physikwissenschaftler geben würde, der etwas von Einsteins Relativitätstheorie versteht.

In den USA gibt es rund drei Dutzend Professoren und namhafte Autoren, die als Vertreter der Österreichischen Schule gelten können und damit implizit auch Protagonisten der freien Marktwirtschaft oder des "reinen" Kapitalismus sind. Sie und ihre Schüler nennen sich schlicht *Austrians* (Österreicher). Diese Schule geht auf die bedeutendsten Köpfe der Nationalökonomie im deutschsprachigen Raum zurück, die fast alle in Wien beheimatet waren oder dort im Verlauf des 19. und 20. Jahrhunderts gelehrt haben. Die wichtigsten waren Carl Menger, Eugen von Böhm-Bawerk, Ludwig von Mises, Friedrich A. von Hayek, Gottfried Haberler und Fritz Machlup. Die letzteren vier sind in die USA ausgewandert und haben dort lange Jahre oder gar Jahrzehnte gelehrt. In den europäischen Ländern (außer Deutschland) sind die *Austrians* wenigstens vereinzelt auf Lehrstühlen vertreten. Diese Schule verkörpert die einzig nicht-korrumpierbare Nachfolge der nationalökonomischen Klassik und wurde durch das Lügen- und Irrtumskonvolut des Lord Keynes (den sogenannten "Keynesianismus") verdrängt, das den Politikern der Welt die angeblich "wissenschaftliche" Legitimation zur Defizit- und Schuldenanhäufung, zur beliebigen Geldschöpfung und zum endlosen Herumdoktern am Körper der Volkswirtschaften verliehen hat. Seither gelten die theoretischen Konzepte für die zerstörerischen Staatsaktivitäten der Geld- und Zinspolitik, der Fiskal- und Beschäftigungspolitik als "Wissenschaft". Und die Ökonomen sind mit diesen Irrlehren zu mathematisierten Makro-Klempnern geworden, die sich einbilden können, Vertreter einer "harten" Wissenschaft zu sein (wie die Naturwissenschaftler), und die nun endlich ihr Image als nutzlose Philosophen ablegen und Karriere als begehrte "Weise" und "Sachverständigenräte" der politischen Gesellschaftsklempner-Kaste machen können.

Der Kapitalismus-Begriff schließt die Existenz einer Regierung nicht aus. Es ist durchaus denkbar und sogar wahrscheinlich, daß die Bewohner eines kapitalistischen Gebietes allesamt der Meinung wären, daß es eine mit Sanktionsbefugnissen ausgestattete (wähl- und abwählbare) Gruppe geben sollte, welche darauf achtet, daß die privaten Eigentumsrechte und die Friedlichkeit der Kooperationen gewahrt bleiben und die geschlossenen Verträge eingehalten werden, die aber darüber hinaus keinerlei Befugnisse haben dürfte. Anhänger einer solchen Ordnung nennen sich *Minimalstaatler*. Leute, die nicht dieser Ansicht sind, sondern meinen oder wünschen, daß der Kapitalismus die Existenz einer Regierung (oder des Staates) völlig ausschließt, nennt man *Anarcho-Kapitalisten*. Das hat nichts mit den bombenlegenden politischen Anarchisten vergangener Zeiten zu tun. Ganz im Gegenteil. Gerade *weil* Friedlichkeit und Freiwilligkeit ihre obersten Prinzipien sind, und gerade *weil* der Staat Träger der Gewalt ist, lehnen die Anarcho-Kapitalisten ihn ab und möchten, daß er von der Bildfläche verschwindet. Aber dieses Ziel streben sie ausschließlich mit den friedlichen Mitteln der Diskussion, der Überzeugung und der Verbreitung besserer Ideen an. Einige von ihnen zählen zu den besten und genialsten Köpfen unseres Fachs und genießen – bei aller Anfeindung durch ihre akademischen Kollegen – hohes Ansehen in der Fachwelt der Gesellschaftswissenschaften, jedenfalls in der angelsächsischen Welt. Fest steht: Wenn alle Menschen (echte) Kapitalisten wären, könnte es weder Krieg noch Unterdrückung noch Armut geben. Zugegeben: Das ist Utopie, aber gesagt werden sollte es trotzdem einmal.

Obwohl ich mich den Minimalstaatlern und nicht den Anarchokapitalisten zurechne, gestehe ich freimütig ein, daß Letztere die besseren Argumente haben. Es ist in der Tat so, wie sie sagen: Kein Staat kann jemals ein Rechtsstaat sein. Alle Mittel, die er braucht, muß er seinen Bürgern direkt oder indirekt – und meistens gegen deren Willen, also gewaltsam – wegnehmen; er muß rauben und stehlen und somit die Grundlage allen Rechts, das Eigentumsrecht (das Recht auf den eigenen Körper, das eigene Leben und die Früchte der eigenen Arbeit) systematisch verletzen. Wie könnte er also Garant des Rechtsstaats sein? Jeder Staat ist in diesem Sinne ein Unrechtsstaat.

Man sollte hierzu klarstellen, daß es selbstverständlich Rechtsstaaten im landläufigen Sinne geben kann – und gottlob auch gibt; Staaten also, in denen die elementaren Rechte der Person geschützt sind und wo das staatliche Handeln bekannten Regeln folgen muß (die letztlich auf einer freiheitlichen Verfassung beruhen). Jedenfalls gilt das im Kontrast zu Diktaturen, Tyranneien und Staaten mit geringeren und schwächeren Freiheits- und Schutzrechten. Und selbstverständlich ist es unendlich viel angenehmer und sicherer, in einem solchen Rechtsstaat zu leben als unter jedem anderen faktisch vorhandenen Regime. Das ändert aber nichts an der Wahrheit des anarchokapitalistischen Einwands. Wenn man streng logische Maßstäbe anlegt – und das sollte man gelegentlich zum Selbstschutz vor Illusionismus tun –, dann kann es einen Rechtsstaat nicht geben, weil jeder Staat durch seine schiere Existenz zum Rechtsbrecher (der Eigentumsrechte der Individuen) werden muß, um sich überhaupt statuieren zu können. Auch die *Libertarians* ziehen natürlich einen Rechtsstaat jedem anderen Staat vor, aber die Stringenten unter ihnen bevorzugen eben theoretisch eine Gesellschaft ohne Staat vor jeder anderen – auch einer rechtsstaatlich verfaßten. Dies nur zur gedanklichen Klarstellung.

(*Libertarians* nennen sich in den USA jene Leute, die man bei uns Radikalliberale nennen würde. Der Begriff dient der Abgrenzung von den amerikanischen "Liberalen" (Liberals), weil deren polit-ökonomische Überzeugungen in etwa denen unserer Sozialdemokraten entsprechen. Der bekannteste Libertarian unter den Politikern in Washington ist der Abgeordnete Ron Paul).

An dieser Stelle sollten wir kurz einhalten und uns einmal etwas Grundsätzliches hinsichtlich des Phänomens *Staat* klarmachen: Es gibt für jedermann generell nur drei Arten, Einkommen zu erzielen und damit den Lebensunterhalt zu bestreiten: 1. stehlen (rauben), 2. betteln, und 3. etwas leisten. Da der Staat kein Unternehmer ist, hat er auch keine Einnahmen aus Produktion oder Leistung. Und wenn er als Unternehmer auftritt, z. B. auf kommunaler Ebene, ist er ein schlechter Unternehmer, jedenfalls viel weniger effizient als ein Privatunternehmer. Das bedeutet, daß er zu Marktbedingungen – das heißt bei Ansatz der wahren Kosten und der echten Erträge – keine Gewinne erzielt, sondern Verluste macht. Also bezieht er, richtig gerechnet, auch aus solchen quasi-unternehmerischen Aktivitäten keine "eigenen" Einnahmen, sondern bleibt auf Steuern und Zwangsgebühren angewiesen.

Nun braucht der Staat jedoch Geld, denn er muß nicht nur sein Politiker- und Beamtenheer bezahlen, sondern er muß – wie wir bereits erörtert haben – zum Zwecke des Machtgewinns und Machterhalts seine potentielle und faktische Wählerschaft laufend bestechen und belohnen. Auch muß er, um seine Legitimität zu untermauern, überall den guten Onkel spielen und subventionieren, fördern, zuschießen und spenden, was das Zeug hält. Also braucht er viel Geld, sehr viel Geld, und immer mehr und noch mehr Geld. Und an dieses Geld kommt der Staat nur dann, wenn er es seinen Bürgern wegnimmt, ob es denen paßt oder nicht. *Jeder* Euro, den der Staat ausgibt, ganz egal woher er ihn vordergründig nimmt, stammt letztlich aus den Taschen der Bürger. Weil sich aber die wenigsten Menschen freiwillig etwas wegnehmen lassen, muß der Staat Zwang ausüben und mit Gewaltanwendung drohen, um seine Steuern und Abgaben eintreiben zu können. Nun gibt es aber für jegliche Form des Wegnehmens unter Zwang und unter Androhung oder Ausübung von Gewalt keine anderen ehrlichen Ausdrücke als *Raub* und *Diebstahl*. Hier kommt der Staat also in eine Zwickmühle, denn als Räuber und Dieb will er nicht gelten, jedenfalls nicht offiziell. Er wäre damit auch ein miserables Vorbild für die Bürger. Also muß er als eine Art Mutter Theresa auftreten und behaupten, daß alles nur einem guten Zweck und der "sozialen Gerechtigkeit" diene. Wenn die politische Kaste Klartext sprechen müßte, würde das wie folgt lauten: "Du, Bürger, darfst unter keinen Umständen rauben, stehlen, erpressen oder in sonstiger Weise Gewalt anwenden und Unrecht tun, sonst müssen wir dich bestrafen. Wenn du an das Geld deines Nachbarn kommen willst, dann komm zu uns. Wir erledigen das für dich, indem wir ein Gesetz machen und es mit einem Paragraphenzeichen versehen. Dieses Zeichen besagt, daß es sich um etwas handelt, das rechtens und gerecht ist, denn es dient ja deinem eigenen Wohl."

Auf diese wundersame Weise wird also Unrecht zu Recht und Raub zu einer gerechten Abgabe.

Mit dem geraubten Geld seiner Bürger kommt der Staat aber nicht aus. Das liegt in seiner Natur. Wenn jemand, wie James Bond, die "Lizenz zum Töten" hat, dann wird er sie auch nutzen. Gottseidank nehmen nicht mehr alle Staaten dieses Recht für sich in Anspruch. Aber die "Lizenz zum Rauben" hat jeder Staat. Also wird er sie auch bis an die Grenzen des Möglichen ausnutzen. Wo aber liegen diese Grenzen? Die Antwort: Nirgendwo; es gibt sie nicht. Zunächst wird der Staat die Beraubung der Bürger durch Steuern und Abgaben so weit treiben, bis diese anfangen, den Bettel hinzuwerfen – das heißt, bis die Steuereinnahmen trotz höherer Steuersätze zu sinken beginnen. Von diesem Zeitpunkt an wird der Staat auf Haushaltsdefizite ausweichen, das heißt er wird einfach mehr ausgeben als er einnimmt. Die Defizite muß er natürlich finanzieren. Und das erfolgt durch Verschuldung. Die Staatsverschuldung wird also steigen – und schließlich astronomische Höhen erreichen. Wenn die Zinszahlungen nach einiger Zeit so riesig geworden sind, daß sogar die Zinsen auf die Schulden nur noch mittels neuer, zusätzlicher Schuldaufnahmen bezahlt werden können, beginnt der Glaube an die Kreditwürdigkeit und Zahlungsfähigkeit des Staates zu wanken. Nun wird Trick Nummer drei aus dem Hut gezaubert: Man heizt die Inflation, die von den Staatsausgaben ohnehin ständig genährt wird, kräftig an (z. B. durch den Aufkauf von Staatsschuldpapieren durch die Notenbank). Damit wird bewirkt, daß die Schuldenlast real sinkt. Dafür – für die Entschuldung via Inflation – ein Beispiel: Als Ergebnis der Hyperinflation der 20er Jahre hätte das Deutsche Reich seine Kriegsschulden, die sich vor der Inflation auf rund 154 Milliarden Mark belaufen haben, mit 15 Vorkriegspfennigen begleichen können.

Das Papiergeldmonopol des Staates ist gleichbedeutend mit der Lizenz zum Drucken und Schöpfen beliebiger Mengen

Scheingeldes und Kreditgeldes. Und wer dieses Monopol sein eigen nennt, hat damit auch das Inflationsmonopol in der Hand, das Werkzeug zur Kaufkraftvernichtung des Geldes. Wenn auch diese Möglichkeit ausgeschöpft ist, weil die Nullen nicht mehr auf die Papierscheine passen, dann kommt der finale Trick Nummer vier: der Staatsbankrott und die Währungsreform, das heißt die Begleichung der Staatsschulden durch die restlichen Vermögen und Ersparnisse der Bevölkerung.

So viel also an Grundsätzlichem zu der genannten These der Nullstaatler, daß der Staat niemals ein Rechtsstaat sein kann. Ein Wort noch zu der Tatsache, daß sie auch die Wächterfunktion des Staates ablehnen: Daß es für einen geordneten Verlauf des freien Marktgeschehens keines politischen Wächters bedarf, ist nicht nur graue Theorie, sondern auch durch das Geschehen in den offshore-Zentren oder Steueroasen wie den Bahamas, Bermudas und Cayman Islands faktisch belegt. Obwohl dort die Banken und Versicherungen keinerlei Staatsaufsicht kennen, hat man seit vielen Jahrzehnten noch nie etwas von Betrugsfällen gehört. Es gibt internationale Informationsmedien, die jede Unregelmäßigkeit sofort verbreiten würden. Ein einziges "krummes Ding" – und die entsprechende Bank oder Versicherung wäre fertig und würde nie mehr ein Geschäft machen. Das funktioniert ganz ähnlich wie beim einstmals unter Kaufleuten weit verbreiteten Zahlungs- und Finanzierungsinstrument des Wechsels. Wer auch nur ein einziges Mal einen Wechsel "platzen" ließ, war für alle Zeiten als Geschäftspartner oder Kreditkunde erledigt.

Gleichwohl tendiere ich eher zur Minimalstaats-Idee. Manchmal bildet sich eben eine Entscheidung nicht nur im Kopf, sondern auch im Bauch.

3. Schein-Kapitalismus

Stellen wir einmal Deutschland vor diesen Hintergrund und betrachten es "mit kapitalistischen Augen". Wir erkennen ein Land mit einem staatlichen (sprich: sozialistischen) Rentensystem, mit einem staatlichen Gesundheitswesen, einem staatlichen Bildungswesen, mit staatlich und gewerkschaftlich gefesselten Arbeitsmärkten, einem konfiskatorischen Steuersystem, einer Staatsquote am Sozialprodukt von 50%, mit einem erheblich regulierten Wohnungsmarkt, einem massiv subventionierten und regulierten Agrarsektor und einer in ein kompliziertes Geflecht zwischen Markt und Staat eingebundenen Energiewirtschaft, mit mindestens Hunderttausend Betrieben in "kommunalem Eigentum" (= Camouflage-Wort für Verstaatlichung) und einem staatlichen Papiergeldmonopol, ja sogar mit einem Staatsfernsehen samt Zwangsgebühren. Wir erkennen ein Land, in dem fast 40% der Bevölkerung ganz oder überwiegend von Staatsleistungen lebt und in welchem das gesamte Leben der Bürger von staatlichen Regelungen überwuchert ist. Wer diesen 80%-Sozialismus als Kapitalismus bezeichnet, muß mit ideologischer Blindheit geschlagen sein. Und wer gar von Turbo- oder Raubtierkapitalismus redet, den muß der Verstand ganz verlassen haben (oder die panische Angst vor dem Machtverlust zu verbalen Veitstänzen getrieben haben).

Wir haben es also bei dem, was hierzulande (und auch in anderen Ländern) als Kapitalismus bezeichnet wird, in Wirklichkeit mit einem staatsverkrüppelten Rumpfkapitalismus und mit einem vom Sozialismus durchseuchten Schein-Kapitalismus zu tun. Walter Eucken, der Vater des (echten) Neoliberalismus, hat schon in den 50er Jahren von einem "staatlich versumpften Kapitalismus" gesprochen und die permanente Gleichsetzung dieser Karikatur mit "dem Kapitalismus" als die wirksamste Waffe der Antikapitalisten ausgemacht. Man sollte das deutsche Modell also realistischer als Sozialismus mit kapitalistischem Hilfsmotor bezeichnen. Erstaunlicherweise vollbringt dieser Hilfsmotor seit mindestens sechzig Jahren das Kunststück, den sozialistischen Schrottkarren voranzutreiben. Erst jetzt scheint ihm vom Übergewicht des maroden Gefährts allmählich die Puste auszugehen.

Ganz ähnliches gilt, nebenbei bemerkt, auch für die angebliche Hochburg des Kapitalismus, also für die USA. Auch sie sind zu einem überwiegend sozialistischen Land geworden. Die Alterssicherung (Social Security Program) ist sozialistisch, die Arbeitsmärkte sind mit der Arbeitslosenversicherung und einem halben Dutzend Wohlfahrtsprogrammen teilsozialisiert, die Einkommen sind mit der progressiven Einkommensteuer und verschiedenen Umverteilungsmechanismen sozialistisch angefressen, und das Leben der Bürger und ihre wirtschaftlichen Aktivitäten sind vielfach reguliert, mit Schikanen überzogen (wie z.B. von aberwitzigen Schadenersatz-Klagen und – schon lange vor Deutschland – mit Antidiskriminierungsgesetzen, mit denen das private Vertragsrecht ausgehebelt wird), sowie zunehmend mit Geboten und Verboten bedroht. Die Sozialisierung der USA geht zwar nicht so weit wie in Europa, aber sie schreitet stramm voran.

Zu einer besonders schweren Bedrohung von Freiheit und Wohlstand hat sich auch in den USA – und dort ganz besonders! – das verstaatlichte Geld, das beliebig vermehrbare *fiat money* (das durch nichts gedeckte staatliche Papiergeld) entwickelt, hinter dem seit Abschaffung der Goldbindung nur noch ein Nichts aus heißer Luft steht. Die Vermehrung dieses trügerischen Schein- oder Falschgeldes, die nur auf dem Weg der Verschuldung erfolgen kann, hat inzwischen astronomische Größenordnungen angenommen. Die Amerikaner (Staat, Unternehmen und Private) sind aktuell mit 37 Billionen Dollar verschuldet (gerechnet in europäischen Billionen – also eine Billion gleich Tausend Milliarden, nicht nach der amerikanischen Bezeichnung *billion,* die für unser Wort *Milliarde* steht). Als Vergleich zu diesen 37 Billionen Dollar Schulden: Das Sozialprodukt aller Länder der Erde zusammengenommen beträgt 32 Billionen Dollar.

Es ist jedoch sinnlos, dafür irgendwelche "schlechten Politiker" verantwortlich zu machen oder darauf zu warten, daß endlich "die Richtigen" ans Ruder kommen. Jede Regierung unterliegt denselben Zwängen und Verführungen, solange sie zugleich die Macht über das Geld und seine beliebige Vermehrung besitzt. Auch dafür einen ganz einfachen Beleg: Die Bindung des Dollars an eine fixe Menge Goldes ist zwar bereits 1933 abgeschafft worden, aber danach bestand wenigstens noch eine lockere Verbindung, indem sich die USA verpflichtet hatten, wenigstens den Zentralbanken bestimmter Staaten zu gestatten, bei Bedarf ihre Dollar-Währungsreserven gegen Gold tauschen zu können. Präsident Nixon schloß dieses sogenannte "Goldfenster" im Jahr 1971. Obwohl die Goldbindung vor 1971 also nur noch schwach war, übte sie doch immer noch eine gewisse Bremswirkung aus. Deshalb stieg das Geldvolumen in den USA in den 34 Jahren vor 1971 nur um das Zweifache; in den 34 Jahren nach 1971 aber um das Dreizehnfache. Und für den Preis, den die Amerikaner heute für ein Auto zahlen müssen, konnten sie vor 34 Jahren noch ein komfortables Haus kaufen. *Fiat money,* das vom Gold gelöste Falschgeld, ist ein Garantieschein auf Inflation, ganz gleich, welche Partei oder Clique die Regierung bildet.

Natürlich wird auch dieser sozialistische Schulden-Wahnsinn, wenn er in nicht ferner Zukunft kollabieren wird, als "Zusammenbruch des Kapitalismus" diffamiert werden. Die politische Kaste und die Medien-Intellektuellen werden im Verein mit den Gewerkschaften (und leider auch den meisten Ökonomen) schon dafür sorgen, daß Karl Marx mit seiner Murks-These von den immer größer werdenden Krisen und vom finalen Zusammenbruch des Kapitalismus (scheinbar!) recht behält.

Vor dem Ersten Weltkrieg lag die Staatsquote in den USA bei 7%, in Deutschland bei 11%. Bei solchen Niedrigquoten ist es noch zulässig, von *Kapitalismus,* von einer kapitalistischen Wirtschaftsordnung zu sprechen. In allen Industrienationen herrschte der Goldstandard. Wie man in diesem Kapitalismus beobachten konnte, blieben damals die Schuldtitel- und Finanzanlagen-Volumina – relativ, im Verhältnis zum Bruttoinlandsprodukt – bescheiden und entfernten sich nicht weit von der realen Welt der Güter und Leistungen. In der vom staatsmonopolistischen Falschgeld getriebenen Wirtschaft hingegen bilden sich fortwährend Blasen und nehmen die Finanz- und Währungsmärkte Dimensionen vom Vielfachen, ja vom 15- bis 20-fachen des realen Sozialprodukts an. Entsprechend gigantisch sind die Schäden, wenn die Blasen platzen und die babylonischen Türme stürzen. Eigentlich können die Konsumenten froh sein, daß sich beispielsweise die in den 90er Jahren von der FED und anderen Zentralbanken geschaffenen Ozeane aus Papier- und Kreditgeld nicht auf die Warenmärkte gestürzt haben, sondern überwiegend auf die Börsen. Es herrschte *asset inflation* (Inflation bei den Aktien- und Finanzanlagen). Der Crash zum Schaden der Anleger ließ natürlich nicht lange auf sich warten.

Welche Folgen solche Zusammenbrüche haben können, lehrt das Beispiel der Großen Weltwirtschaftskrise der 30er Jahre. Ohne sie und die von ihr verursachte Massenarbeitslosigkeit wäre der Aufstieg des Nationalsozialismus undenkbar gewesen, und der Menschheit wäre wahrscheinlich der Zweite Weltkrieg erspart geblieben. Auch wenn es zur Schulweisheit geworden ist, daß die Große Depression eine "Krise des Kapitalismus" gewesen sei, ist und bleibt das ein Schauermärchen. Die amerikanische Wirtschaft war schon seit der Präsidentschaft Abraham Lincolns vom Staatsinterventionismus heimgesucht worden, sowie von einer Politik, die der Wirtschaftshistoriker Thomas DiLorenzo als "schleichenden Merkantilismus" bezeichnet hat. Unter Präsident Hoover nahmen diese Maßnahmen dann gefährliche Ausmaße an. Sie hielten die Kräfte des Marktes davon ab, sich an den Kollaps des künstlichen Kreditbooms der 20er Jahre anzupassen. Speziell Hoovers Verordnungen zum Hochhalten der Löhne betonierten die Massenarbeitslosigkeit. Unter Roosevelt schließlich trugen die politischen Regulierungen geradezu faschistische Züge. Keine einzige Maßnahme seines narrenhaften Interventionsbündels war geeignet, die amerikanische Wirtschaft vom staatsverursachten Chaos zu erlösen. Alle haben sie nur die Krise vertieft und verlängert. (s. DiLorenzo 2004) Besonders akribisch hat der Genius unter den US-Ökonomen, Murray N. Rothbard, die Mär widerlegt, bei der Weltwirtschaftskrise hätte es sich um eine "kapitalistische Krise" gehandelt. (s. Rothbard 1963, 1983). In Wirklichkeit war sie das Ergebnis einer regelrechten Orgie der staatlichen Wirtschafts- und Gesellschaftsklempnerei.

Auch in Deutschland gab es in der Person von Walter Eucken einen klarsichtigen Ökonomen, der Ursachen und Wirkungen der Weltwirtschaftskrise richtig zuzuordnen verstand. 1932 schrieb er im *Weltwirtschaftlichen Archiv*: "Der Kapitalismus entfaltete sich in einem staatlich-gesellschaftlichen Raum, der durch einen späteren geschichtlichen Prozeß, nämlich durch das Entstehen des Wirtschaftsstaates, zerstört worden ist. Dadurch ist aus dem freien, durch das Preissystem sinnvoll geordneten, ein staatlich gebundener Kapitalismus geworden, der einer brauchbaren Steuerung entbehrt.

Die bisher im ökonomischen Mechanismus wirksame Tendenz zur Vollbeschäftigung aller Anlagen und Arbeitskräfte, die in jeder Konkurrenzpreisverschiebung liegt, wurde weitgehend ausgeschaltet." (Eucken 1932, 1997, S. 14f.)

Noch klarer als Eucken hat Ludwig von Mises mitten in der Weltwirtschaftskrise mit den falschen Ursachenzuweisungen aufgeräumt. In einem Artikel "Die Krise und der Kapitalismus" schrieb er 1931: "Nahezu allgemein wird behauptet, die schwere Wirtschaftskrise, unter der die Welt gegenwärtig leidet, habe den Beweis für die Unmöglichkeit des Festhaltens am kapitalistischen System erbracht. Der Kapitalismus, meint man, habe versagt, und man müsse an seine Stelle ein besseres System treten lassen ... Daß das gegenwärtige System versagt hat, kann wohl niemand bestreiten. Doch eine andere Frage ist es, ob dieses System, das versagt hat, das kapitalistische System gewesen ist, oder ob nicht gerade die antikapitalistische Politik, Interventionismus und Staats- und Kommunalsozialismus an der Katastrophe Schuld tragen." Und nach Erörterung der tatsächlichen Zusammenhänge schließt Mises seinen Artikel mit den Sätzen: "Nicht der Kapitalismus hat versagt, sondern die Wirtschaftspolitik des Interventionismus, Etatismus und Sozialismus, die seit Jahrzehnten am Ruder ist. Nicht noch mehr Staatseingriffe, Sozialismus, Planwirtschaft, Staatskapitalismus können uns helfen, sondern allein die Einsicht, daß eine Hebung der Lebenshaltung nur durch mehr Arbeit und durch Bildung von neuem Kapital bewirkt werden kann. Das aber heißt, daß wir die antikapitalistische Politik, die in Europa seit Jahrzehnten herrscht, aufgeben müssen. Kein anderer >Plan< vermag aus der Krise herauszuführen." (Mises 1931).

Diese Weisheit hat der Schweizer Wirtschaftsprofessor Reiner Eichenberger kürzlich – anläßlich des Müntefering-Deliriums – in den prägnanten Satz gegossen: "Gegen die heutigen Probleme des Kapitalismus gibt's nur ein Mittel, nämlich richtigen Kapitalismus." (Eichenberger 2005).

Später hat auch Ludwig Erhard vergeblich gegen diese "Staatsversumpfung" der Marktwirtschaft angekämpft. Daß man ihn den Vater der "Sozialen Marktwirtschaft" genannt hat, einer von ihm abgelehnten Mixtur aus wettbewerblichem Markt und sozialistischem Wohlfahrtsstaat, war ihm zutiefst zuwider. In einem Brief an Friedrich A. von Hayek hat Ludwig Erhard geschrieben: "Ich meine, daß der Markt an sich sozial ist, nicht daß er sozial gemacht werden muß ... Je freier die Wirtschaft, desto sozialer ist sie auch." (s. Mierzejewski 2005).

Mit unbeirrbarer Stupidität wurden auch die Währungs- und Finanzkrisen der neueren Zeit – von Mexiko über Asien bis Argentinien – dem Kapitalismus und den "kapitalistischen Großspekulanten" angelastet. Leider treten nur wenige Ökonomen diesem Unsinn entschieden entgegen. Einer der Aufrechten der Zunft ist der in Argentinien lehrende Ökonom Professor Alberto Benegas Lynch. Zum Zusammenbruch des argentinischen Peso schrieb er, es sei ein grober Irrtum, die Finanzkatastrophe einem "Marktversagen" oder Fehlentwicklungen der Marktwirtschaft zuzuschreiben. Ganz im Gegenteil hätten "auf gleiche Art und Weise [wie bei der Großen Weltwirtschaftskrise]… die Alchimie der Zentralbanken, das Manipulieren der Zinssätze, die staatlichen Eingriffe in die Finanz- und Bankmärkte, die Staatsverschuldung und die Staatsausgaben, der höhere Steuerdruck, die ungeahndeten Fälle von Korruption… und der Niedergang der institutionellen Rahmenbedingungen… zu den verschiedensten Störungen geführt", die schließlich in einen Währungskollaps mündeten. (Lynch 2000)

Meistens werden auch finanz- und währungspolitische Großinstitutionen wie der Internationale Währungsfonds (IWF oder IMF) und die Weltbank als "kapitalistische Organisationen" betrachtet. Auch das ist falsch. IWF und Weltbank sind keine "Werkzeuge des Kapitalismus", sondern Machtinstrumente der Regierungen, insbesondere der US-Regierung. "Der internationale Handel", schreibt der weise Ökonom Hans F. Sennholz, "braucht einen IWF genausowenig wie der Binnenhandel. Was innerhalb eines Landes funktioniert, das funktioniert auch bei den Beziehungen zu anderen Ländern." (Sennholz 2005).

Im Prinzip sind diese Organisationen – besonders der IWF – internationale Bühnen für die staatliche Geldzauberei aus dem Nichts, Großdruckmaschinen für das *fiat money* und für die Ozeane aus Kreditgeld, die – wie bereits ausgeführt – den Blutkreislauf des Kapitalismus vergiften und seinen athletischen Hochleistungskörper sukzessive in einen siechen Pflegefall verwandeln.

Wie umfassend die Tentakel des Staatskraken die Marktwirtschaft in Deutschland schon umklammert und erstickt haben, zeigt ein Blick in die Jahresberichte *Economic Freedom of the World* des kanadischen *Fraser Institute.* Alljährlich wird dort mittels umfangreicher statistischer Daten der relative Grad wirtschaftlicher Freiheit in den meisten Ländern der Erde dokumentiert. Im Jahresbericht 2003 nimmt Deutschland bei der Gesamtnote mit Rang 15 von 123 untersuchten Ländern zwar noch nicht die Position einer Bananenrepublik ein (1970 lagen wir noch auf Rang 6), aber bei der Kategorie *Umfang der (schädlichen) Staatstätigkeit* steht Deutschland auf Platz 102 von 123 Ländern – und somit nahe bei den diktatorisch regierten Staaten. Ganz dick kommt es bei der Kategorie *Freiheit des Arbeitsmarktes:* Von den 74 bewerteten Ländern (für die übrigen lagen keine vollständigen Daten vor, so daß kein Rating abgegeben werden konnte) hält Deutschland mit Platz 74 die Schlußlaterne. (s. Doering 2003).

Als Beleg für die Verdrängung der Marktwirtschaft durch Staat, Bürokratie und Funktionäre kann auch die Tatsache dienen, daß Deutschland das einzige Land der OECD ist, in dem es mehr öffentlich-rechtliche Bedienstete gibt als Selbständige. Aus diesem bürokratischen Reservoir rekrutieren sich – im Verein mit den Heeren aus Gewerkschaftskadern – drei Viertel aller sogenannten Volksvertreter auf Bundes-, Landes- und Kommunalebene. Kein Wunder also, daß sich unser Land in ein riesiges Funktionärsbüro verwandelt hat, in dem immer weniger produziert und immer mehr verwaltet wird. Deutschland verwaltet sich zu Tode.

Gerhard Grasruck hat den Schein-Kapitalismus trefflich verspottet, als er anläßlich der deutschen Flutkatastrophe vom September 2002 schrieb: "Insgesamt wird der in der BRD durch die Überflutungen entstandene Schaden auf etwa 15 Milliarden Euro geschätzt. Eine gewaltige Summe – aber weniger als zwei Prozent dessen, was der BRD-Staat seinen Untertanen dieses Jahr abknöpft. Einmal mehr zeigt sich: Im Vergleich zu den Verheerungen, welche die Politik anrichtet, verblaßt alle Unbill der Natur." (Grasruck 2002).

Gelegentlich ist zu hören, Deutschland und viele andere Länder seien nicht sozialistisch, sondern "nur sozialdemokratisch". Die meisten Leute haben noch immer nicht registriert, wie man sie mit Orwell'schem >Neusprech<, mit der Besetzung von Begriffen, die man zuvor mit falschem Inhalt gefüllt hat, in die Irre führen und ihren Verstand regelrecht ausschalten kann. Lesen wir mal die Definition von *Sozialdemokratie* in der englischen Version der Wikipedia-Enzyklopädie: "Sozialdemokratie ist eine politische Ideologie, die im späten 19. und frühen 20. Jahrhundert bei Anhängern des Marxismus aufkam, die glaubten, daß der Übergang zu einer sozialistischen Gesellschaft eher durch demokratisch-evolutionäre als durch revolutionäre Mittel erreicht werden könnte. Sie stützt sich auf ein Programm der graduellen gesetzgeberischen Reform des kapitalistischen Systems, das gerechter gemacht werden soll, gewöhnlich mit dem Ziel einer sozialistischen Gesellschaft als theoretischem Endstadium." So viel zum Unterschied zwischen sozialdemokratisch und sozialistisch.

Halten wir fest: Der raffinierte Trick der Kollektivisten, Etatisten und Sozialisten – kurz: der Feinde der Freiheit, die halb- und dreiviertel-sozialistischen und somit nur schein-kapitalistischen Systeme der heutigen Industriestaaten des Westens *Kapitalismus* zu nennen, ist die schärfste und töd-lichste Waffe der Freiheitsfeinde bei ihrem Vernichtungswerk gegen die Ordnung der Freiheit und gegen die Zivilisation. Wer dieser zerstörerischen Begriffsverfälschung nicht mit aller Entschiedenheit entgegentritt oder gar in das Lügenkon-zert der Falschmelder einstimmt, macht sich schuldig: schul-dig der folgenschweren Nachlässigkeit oder gar der Lüge; schuldig der Sprach- und Denkverluderung; schuldig der kampflosen Auslieferung der in zweitausend Jahren mühsam errichteten Festung abendländischer Werte; schuldig der fahr-lässigen Kapitulation vor den Brandstiftern des Kollektivis-mus und Totalitarismus; schuldig an der Vergewaltigung und Strangulierung des kostbarsten Guts der westlichen Zivilisa-tion, der persönlichen Freiheit. (Das gilt auch – und beson-ders! – für die Zunft der Ökonomen).

4. Natürliche Ordnung

Doch nun vom Schein-Kapitalismus wieder zurück zum wahren Kapitalismus und zur Frage nach den Wesensmerk-malen einer kapitalistischen Wirtschafts- und Gesellschafts-ordnung.

Dazu eine Vorbemerkung:

Gelegentlich ist zu hören, Kapitalismus sei eine Wirt-schaftsordnung, aber doch keine Gesellschaftsordnung. Dieser Einwand verkennt, daß die Marktwirtschaft eine sozioökonomische Gesamtordnung sein muß, also eine Wirtschaftsordnung *und* eine Gesellschaftsordnung *und* eine Rechtsordnung. Und zwar weil es bei der Marktwirtschaft (oder dem Kapitalismus) um die Frage *Freiwilligkeit oder Zwang* bei *allen* (!) menschlichen Interaktionen geht. Die persönliche Freiheit (es gibt keine andere Freiheit!), die Grundlage der Marktwirtschaft ist, kann nicht überleben, wenn die drei Ordnungsgefüge Wirtschaft, Gesellschaft und Recht nicht deckungsgleich sind und in der Marktwirtschaft nicht ihren einheitlichen Ordnungsrahmen finden. Der gelegentlich zu hörende Begriff "wirtschaftsliberal" ist eine Fehlinterpretation. Es gibt nur *eine* Freiheit – und die ist unteilbar; sonst ist es keine (persönliche) Freiheit. (Es gibt zwar Gebiete mit fast vollständiger Wirtschaftsfreiheit und zugleich autokratischen Regierungen – wie z. B. Hongkong und Singapur, aber die Regierungen dieser Stadtstaaten zeichnen sich dadurch aus, daß sie ihre Bürger ganz generell weitgehend in Ruhe lassen, nicht nur in wirtschaftlichen Belangen. Das sind aber politische Zufälligkeiten, die vom Wohlwollen der jeweiligen Autokraten abhängen und sich jederzeit ändern können. Außerdem sind das äußere Gegebenheiten, die von den Überzeugungen der Bürger weitgehend unabhängig sind).

Ein einzelner Mensch kann – bei einer gewissen schizophrenen Veranlagung – in wirtschaftlichen Belangen liberal sein und in anderen Bereichen il-liberal. Doch ist das ein schwieriger Spagat, denn sogar bei den eigenen Handlungen und Entscheidungen ist es nahezu unmöglich, mit Gewißheit feststellen zu können, ob sie letztlich wirtschaftlicher Natur sind oder anderen Gründen und Motiven entstammen, oder ob sie – und in welchem Grad – ökonomischen oder außerökonomischen Zielen dienen. Völlig unmöglich aber ist es, diese Unterscheidung bei den Handlungen eines anderen Menschen treffen zu können. In einer *für alle* geltenden Ordnung darf sich erst recht niemand anmaßen, verbindlich festzulegen, welche Aktionen oder Ziele oder Mittel (zur Zielerreichung) wirtschaftlicher oder anderer – vielleicht rein emotionaler – Natur seien. Ein Befehlssystem, in welchem eine Regierung oder Behörde festlegen würde, was ein wirtschaftlicher Vorgang sei – und deshalb "liberal" zu handhaben, und was eine nicht-wirtschaftliche Handlung sei – und deshalb Restriktionen unterliegen müsse, wäre zwangsläufig totalitär. Die Prinzipien *Freiwilligkeit* und *Friedlichkeit* (Gewaltlosigkeit) sind sowohl unverzichtbare Grundpfeiler der Marktwirtschaft als auch einer jeden freien Gesellschaft. Die Frage *Freiwilligkeit oder Zwang* muß für *alle* menschlichen Interaktionen und Kooperationen zugunsten der Freiwilligkeit entschieden werden, wenn eine sozioökonomische Ordnung nicht zur Diktatur oder Tyrannei entarten soll. Deshalb impliziert Marktwirtschaft (oder Kapitalismus) nicht nur eine freie Wirtschaftsordnung, sondern auch eine freie Gesellschaftsordnung. Beides bildet eine Einheit. Wenn diese Einheit gespalten wird, zerbricht die eine wie die andere ihrer Komponenten.

Wir haben bereits versucht, Kapitalismus zu definieren, das heißt, seine hauptsächlichen Wesensmerkmale zu benennen.

Das beantwortet aber noch nicht die Frage: Wer hat den Kapitalismus erfunden, entworfen, konstruiert? Beim Sozialismus können wir die Personen, die ihn theoretisch ausgedacht haben, ziemlich eindeutig identifizieren. Abesehen von einigen Philosophen der Antike und des Mittelalters waren das für die neuere Zeit zunächst die französischen Frühsozialisten – mit Namen wie Babeuf, Cabet, Saint-Simon, Proudhon, Fourier usw.; später Denker wie Marx, Engels, Lasalle, Lenin, Trotzki – bis hin zu Mao, Pol Pot, Kim Il Sung und satanische Genossen. Auch die "modernen" Formen wie der sogenannte "demokratische Sozialismus" oder der "weiche" Sozialismus des Wohlfahrtsstaates hatten und haben ihre Vordenker und intellektuellen Konstrukteure.

Beim Kapitalismus ist die Frage "Wer hat ihn erfunden, erdacht oder konstruiert?" völlig abwegig. Sie stellt sich nicht. Beim Kapitalismus oder bei der Marktwirtschaft handelt es sich keinesfalls um etwas, das man sich ausdenken müßte – und deshalb gibt es auch niemanden, der das unternommen hätte. Es hat in den vergangenen Jahrhunderten Theologen und Moralphilosophen gegeben, die durch Nachdenken über die Vorgänge, die sich um sie herum abgespielt haben, sowie durch Beobachtung der bestehenden Realität entdeckt haben, daß es da etwas geben muß, das funktioniert, ohne daß irgend jemand es "eingerichtet" hätte. Diese Denker sagten sich: Da tummeln sich Menschen, die arbeiten, etwas herstellen, das Hergestellte dann gegen andere Dinge tauschen, Dienste erbringen, sparen, verhandeln, Verträge schließen, Geld als Tauschmittel benutzen, essen, wohnen, Ideen haben,

Werkzeuge benutzen, neue Wege beschreiten, einige Dinge besser machen, andere Versuche wieder aufgeben, voneinander lernen, zusammenarbeiten, Informationen austauschen und gelegentlich weite Reisen unternehmen, um Produkte und Erfahrungen heimzubringen, die man bisher nicht kannte. Jene Philosophen haben erkannt, daß sich die Lebensbedingungen auf wundersame Weise verbesserten, daß viele Leute wohlhabend wurden, andere nur weniger arm als vorher, daß alle Menschen ständig bestrebt waren, etwas herzustellen oder zu leisten, was andere haben wollten oder dringend brauchten, um es dann gegen Geld oder andere Waren und Dienste zu tauschen, die ihnen selber nützlich waren.

Das ist der tiefere Sinn des Bildes von der "unsichtbaren Hand", über die Adam Smith nachgedacht hat, jener tiefe Denker, der die Funktionsmechanismen des Marktes und des arbeitsteiligen Gewerbefleißes und des Wettbewerbs als erster bis in die feinsten Details systematisch durchdacht und niedergeschrieben hat. Die "unsichtbare Hand" war für ihn kein Synonym für Gott oder für eine schicksalhafte Instanz, sondern der Inbegriff für die Vorgänge gesellschaftlicher Selbstregulierung. Sie ist die Metapher für ein Staunen vor der Tatsache, daß die ganz und gar verschiedenen und vielfach sogar miteinander in Konflikt stehenden Ziele der Menschen ständig irgendwie auf einen gemeinsamen Nenner gebracht werden, daß die Leute auf Einrichtungen stoßen oder spontan und vielfach unbewußt Institutionen entwickeln (wie Märkte und Vertragsriten, Handelssitten und allgemein akzeptierte Tauschmittel), die viel zweckmäßiger sind als sie selber es sich hätten vorstellen oder bewußt hätten ausdenken können.

Um es abzukürzen: Adam Smith und andere Denker der sogenannten *Klassischen Nationalökonomie* entdeckten die Existenz des Marktes und der Marktwirtschaft als *natürliche Ordnung*. Der Markt mußte nicht erfunden werden. Er entstand und entsteht überall spontan, wo man die Menschen nicht in ein Zwangs- und Befehlssystem preßt, sondern sie frei entscheiden läßt, was sie tun oder lassen wollen. Der Markt – oder das große Gesamtgefüge aller Märkte und allen Marktgeschehens: die Marktwirtschaft – ist die natürlich Ordnung des gesellschaftlichen Zusammenlebens und der arbeitsteiligen Kooperation aller menschlichen Wesen. Wer in diese gewaltfreie und auf Einvernehmen und freiwilligen Vertragsschlüssen beruhende Ordnung mit Herrschaftsbefehlen eingreift, stört und zerstört sie – und zwar auch dann, wenn es in der vermeintlich guten Absicht geschieht, die Abläufe zu "verbessern", "gerechter" zu gestalten oder bestimmten "höheren" Zwecken dienlich zu machen.

Was in dieser natürlichen Ordnung verbesserungsfähig ist – und das ist vieles und wird eine niemals endende Aufgabe bleiben, das entdecken die Teilnehmer im Lauf der Zeit durch den permanenten Prozeß von Versuch und Irrtum, von Erfolg und Mißerfolg. Und zwar relativ rasch, denn der Markt belohnt die richtigen Einfälle zur Konsumentenbefriedigung innerhalb kurzer Zeit – und bestraft die falschen ebenso schnell (während falsche Entscheidungen in der Politik oft Generationen überdauern und mit "noch mehr Geld" noch falscher gemacht werden können statt sie revidieren zu müssen). Jedenfalls kann niemals ein einzelner Herrscher oder ein politisches Gremium, weder eine Zentralplanbehörde noch eine Regierungsinstitution wissen, wie man diese ungeheuer komplexen und spontanen Regelmechanismen gestalten oder umgestalten müßte, um zu bewirken, daß sie dem Wohle aller tatsächlich besser dienen. Jeder solche Versuch zeugt entweder von Eitelkeit und grenzenloser Anmaßung oder von grandioser Dummheit oder von skrupellosem Machtwillen. Der Markt und die Marktwirtschaft: Das ist das Wissen, Können, Wollen, Streben und Nötighaben aller Menschen, das in millionenfach vernetzter Weise und über komplizierte und komplexe Mechanismen und Signale (Preise) in die Märkte einfließt. Deshalb ist der Markt immer um riesige Dimensionen klüger, kenntnisreicher und effizienter, als jeder einzelne Mensch oder jeder Herrscher und jede Regierung oder Behörde es jemals sein könnten.

Fragen wir uns doch einmal, woher all der Wohlstand kommt, der uns umgibt und den wir genießen. Kommt er vom Staat? Keinesfalls, denn der hat, wie bereits ausgeführt, keine eigenen Mittel, die er verteilen könnte. Alles Geld, mit dem er die Leute angeblich reicher macht, muß er ihnen in Wirklichkeit vorher oder zugleich oder später wegnehmen, das heißt, daß er sie ärmer macht. Kommt der Wohlstand vom Arbeitsfleiß der Bürger? Auch das kann nicht der entscheidende Faktor sein, denn Arbeit und Fleiß sind zwar unabdingbare Voraussetzung für den Wohlstand einer Nation, aber es gibt viele Länder und Regionen auf dem Globus, wo die Menschen schuften wie die Lastesel und doch auf keinen grünen Zweig kommen. Sie verrichten Tag und Nacht harte

Arbeit – und bleiben doch bettelarm. Der wirklich entscheidende Faktor zur Generierung von Wohlstand ist für jeden, der es sehen will, leicht zu erkennen. Man braucht nur die Jahrbücher *Economic Freedom in the World* des Cato Instituts durchzublättern, um hundertfach belegt zu finden, daß die Freiheit des wirtschaftlichen Lebens (und das ist fast schon die "ganze" Freiheit) in den einzelnen Ländern der Erde eindeutig mit dem Wohlstandsniveau dieser Länder korreliert – im Positiven wie im Negativen. Je freier eine Nation ist, desto reicher ist sie auch, und je unfreier, desto ärmer. Immer, überall, und ausnahmslos.

Marktwirtschaft oder Kapitalismus: Das ist jene natürliche Ordnung, in welcher sich freien Menschen auf freien Märkten die Möglichkeit eröffnet, ihre Arbeit durch Kapitalbildung ständig produktiver zu machen und somit Wohlstand und Fortschritt zu erzeugen. Weil man bei diesem Thema gerne mißverstanden wird, sei hier ausdrücklich betont, daß es selbstverständlich nicht *der Markt* oder *der Kapitalismus* als schiere Mechanismen sind, die *von sich aus* Wohlstand erzeugen. Es sind und bleiben wir, die Menschen als denkende, kreative, findige, einfallsreiche, wagemutige, ausdauernde, strebsame, phantasiebegabte und fleißige Wesen, die all das erzeugen und leisten, was wir Wohlstand nennen. Aber trotz all dieser Eigenschaften und Fähigkeiten bleiben unsere Bemühungen unzulänglich oder gar vergeblich, wenn sie nicht in die natürliche (kapitalistische) Ordnung gesellschaftlicher Kooperation eingebettet sind.

In jüngerer Zeit konnte man das beispielhaft in China beobachten. Die Chinesen sind traditionell ein fleißiges Volk. Dennoch mußten unter der Ägide des Sozialismus/Kommunismus viele hundert Millionen Chinesen hungern und im Elend leben. Als dann im Dezember 1979 in China eine Reihe marktwirtschaftlicher Reformen auf dem Agrarsektor eingeführt wurde, war das Ergebnis sensationell, nämlich die größte Steigerung landwirtschaftlicher Produktion, die in der Weltgeschichte jemals zu verzeichnen war. Sogar das Wort *Explosion* ist noch zu schwach als Beschreibung des Ereignisses. Die Reformen erstreckten sich aber auch auf die übrigen Wirtschaftssektoren. Der neue Parteichef, Deng Xiaoping, hielt im Dezember 1978 eine Rede, die als wichtigste in der Geschichte des modernen China gelten kann. Er forderte, den Weg der Ökonomie nicht von Ideologie bestimmen zu lassen, sondern von Fakten. "Es ist egal", so Deng, "ob die Katze schwarz oder weiß ist, Hauptsache sie fängt Mäuse." Die Resultate der neuen Marktfreiheit waren und sind überwältigend: Seit über 25 Jahren weist China ein jährliches Wirtschaftswachstum von ca. neun Prozent auf. Im selben Zeitraum sind 300 Millionen Menschen von Armut befreit worden – und das chinesische Durchschnittseinkommen hat sich vervierfacht. Die Reichtumsmaschine *Kapitalismus* springt auch dann an, wenn der Startknopf von einem Kommunisten gedrückt wird.

Die Menschen sollten verstehen lernen: Marktwirtschaft, das sind wir selber. Der einzige friedliche und hilfreiche Verbündete, den wir haben, ist der Kapitalismus. Nur in dieser natürlichen Ordnung herrschen wir selbst (als Konsumenten und Produzenten) über unser Leben – und nicht anmaßende Funktionäre und korrupte Machteliten.

Das bedeutet nicht, daß die kapitalistische Marktwirtschaft ein fehlerfreies Uhrwerk oder ein Idealzustand oder gar ein Paradies auf Erden wäre. Weil es sich um die natürliche Ordnung des menschlichen Zusammenwirkens handelt, ist sie mit denselben Fehlern und Mängeln behaftet wie die Menschen selber. Der Untertitel eines Buches von Erich Weede lautet: *Plädoyer für eine Wirtschaftsordnung für unvollkommene Menschen* (Weede 2003). Aber genau deshalb funktioniert diese Ordnung in zufriedenstellender Weise mit jenem Wesen namens *homo sapiens*, das der Doyen der deutschen Nationalökonomie, Professor Herbert Giersch, den "zweitbesten Menschen" genannt hat. Sie braucht nicht die utopische Lichtgestalt des "neuen Menschen", wie ihn der Sozialismus seit fast einem Jahrhundert heranzüchten will – mit Knechtschaft und Folter, mit Massenmord und Versklavung, mit Lügenpropaganda und perverser Ideologie. Die Idee von einem "neuen Menschen" ist die zynischste und überheblichste aller Verhöhnungen Gottes und seiner Schöpfung, und eher wird die Erde ein riesiges Leichenfeld sein, als daß auch nur ein einziger "neuer Mensch" auf ihr wohnt. Wenn der Mensch in Würde und Freiheit und als zivilisiertes Wesen überleben will, muß er sich mit der unperfekten aber natürlichen Ordnung der Marktwirtschaft abfinden und sich in ihr einrichten.

5. Freiheit gegen Macht

Die Marktwirtschaft setzt nicht nur Freiheit voraus, um gedeihen zu können, sondern sie tendiert auch dazu, mehr Freiheit – im Sinne der Befreiung der Bürger von staatlicher Herrschaftsmacht – zu schaffen. Für die mehr oder weniger weitgehende Freiheit von Herrschaftsmacht benutzt man im allgemeinen die Bezeichnung *politische Freiheit*. Im folgenden kurzen Kapitel geht es also eigentlich um das, was man gewöhnlich *politische Freiheit* nennt. Nun ist das aber ein leicht in die Irre führender Begriff, denn der Kern des Phänomens *Freiheit* kann nur die *persönliche Freiheit* sein. Alle anderen "Freiheiten" haben nur nachgeordneten oder dienenden Rang für die persönliche Freiheit. So verhält es sich auch mit der "politischen Freiheit". Sie ist nur in dem Maße von Wert, als sie der persönlichen Freiheit dient, diese also stärkt und sichert. Ich benutze deshalb den Ausdruck *politische Freiheit* nur sehr ungern. Er hat den Geruch eines Gnadenaktes und den bitteren Beigeschmack einer von den Herrschaftseliten barmherzig gewährten Lockerung der Fesseln, die sie den Untertanen zuvor angelegt haben. Der einzige Inhalt des Begriffs *politische Freiheit*, den ich akzeptieren könnte, ist deshalb nicht der landläufige von der "Mitbestimmung" der Bürger, sondern der im Sinne von *Freiheit von der Politik*. (Mitbestimmung ist endlos weit entfernt von der Selbstbestimmung).

Die Tendenz der marktwirtschaftlichen Kräfte, mehr Freiheit von der Politik oder von den Herrschaftsstrukturen zu schaffen, kann man derzeit in China beobachten. Je mehr

Bereiche des wirtschaftlichen Lebens von marktwirtschaftlichen Elementen durchdrungen werden, desto mehr gerät die kommunistische Einheitspartei unter Druck. Markt verträgt sich eben nicht mit Macht und Herrschaft. Genau das ist der Grund, weshalb die Polit- und Funktionärscliquen dem Markt mit Skepsis begegnen, ja ihm sogar oft mit Wut und Haß entgegentreten. Sie befinden sich diesbezüglich in einer Zwickmühle: Einerseits brauchen sie die reichtumsschaffenden Kräfte der Marktwirtschaft, um ihre auf Umverteilung und Bestechung beruhende Macht bewahren und ausbauen zu können. Andererseits wissen sie – oder ahnen es zumindest, daß der Markt ihnen überall dort, wo sie ihn "entfesselt" wirken lassen, die Macht aus den Händen schlägt und ihre Lieblingsparole >Das haben wir geschaffen< als Lügenmärchen entlarvt.

Wo immer die politischen Gottspieler irgendeinen Sektor des Lebens der Bürger einmal aus der Hand gegeben und dem Markt überlassen haben – wie in jüngerer Zeit z. B. den Sektor Telekommunikation, da entfaltet er innerhalb relativ kurzer Zeit ein wahres Feuerwerk an Innovationen, Verbesserungen, Verbilligungen und Lebenserleichterungen. Danach dulden die Wähler es nicht mehr, daß der Staat oder die Politik diesen Sektor wieder an sich reißt. Doch trotz der Erfahrung mit "befreiten" Segmenten des wirtschaftlichen und gesellschaftlichen Lebens reicht die Phantasie der Bürger leider (aber zum Glück der Politiker) nicht aus, um sich vorstellen zu können, welch kometenhaften Aufstieg und welch märchenhafte Erfolgsgeschichte sie beobachten könnten, wenn der

Staat Bereiche von so riesiger Dimension wie das Bildungswesen und das Gesundheitswesen aus seinen Klauen geben
würde.

Zumindest die oberen Chargen in Politik, Gewerkschaften
und Interessenverbänden aller Art wissen sehr wohl um die
freiheitserzeugende Kraft der Marktwirtschaft und stemmen
sich – trotz aller gegenteiliger Rhetorik – mit aller Kraft gegen
die Befreiung der Menschen aus den Tentakeln Leviathans.
>*Markt oder Befehl*< lautet eben die Grundformel der (ech-
ten) Kapitalisten und der marktwirtschaftlichen Freiheitsdenker. "Alles, was Ihr nicht dem Markt überlaßt", so lehren
sie uns, "wird unvermeidlich zum staatlichen Befehl und zum
bürokratischen Kommando. Wollt Ihr ein freies, selbstbe-
stimmtes und eigenverantwortliches Leben führen, so verbindet Euch mit dem Markt, auf dem alles friedlich und freiwillig
abläuft. Jeder Vorgang Eures materiellen Lebens – sei er groß
oder klein – den Ihr nicht den problemlösenden Mechanismen des Marktes überlassen wollt, wird damit automatisch
und unausweichlich zum herrschaftlichen Befehl – und statt
in die >unsichtbare Hand< des Marktes geratet Ihr unter die
eiserne Faust der Staatsmacht."

Friedrich A. von Hayek hat dieses Entweder-Oder in akademische Worte gefaßt: "In einer komplexen Gesellschaft",
schreibt Hayek, "hat der Mensch keine andere Wahl, als sich
entweder an die ihm blind erscheinenden Kräfte des sozialen
Prozesses anzupassen, oder den Anordnungen eines Über-
geordneten zu gehorchen. Solange er nur die harte Schule des
Marktes kennt, wird er vielleicht denken, daß die Leitung

durch einen anderen vernünftigen Kopf besser wäre; aber wenn es zum Versuch kommt, entdeckt er bald, daß ihm der erstere immer noch wenigstens einige Wahl läßt, während ihm der letztere gar keine läßt, und daß es besser ist, die Wahl zwischen verschiedenen unangenehmen Möglichkeiten zu haben, als zu einer von ihnen gezwungen zu werden." (Hayek 1946, 1976). Diese klugen Worte sind nur die längere Variante unserer kurzen These: *Markt oder Befehl.* >Markt oder Befehl<: Das ist die unerbittliche Formel der Freiheit. Es gibt keinen "dritten Weg", keine Ausflucht aus dieser für jede Gesellschaft singulären Alternative.

Weil dem so ist, und weil Herrschaft, Staat und Politik nur auf dem Befehlsweg funktionieren können, mußte sich die Marktwirtschaft, wo immer sie entstand, stets gegen den Staat durchsetzen. Weil sie jedoch eine friedliche, gewaltfreie und auf Freiwilligkeit beruhende Veranstaltung ist, hätte die unsichtbare Hand des Marktes niemals eine Chance gegen die eiserne Faust des Staates gehabt, wenn dessen Macht nicht gelegentlich (durch historische Zufälle) geteilt gewesen wäre. Besonders gründlich hat dieses Phänomen der amerikanische Historiker John P. Powelson untersucht (s. Powelson 1994). Die wichtigsten Ergebnisse seiner historischen (auf Europa und Japan konzentrierten) Studie lassen sich wie folgt zusammenmenfassen:

In der Geschichte findet sich über die Jahrhunderte hinweg wieder und wieder die Bestätigung, daß Güter- und Dienstleistungsmärkte nur dann frei waren, wenn sich auch der

Markt der Institutionen (wie Geld, Kredit, Recht, Boden-eigentum etc.) frei entfalten konnte. Dies wiederum war dann der Fall, wenn es Gewerbetreibenden, Händlern, Handwerkern und sonstigem "gemeinem Volk" gelang, eine Art eigenes Recht zu setzen, und zwar in Form von Konventionen, die das Funktionieren von privaten und geschäftlichen Beziehungen gewährleisteten und erleichterten. Ein spontan gewachsenes "Recht" also in Gestalt von Übereinkünften, die allgemein als verbindliche Normen akzeptiert wurden. Diese Form des *gewachsenen Rechts*, welches das friedliche (private und geschäftliche) Zusammenleben leichter und sicherer machte, geriet jedoch überall in Konflikt mit dem *hoheitlich gesetzten Recht*, das überwiegend der Kontrolle und der Ausbeutung der Untertanen diente. In allen Ländern, in denen man seit dem 16. Jahrhundert eine wirtschaftlich erfolgreiche Entwicklung feststellen kann, hatten sich Herrscher dazu bewegen lassen, ihr "Herrenrecht" aufzuweichen und die sich ausbreitenden Regeln des Handels, der Bauernmärkte, der handwerklichen Meister- und Gesellenordnungen und des Geldverleihwesens zuzulassen. Spontan im Volk gewachsenes Recht konnte also (wenigstens teilweise) das von oben gesetzte und per Befehlsgewalt auferlegte Recht zurückdrängen und ersetzen.

Es drängt sich die Frage auf: Wieso haben bestimmte Herrscher das zugelassen? Die Antwort lautet: Weil die Macht geteilt war. Kaiser und Könige mußten sich vielerorts die Macht mit Fürsten, Grafen, Herzögen und sonstigen adligen oder lokalen Autoritäten teilen; des weiteren mit militärischen

Führern (Feldherren) und Vertretern der Kirche. Nur durch das eifersüchtige Wachen der verschiedenen Inhaber der geteilten Macht darüber, daß die jeweils anderen nicht zu viel ihres Hoheitsrechts durchsetzten, war es möglich, daß "zwischen den Thronsesseln" Institutionen des alltäglichen Lebens und des Marktgeschehens, sowie das gewachsene Recht dieser Institutionen entstehen und sich fortentwickeln konnten. Powelsons Fazit lautet: Freie Märkte sind nicht das Ergebnis rationaler Politikentscheidungen, sondern (wenn sie sich schon nicht in einem politikfreien Raum entwickeln konnten) – das unbeabsichtigte Ergebnis von Kompromissen zwischen halbwegs gleichstarken Machtgruppierungen. Aus dieser Beobachtung läßt sich der Ratschlag ziehen: Eine Regierung, die der Marktwirtschaft tatsächlich Chancen einräumen will, damit sich deren wohlstandsschaffende Kraft entfalten kann, sollte alles unterlassen, was die Macht von *dominierenden* Gruppen fördert oder stärkt.

Mein eigenes Fazit: Welche Chancen die Marktwirtschaft – und damit Freiheit und Wohlstand in Deutschland unter diesem Aspekt haben, möge sich jedermann mit Blick auf den bundesrepublikanischen Korporativismus und auf unser von Partei-, Gewerkschafts- und Verbandsfunktionären dominiertes Land selber ausrechnen.

Ein bescheidener Trost allerdings bleibt uns. Und zwar in Form der Tatsache, daß man, genau besehen, die Marktwirtschaft niemals ganz ausschalten kann – auch nicht in einem noch so brutalen totalitären Regime. Wo der normale Markt verboten oder unterdrückt oder gefesselt wird, entsteht der graue und der schwarze Markt. Fritz Goergen hat dieses Faktum auf den Punkt gebracht: "Der Markt funktioniert immer; entweder legal oder illegal." Nun hat aber leider auch das zwei Seiten: So war es beispielsweise der Untergrund- und Schatten-Ökonomie zu verdanken, daß die Menschen im Ostblock-Sozialismus nicht in noch erbärmlicheren Verhältnissen gelebt haben als sie ohnehin erdulden mußten. Fundierte Schätzungen kommen zu dem Ergebnis, daß sich die Menschen in der Sowjetunion bis zu vierzig Prozent der Güter und Dienste außerhalb des sozialistischen Systems besorgt haben, und zwar über Subsistenzwirtschaft (privat bewirtschaftete Gärten und kleinlandwirtschaftliche Tierhaltung) und über graue und schwarze Märkte (wechselseitige Gefälligkeitsarrangements, gegenseitige Nachbarschafts- und Verwandtenhilfe, Schmuggel und Handel mit "beiseite geschafften" Staatsbetriebs-Gütern). Und das war gut so. Graue und schwarze Märkte sind Ventile gegen den despotischen und kleptokratischen Druck sowohl verbrecherischer Regime als auch demokratischer Abzocker-Regierungen.

Eine erhebliche Zufuhr an kapitalistischem Lebenssaft haben sich die Ost-Diktaturen über Exporte in westliche Länder (zu hohen West-Preisen – im Vergleich zu ihren sozialistischen Hungerlöhnen) inklusive umfangreicher Goldexporte verschafft. Kapitalistischer Lebenssaft also für den Schweiß der eigenen versklavten Bevölkerung. Auch West-Kredite und Erlöse aus Dissidentenfreikäufen haben eine gewisse Rolle gespielt. Am meisten aber hat dem Sowjetblock die Orientierung an den kapitalistischen Preisrelationen eingebracht. Da sich bei Abwesenheit einer Privateigentumsordnung keine Preise bilden können, welche die Bedarfsstrukturen und Knappheitsrelationen der Güter und Dienste anzeigen, wäre das ohnehin miserable Produktivitätsniveau der Sowjet- und Ostblock-Planwirtschaft noch weit mehr abgesackt, wenn sich die Zentralplanungs-Behörden nicht an den *relativen* Preisen im Westen hätten orientieren können – also nicht an den absoluten Preisen, sondern an dem Verhältnis der Preise verschiedener Güter zueinander.

Andererseits hatte genau diese – für die geschundenen und leidenden Menschen segensreiche – List der Marktwirtschaft aber auch zur Folge, daß die jeweiligen Despotien wesentlich länger überleben konnten, als es ihnen ihr sozialistisches Bankrottsystem eigentlich ermöglicht hätte. Die Sowjetunion und ihre Trabanten hätten ohne das Wirken der heimlichen Märkte niemals 70 Jahre lang bestehen bleiben können.

Wichtig bleibt die Erkenntnis: Eine Regierung, welche die Marktwirtschaft drangsaliert, schindet auch die Menschen und handelt (bestenfalls) verantwortungslos. Ein Herrschaftskader, der die Marktwirtschaft gar beseitigen und den Kapitalismus abschaffen will – oder dies faktisch durchführt, handelt verbrecherisch (auch wenn er sich "demokratisch" nennt oder aus einer demokratischen Wahl hervorgeht). Denn die Marktwirtschaft: *Das sind die Menschen.* Mensch und Markt bilden die natürliche Ordnung unsers Lebens auf dieser Erde. Alles andere ist Vergewaltigung der menschlichen Natur.

6. Moral gegen Markt?

Der häufigste Einwand gegen Markt und Kapitalismus lautet: Zugegebenermaßen ist der Kapitalismus ökonomisch effizient, aber er ist ein unmoralisches System (kalt, ungerecht, egoistisch, rücksichtslos, ausbeuterisch, profitgierig usw. usw.).

An dieser Stelle soll zunächst noch einmal ein kurzer historischer Rückblick zum Thema *Freiheit und Effizienz im Kapitalismus* erfolgen. Er führt, wie wir sehen werden, nur scheinbar am Thema vorbei:

In vorkapitalistischer Zeit konnte es nie und nirgends Freiheit und Wohlstand nach unserem heutigen Verständnis geben. Sowohl in der Antike als auch im Mittelalter – bis hin zum Beginn der Neuzeit – konnten Freiheit und materielles Wohlergehen stets nur das Privileg einer kleinen Elite sein. Mehr als zwei Jahrtausende lang blieb dieses Privileg einer kleinen politischen und aristokratischen Schicht vorbehalten; später auch einigen herausragenden Handelsgeschlechtern. Die Massen der Bevölkerung aber waren überall und alle Zeit bis zum Anbruch der industriellen Revolution (oder des Kapitalismus) arm und weitgehend rechtlos. Je nach Land, Herrschergeschlecht oder historischem Zeitabschnitt, lebten diese Menschenmassen mal in großem und mal in weniger großem Elend, waren mal mehr und mal weniger unterdrückt. Nie aber waren sie wohlhabend und frei, immer war ihre Existenz kärglich, meistens sogar von Hunger, Krankheit, Seuchen und frühem Tod geprägt, sowie von Abhängigkeit, Knechtschaft, Willkür der Herrschenden, oder gar von Sklaverei.

Für diese Zustände darf man jedoch nicht einfach die jeweiligen Herrscher oder Fürstengeschlechter verantwortlich machen. Obwohl es unter ihnen sehr unterschiedliche Charaktere gab, mal fürsorgliche Guts- und Landesherren, mal satanische Ungeheuer und Menschenschlächter, so muß man doch einer entscheidenden Tatsache Rechnung tragen: Jene kleinen privilegierten Schichten wären auch dann nicht in der Lage gewesen, die Existenzbedingungen der großen Masse der Bevölkerung zu verbessern, wenn sie dazu den besten Willen gehabt hätten. Sogar wenn sie ihre Reichtümer und Schlösser an die Untertanen verschenkt hätten, so wäre deren Leben nur wenig und nur für kurze Zeit erträglicher geworden, um alsbald wieder in die alten Zustände zurückzufallen. Es gab in der vorindustriellen Zeit einfach zu wenig Nahrungsmittel für die wachsende Bevölkerung und zu wenig technische und produktive Möglichkeiten, um die Lebensumstände der großen Zahl verbessern zu können. Man sollte dabei nicht vergessen, daß auch die adeligen Eliten jahrhundertelang in hygienischen, medizinischen und wohntechnischen Verhältnissen gelebt haben, die heute sogar den Ärmsten der Armen in den Industrieländern als primitiv und unzumutbar erscheinen würden.

In den vorindustriellen Agrarsystemen war nichts und niemand in der Lage, die Lebensumstände der großen Massen entscheidend zu verbessern oder ihnen gar Freiheit, Sicherheit und Wohlstand nach unserem heutigen Verständnis zu gewähren. Alles das konnte erst im Kapitalismus entstehen, der die Agrarsysteme ab dem 19. Jahrhundert abgelöst hat.

Das blitzt sogar in einigen, eigentlich kritisch gemeinten Sätzen von Karl Marx auf, der im Jahr 1848 schrieb: "Die Bourgeosie reißt durch die rasche Verbesserung aller Produktionsinstrumente, durch die unendlich erleichterten Kommunikationen alle, auch die barbarischsten Nationen in die Zivilisation. Die wohlfeilen Preise ihrer Waren sind die schwere Artillerie, mit der sie alle chinesischen Mauern in den Grund schießt, mit der sie den hartnäckigsten Fremdenhaß der Barbaren zur Kapitulation zwingt. Sie zwingt alle Nationen, die Produktionsweise der Bourgeosie sich anzueignen, wenn sie nicht zu Grunde gehen wollen, sie zwingt sie, die sogenannte Zivilisation bei sich selbst einzuführen, das heißt Bourgeois zu werden."

Hier nun die ganz generelle Frage: Was ist an diesem Umstand und an diesem "System", das die Menschheit aus dem Massenelend erlöst und aus der Massenknechtschaft befreit hat, *unmoralisch*? (Man muß schon die "Moral" eines Karl Marx haben, sich ein Leben lang bedenkenlos von einem Freund aushalten zu lassen, um den Retter der Menschheit vom jahrtausendealten Joch des Hungertodes und der Rechtlosigkeit, den *Kapitalismus*, als unmoralisch zu betrachten).

Nun noch ein Blick in die Zukunft, basierend auf einer Rückschau – und festgemacht an einem einzigen Lebensmittel, der Kartoffel: Der amerikanische Ökonom David A. Henderson hat folgende Zahlen ermittelt: Im Jahr 1890 wurden in den USA auf 2.557.000 acres rund 10 Milliarden amerikanische Pfund Kartoffeln geerntet. Das waren 2.990 Pfund je acre. Im Jahr 1997 wurden auf 1.362.000 acres – also auf

ungefähr der halben Ackerfläche im Vergleich zum Jahr 1890 –
46 Milliarden amerikanische Pfund Kartoffeln geerntet, d. h.
mehr als das Vierfache von 1890 – und, je acre gerechnet, fast
das Neunfache von 1890. Die dramatische Steigerung des
Ernteertrages hat viele Ursachen, vor allem verbessertes Saat-
gut, bessere Pflanztechniken, bessere Bewässerung, bessere
Düngemittel und bessere Mittel gegen Schädlinge. Hinzu
kamen verbesserte Methoden auf allen Verarbeitungsstufen.
So werden beispielsweise aus einem Pfund Rohkartoffeln
heute mit modernen Maschinen (bessere Schältechnik etc.)
25 % mehr Pommes frites erzeugt als vor 25 Jahren. Alle diese
Verbesserungen und Fortschritte lassen sich auf einen ursäch-
lichen Nenner bringen, nämlich auf den marktwirtschaftlichen
Wettbewerbsprozeß. Konsequent folgert Henderson für die
Zukunft: "Die Menschheit wird nur dann verhungern, wenn
sie die Märkte nicht frei funktionieren läßt." (Henderson
2003).

Erneut die Frage (diesmal vorwärts in die Zukunft gerichtet): Was ist an diesem "System", das als einziges die Menschheit vor dem Hungertod bewahren kann, *unmoralisch*?

Zugegeben: Diese Art der Darstellung und Fragestellung
ist ein wenig polemisch. Es könnte ja sein, daß ein System
(besser: eine Ordnung), das hocheffizient und schon aus
schieren Überlebensgründen unverzichtbar ist, sich gleichwohl aus anderen Gründen und unter anderen Aspekten als
"unmoralisch" erweist. Aber diese "anderweitige Unmoral"
müßte schon "sehr dick daherkommen", um das Phänomen
als Ganzes der wesensgemäßen Unmoral zeihen zu dürfen.

Doch ist es ein Leichtes, zu zeigen, daß auch die moralinsauren Vorwürfe en detail nur Lug- und Trugbilder sind.

Zunächst ein kleiner Seitenblick zur Logik: Moralisches Handeln ist nur einer Person möglich, und zwar einer Person, die frei zwischen Handlungsalternativen wählen oder entscheiden kann. Eine Gesellschaftsordnung wie der Kapitalismus ist ein System von Beziehungen und kann weder moralisch noch unmoralisch in dem Sinne sein, wie es eine Person sein kann. Eine Gesellschaftsordnung (oder ein Gesellschafts"system" wie das sozialistische) kann jedoch in ihren *Wirkungen* moralisch oder unmoralisch sein, je nachdem, ob es der Möglichkeit und Wahrscheinlichkeit moralischen Handelns und Verhaltens bei den Individuen förderlich oder hinderlich ist. Unter dem Aspekt des Moralgebots folgt daraus, daß eine moralische Verpflichtung besteht, eine politische und ökonomische Ordnung zu gewährleisten (oder nicht anzutasten), die den größtmöglichen Freiheitsraum für Selbstbestimmung und Moralentfaltung einräumt. Da nur der Kapitalismus auf der Freiheit der Entscheidungen basiert, stellt er von den uns bekannten und denkbaren sozioökonomischen "Systemen" das beste Umfeld für die Entwicklung von Moral dar. (Obwohl der Kapitalismus, wie bereits gesagt, kein "System" ist, sondern eine Ordnung – die einzig natürliche Ordnung, die wir kennen – , muß ich beim Plural den Begriff *Systeme* verwenden, weil es eben nicht mehrere Ordnungen gibt, sondern nur eine einzige: die kapitalistische).

Wie also hängen Freiheit und Moral zusammen? "Freiheit", schreibt Professor Younkins (Jesuiten-Univesität in

Wheeling, West Virginia, USA), "ist notwendige Bedingung für Moral. Es kann keine Moral geben ohne Verantwortlichkeit – und keine Verantwortlichkeit ohne Selbstbestimmung [und keine Selbstbestimmung ohne Freiheit]l Verantwortliche Selbstbestimmung impliziert Vernunft, Ehrlichkeit, Selbstdisziplin, Leistungswillen und Beharrlichkeit. Um für jedes Individuum das Maximum an Selbstbestimmung gewähren zu können, muß der Staat darauf beschränkt bleiben, die Gerechtigkeit zu bewahren und alle Bürger gegen Zwang und Gewalt von innerhalb und außerhalb der Landesgrenzen zu verteidigen – und somit ihr Leben, ihre Freiheit und ihr Eigentum zu schützen." (Younkins 1997).

Der Kapitalismus kann also, um es zu wiederholen, weder moralisch noch unmoralisch sein; er kann nur ein gesellschaftliches Umfeld bilden, in welchem die individuellen Teilnehmer sich für moralische oder unmoralische Ziele und Handlungen entscheiden. Kein sozioökonomisches System kann die Menschen automatisch zu guten Menschen machen. Moral und Tugend setzen voraus, daß die Menschen die Freiheit haben, auch unmoralisch zu sein und zu handeln. Nur wenn ein Individuum die Wahl hat und Verantwortung für seine Handlungen trägt (also nicht auf Befehl handeln muß), kann es moralisch sein und moralische Entscheidungen treffen. "Das beste, was ein System leisten kann", schreibt Professor Younkin, "besteht darin, den Leuten die Möglichkeit einzuräumen, gut zu sein... Der Kapitalismus erlaubt mehr als jedes andere System die Ausübung des freien Willens. Deshalb ist der Kapitalismus, obwohl er eine moralische

Gesellschaft nicht garantieren kann, notwendig für eine solche."

Der Kapitalismus oder die Marktwirtschaft bieten aber nicht nur die notwendige Freiheit zur Moral, sondern ihre "Geschäftsbedingungen" liefern auch starke Anreize zu moralischem Handeln. Zunächst einmal gehen die Effizienzwirkungen (kurz: der allgemeine Wohlstand) weit über die rein materielle Sphäre hinaus. Wohlstand eröffnet den Menschen die Gelegenheit, nicht nur ihre Talente und Fähigkeiten zu kultivieren, sondern auch ihre Tugenden. Je weniger Lebenszeit jemand investieren muß, um seine elementaren Existenzbedürfnisse zu decken, desto mehr Zeit und Kraft bleiben ihm – wenigstens potentiell – für die Verfolgung höherer Ziele. Kultur ist das Ergebnis der Befreiung vom Joch schwerer und unablässiger Arbeit zu Zwecken des schieren Überlebens.

Gleichzeitig entwickelt der Markt eine starke Tendenz, moralisches Verhalten zu belohnen. Er belohnt höfliche, kooperative, tolerante, offene, ehrliche, vertrauenswürdige und faire Geschäftsleute. Kunden irrezuführen, Geschäftspartner zu betrügen und Arbeiter schlecht zu behandeln, zahlt sich längerfristig nicht aus, sondern hat für die betreffenden Unternehmer schädliche finanzielle Konsequenzen.

Der stärkste Anreiz zu moralischem Verhalten im Kapitalismus kommt von seinem inneren Zwang zum Dienen. Erfolgreich, egal ob als Unternehmer oder Arbeiter, kann im

Markt dauerhaft nur derjenige sein, der für andere Menschen etwas herstellt oder etwas leistet, was diese anderen benötigen oder haben wollen. Kurz: Erfolgreich im Markt kann nur sein, wer anderen dienlich ist. Auch dann, wenn die Leistungsmotive eines Marktteilnehmers nicht moralischer Natur sind (oder sogar unmoralisch), so zwingt ihn doch die Generalregel der Marktwirtschaft, das *Dienen als Erfolgsbedingung*, zu moralischem Verhalten. Im großen und ganzen jedenfalls, und als stark ausgeprägte Tendenz. Jedermann kann im Markt seine eigenen – auch egoistischen – Interessen nur dann verwirklichen, wenn er den Interessen anderer dient. In diesem Sinne also, indem der elementare Funktionsmechanismus des Kapitalismus auf dem Dienst an den Mitmenschen beruht – und er dennoch den Menschen letztlich die Entscheidungsfreiheit zwischen Gut und Böse beläßt, ist er die moralischste aller denkbaren "Systeme", eine implizit moralische Ordnung.

Dieser Mechanismus des (unabhängig von den moralischen oder unmoralischen Motiven funktionierenden) Dienens hat eine viel tiefergehende Dimension als es auf den ersten Blick scheinen mag. Er macht nämlich eine freie Gesellschaft erst möglich. Wir haben gesehen, daß der Markt jeden einzelnen von uns dazu zwingt, daß wir unsere eigene Wohlfahrt nur dann fördern können, wenn wir der Wohlfahrt andere Gesellschaftsmitglieder dienen. Damit ist aber zugleich auch jedem einzelnen die Möglichkeit versperrt, sein Einkommen über das Ausmaß der geleisteten Dienste hinaus mehren zu können. Das bedeutet: Die Aneignung fremder Ressourcen auf dem Weg der Gewalt bleibt ausgeschlossen. Der Schweizer Ökonom, Professor Guy Kirsch, hat sein Bedauern darüber ausgedrückt, daß wir des ungeheuer ambitiösen Charakters der marktwirtschaftlichen Ordnung nicht mehr gewahr werden. Man bedenke doch, schreibt Kirsch: "Hier soll die Gewalt des Menschen über den Menschen, die Instrumentalisierung des einen durch den anderen verhindert werden, und doch soll die Freiheit nicht an den alles verschlingenden Leviathan verloren werden. Damit unterscheidet sich dieses Konzept [die Marktwirtschaft] von all jenen Entwürfen für Idealstaaten, die von Plato über Hobbes, Hegel hin zu Lenin und ihren Nachfolgern dem sozialen Frieden die Freiheit des Menschen zu opfern bereit sind. Das liberale Konzept [der wettbewerbliche Markt] unterscheidet sich aber auch von jenen utopischen Konstruktionen, die einen neuen, will sagen: einen besseren Menschen voraussetzen. Die Liberalen [Marktfreunde] wollen eine menschenfreundlichere Gesellschaft, ohne daß sie sich allzu große Hoffnungen über die Menschenfreundlichkeit des Menschen machen, auch ohne daß sie allzusehr auf die individuelle Menschenfreundlichkeit angewiesen sind. Damit wurde es möglich, daß die liberale Gesellschaftsidee nicht im Stadium der Utopie steckenblieb." (Kirsch 1981).

Man kann das auch kürzer und brachialer ausdrücken, damit es besser im Gedächtnis haften bleibt: Die Marktwirtschaft kommt mit der Alltagsmoral der Alltagsmenschen aus und überläßt die "höhere" (sozialistische) Moral den Millionen Toten, die im Namen der utopischen Hypermoral erschlagen und erschossen, zu Tode gefoltert oder dem Hungertod ausgeliefert worden sind.

Ein durchaus "moralischer" Aspekt liegt auch in der Durchlässigkeit der kapitalistischen Ordnung. Ludwig von Mises hat das in aller Kürze dargestellt, indem er schrieb: "In der mehr gebundenen Wirtschaft der Vergangenheit... war [man] reich oder arm von Geburt aus und blieb es sein Leben lang, wenn man nicht durch unerwartete Zufälle, die durch eigene Arbeit oder Unternehmung nicht herbeigeführt oder nicht abgewendet werden konnten, eine Änderung seiner Lage erfuhr. Daher gab es Reiche, die auf den Höhen des Lebens wandelten, und Arme, die in der Tiefe blieben. In der kapitalistischen Wirtschaft ist dies anders. Der Reiche kann leichter arm, der Arme leichter reich werden." (Mises 1922, 1932, 1981, S. 407).

Die natürliche Ordnung und ihre Freiheit dienen aber nicht nur dem moralischen Aspekt, der in der Befreiung des Menschen von materiellem Elend, von Chancenlosigkeit und von Perspektivlosigkeit liegt, sondern auch dem moralischen Element, das in der Ermöglichung von geistiger und seelischer Entwicklung steckt. Der Mensch als irrendes und fehlerbehaftetes Wesen kann sich – wie wir spätestens seit Karl Popper wissen sollten, der Wahrheit (besser: den weniger falschen Annahmen und Problemlösungen) nur auf dem Weg des *trial and error* (Versuch und Irrtum) nähern. Dazu braucht er Freiheit und Wettbewerb, also eine möglichst große Vielfalt von Wegen und Methoden des Ausprobierens, des Wettstreits um die besseren Ideen. Auch bedarf es hierzu eines Mechanismus' der raschen Sanktionierung: positive Sanktionen (Belohnung, z. B. durch Gewinn) der jeweils relativ besseren Lösungen, und negative Sanktionen (Bestrafung, z. B. durch Verlust) der jeweils relativ schlechteren oder untauglicheren Problemlösungen. Das aber kann nur in einer Ordnung geschehen, die es dem Menschen ermöglicht und erlaubt, Fehler zu machen und aus Fehlern schnell zu lernen, um alsbald andere, bessere Wege gehen zu können. Kurz: Der Mensch braucht Freiheit und wettbewerbliche Märkte, auf denen er Verschiedenes erproben, Vergleiche anstellen, Erfolge und Mißerfolge anderer beobachten, das Bessere nachahmen und Neues testen kann. Wenn er daran durch staatlichen Befehl oder hoheitlich fixierte Ziele, Vorgaben und Handlungsanweisungen gehindert wird, so verarmt er nicht nur materiell, sondern verkümmert auch an Geist und Seele.

Die moralische Dimension des Wettbewerbs geht somit für das schöpferische und nach geistig-seelischer Fortentwicklung strebende Wesen Mensch weit über die Aspekte der wirtschaftlichen Effizienz hinaus. So ist auch beispielsweise Europa zur Wiege der Freiheit und der abendländischen Kultur und Zivilisation geworden, weil hier – im Gegensatz zu den despotischen Großreichen in anderen Gegenden der Welt – jahrhundertelang ein Wettbewerb der politischen Konzeptionen stattgefunden hat. Die europäische Kleinstaaterei, der Streit zwischen Staat und Kirche, das Ringen zwischen Adel und Bürgertum, das Aus- und Einwandern der Menschen weg von repressiven Herrschafts- und Wirtschaftsstrukturen und hin zu den jeweils freieren Regionen und besser aufgeklärten Fürsten, die Unabhängigkeit der klösterlichen Geistigkeit von den Denk- und Sitten-Schablonen an den Höfen, die Gegensätze zwischen Rittern und Kaufleuten: Durch diesen Wettbewerb um Vorherrschaft und Vorsprung, um Einfluß und Prestige ist im Lauf der Zeit – trotz blutiger Kriege und durch Krieg und Machtgetöse hindurch – das Wunder der abendländischen Bürgerfreiheit entstanden. Der Antriebsmotor der Marktwirtschaft, nämlich der Wettbewerb, entfaltet auch jenseits der Gütermärkte seine zivilisatorischen, kultur- und friedensgenerierenden Wirkungen – gegen die Beharrungskräfte des staatlichen Machtmonopols.

Natürlich hat das Christentum mit seiner Lehre von der Einzigartigkeit der Person und von der Würde und vom Wert eines jeden Individuums ganz wesentlich zu dieser Entwicklung beigetragen.

Seit der Industriellen Revolution hält sich mit hartnäckiger Ignoranz das Gerücht, die Vertreter der freien Marktwirtschaft würden einem moralischen Relativismus oder gar Nihilismus frönen. In neuerer Zeit – und besonders seit der seuchenartigen Ausbreitung der *political correctness* – wird dieser Unsinn vermehrt den angelsächsischen Libertarians (also den Protagonisten des Minimalstaates oder des Null-Staates) angehängt. Dazu ein symptomatisches Beispiel: Vor einiger Zeit tat eine Mitherausgeberin des *Wall Street Journal* in ebendieser Zeitung ihrer Leserschaft kund zu wissen, Libertarians sähen viele Angelegenheiten am liebsten außerhalb der Reichweite des Staates angesiedelt, und dazu gehöre auch die Moral. Daraus sei der Schluß zu ziehen, daß Libertarians nicht an eine objektive Moral glauben. Im Kontrast dazu stehe das konservative Denken. Dort gelte eine hierarchische Verhaltensstruktur, an deren Spitze absolute und dauerhafte Werte stünden. Diese Werte seien gewissermaßen ewig und "nicht das Ergebnis eines agnostischen Prozesses der freien Märkte." Sheldon Richman, ein brillanter Ökonom und "echter" Kapitalist (gemäß Kapitel II, 2) hat den vergifteten Pfeil aufgefangen und mit trefflichen Worten zurückgeschleudert:

"Meinen libertären Freunden", schrieb Richman, "die Katholiken, Protestanten, Juden, Moslems, Aristotelesianer und Kantianer und Objektivisten sind, wäre das [der Glaube an eine nicht objektive Moral] jedenfalls neu. Obwohl es natürlich Libertarians gibt, welche für moralischen Relativismus eintreten, ist der Relativismus dem Libertarianismus keineswegs wesensimmanent. Toleranz ist nicht gleich Relativismus." Und zur Behauptung in besagtem Artikel, die Radikalliberalen würden sich bei normativen Fragen nicht wohl fühlen, führt Richman aus: "Bei allem gebührenden Respekt: Das ist eitler Unsinn. Libertarians fühlen sich bei normativen Fragen keineswegs generell unwohl – sie wollen diese nur nicht von Politikern befohlen sehen. Sie verneinen auch nicht notwendigerweise die Existenz absoluter und dauerhafter (ewiger) Werte; sie wollen sie nur nicht von der Polizei durchgesetzt sehen." Was hier miteinander vermischt wird, so Richman weiter, sind Ethik und Politik. Die Ethik beschäftigt sich mit der Alternative richtig oder falsch, die Politik mit den Bedingungen, unter denen die Regierung legitimerweise

Gewalt anwenden darf. Diese beiden Phänomene überschneiden sich, aber sie gehören nicht zusammen. Es liegt also kein Widerspruch darin, wenn Leute einerseits an einen objektiven Moralkodex glauben, diesen ihre Kinder lehren und ihren Freunden nahelegen, andererseits aber meinen, daß dieser Moralkodex ihnen nicht mit dem Schlagstock eingebleut werden darf. (s. Richman 2003)

Ludwig von Mises hat das ganz ähnlich formuliert, indem er sinngemäß schrieb: Die Klassisch-Liberalen streben danach, den Staat von der Moral und der Religion fernzuhalten, aber nicht weil Moral und Religion unwichtig wären, sondern *gerade weil* sie so wichtig seien, dürfe man sie nicht den Mechanismen der Macht ausliefern. Eigentlich sollte das nicht so schwer zu begreifen sein.

Noch weit schärfer geht der berühmteste und zugleich brillanteste aller lebenden "Kapitalisten", der anarchokapitalistische Ökonomie-Professor Hans-Hermann Hoppe (Universität von Nevada), mit den modernen Fakten-Verdrehern zu Gericht. In seinem Buch *Demokratie: Der Gott, der keiner ist*, zeigt er auf, wie in der Treibhaus-Atmosphäre des wuchernden Wohlfahrtsstaates die wichtigsten Institutionen der natürlichen Gesellschaftsordnung – vor allem Familie, Autorität, Moral, Tradition und sexuelle Tabus – zerfallen, und wie die damit einhergehende Desorientierung auch vom altehrwürdigen Konservativismus nur noch entstellte Formen übrig gelassen hat. (So entlarvt er beispielsweise das ideologische Gebäude des Säulenheiligen der amerikanischen Konservativen, Patrick Buchanan, als sozialen Nationalismus – oder, anders gesagt, als Nationalsozialismus). Hoppe fordert deshalb die Konservativen auf, entschiedene Libertäre zu werden. Die libertäre Ethik, so Hoppe, ist nämlich nicht neu und revolutionär, sondern alt und konservativ, und die libertäre Theorie der Gerechtigkeit kann den Konservativismus mit einer rigoroseren moralischen Verteidigung seines Ziels (der Rückkehr zur Zivilisation in Gestalt moralischer und kultureller Normalität) versorgen, als die Konservativen selber es jemals anzubieten vermochten.

Bevor wir fortfahren, eine kleine Unterbrechung: Manche "Korinther" nahmen es einem übel, wenn man im Rahmen spezifischer Darlegungen nicht präzise unterscheidet zwischen Ethik und Moral. Daß diese mangelnde begriffliche Differenzierung in einer populärwissenschaftlichen Schrift keine "Todsünde" ist, möge man aus den Sätzen des Philosophen Robert Spaemann entnehmen, der in seiner Antrittsvorlesung 1964 definiert hat: "Als >gelebte Moral< bezeichnen wir Regeln des Verhaltens, als – volkstümliche oder philosophische – Ethik die Begründung dieser Regeln. Diese Begründung wirkt normalerweise auf die Verhaltensregeln zurück, und Ethik wird so zu einem Bestandteil der Moral selber." (Spaemann 1964, 2001, S. 64).

Wo immer das Wort *Moral* im Zusammenhang mit Kritik an der Marktwirtschaft oder dem Kapitalismus aufscheint, sollte der Zuhörer oder Leser seinen Verstand auf *Alarm* schalten. Was so edel und heilig-entrüstet daherstolziert, ist nämlich meistens im Kern ein schwerer Angriff auf das wahre Moralgefüge, das eine Gesellschaft zusammenhält. Das ambitiöse Wort *Moral* wird von den politischen Figuren und ihren intellektuellen Ideenlieferanten zunehmend instrumentalisiert. Sein guter Klang soll den eigenen, meist ganz anders gearteten Zwecken dienstbar gemacht werden. Hauptsächlich soll damit, bewußt oder unbewußt, von der Unmoral abgelenkt werden, die aller Herrschaft und allem Macht- und Vormundschaftsstreben über Menschen genuin innewohnt. Das hatte schon der genialische Freiheitsdenker Frédéric Bastiat um die Mitte des 19. Jahrhunderts festgestellt. Der Kern seiner Schrift *La Loi* (*Das Gesetz*) besagt: Es gibt keine Sondermoral für den Staat. Was für die Bürger falsch und unrecht ist, das ist auch für den Staat falsch und unrecht. Aber der Staat versucht, seine Kriminalität als Wohltat zu verkaufen. Wer das als Bürger gutheißt, wird selber zum Kriminellen. Wenn der einzelne Bürger nicht das Recht hat, einem anderen sein Eigentum wegzunehmen, so hat es auch der Staat oder eine Wählermehrheit nicht. Prinzipien werden nicht dadurch ungültig, daß eine größere Kopfzahl sie als störend empfindet und umstoßen will. Keine menschliche Autorität kann per Dekret aus falsch *richtig* und aus böse *gut* machen. Der Staat und all seine Kostgänger, die vom System der Umverteilung – also des organisierten Raubes – leben und profitieren, werden sich natürlich unablässig bemühen, uns alle mit scheinmoralischem Getöse zur Komplizen zu machen. Wir sollen glauben, daß das gewaltbewehrte Raub- und Bestechungssystem des Wohlfahrtsstaates in Wirklichkeit der Inbegriff einer moralischen und gerechten Gesellschaft sei.

In jüngerer Zeit (in der zweiten Hälfte des 20. Jahrhunderts) haben sich vor allem die Philosophen und Soziologen Helmut Schelsky, Ernst Topitsch und Arnold Gehlen umfassend und tiefschürfend mit dem Mißbrauch der Moral als Herrschaftswaffe auseinandergesetzt. Der Bamberger Bevölkerungswissenschaftler Josef Schmid hat eine Publikation gar mit dem Titel >Die Moralgesellschaft< versehen, und sogar unter den Fernsehschaffenden hat sich ein besonders kluger Kopf (Günter Ederer) gefunden, der den eigentlich unfaßbaren Erfolgsgründen der scheinmoralischen Rattenfängerei auf den Grund gegangen ist und mit einem Buchtitel die kürzestmögliche Antwort gegeben hat: *Die Sehnsucht nach einer verlogenen Welt.* (s. Schelsky 1975, Topitsch 1973, Gehlen 1969, 1981, Schmid 1999, Ederer 2000).

Ernst Topitsch hat gezeigt, daß die Technik der Produktion und Durchsetzung "politischer Wahrheiten" beileibe nicht auf die politischen Falschmelder des Kommunismus beschränkt blieb oder bleibt. "Moral als Machtmittel", so Topitsch, "wird besonders in Deutschland, aber auch anderswo von Leuten mißbräuchlich eingesetzt, die sich selbst als >kritische Intellektuelle< aufspielen … Immerhin haben sie solche kulturpolitischen Erfolge erzielt, daß Helmut Schelsky von einer >Priesterherrschaft der Intellektuellen< sprechen konnte … Überhaupt verbirgt sich hinter einer emanzipatorischen Rhetorik oft der massive Anspruch auf eine >Erziehungsdiktatur< … Wer gegenüber dieser Bevormundung seine geistige Selbständigkeit und Integrität wahren will, hat oft erheblich Schwierigkeiten mit der Veröffentlichung seiner Gedanken, denn der Konformitätsdruck richtet sich besonders gegen die Publikationsorgane." (Topitsch 1999). An anderer Stelle schrieb Topitsch von einem "Kriminellen Moralismus" der berufsmäßigen Gutmenschen (Topitsch 1972).

Helmut Schelsky hat die Ergebnisse seiner Analysen in ähnlich scharfe Worte gekleidet. Er spricht von einer "lautlosen Revolution", von der "Machtergreifung in Bildungseinrichtungen, Kirchen und Massenmedien als Schlüssel zur Herrschaft", von der "systematischen Bekämpfung der Wirklichkeit durch Moral" als politischer Taktik, und von "Tugendterror" als politisch-revolutionärer Strategie (s. Schelsky 1982)

Entgegen ihren hehren Sprechblasen und Worthülsen sind die politischen und intellektuellen Eliten des Wohlfahrtsstaates nahezu vollständig "entmoralisiert". Sie verhöhnen und verlachen die sogenannten "bürgerlichen Tugenden" und die gewachsenen Institutionen der moralischen Erziehung und des generationenübergreifenden Transfers ethisch-moralischer Grundsätze – insbesondere Familie, familiäre Autoritätsstrukturen, "orthodoxe" Kirchenmänner, "altmodisch-verklemmte" Sexualerziehung und "verstaubt-repressive" Kinder- und Jugendliteratur – als "Bürgermuff des 19. Jahrhunderts". Das Wort *Gott* würden sie lieber ausspucken als aussprechen, und an "Werten" fällt ihnen nur noch die Floskel vom "Wertekonsens der Demokraten" ein, ein Schibboleth für Sozialismus und Gleichschaltung. "Moral" steht nur noch für Umverteilung, für die proletarisierte Gesellschaft der Gleichen (gleich Armen), für die Stallfütterung der Staatsabhängigen und für die politische Nasenringführung der Entmündigten; auch für die fiskalische Hetzjagd auf die besonders Leistungsfähigen und für die verlogene verbale Verhätschelung des "kleinen Mannes" und der "hilflos Bedürftigen". Ein scheinmoralisch camouflierter Kleptokratismus und eine Reihe von "sozialen" Sicherungs- und Vorsorgesystemen, die als "Versicherungen" getarnt sind, in Wahrheit aber auf völlig untauglichen und kontraproduktiven Mechanismen beruhen. Die Haupt- und Lieblingsvokabel dieser "Moral" ist die "soziale Gerechtigkeit" – und damit ausgerechnet das trügerischste aller Lügenwörter und die inhaltsloseste aller Worthülsen (Wir werden noch darauf zurückkommen).

Der britische Ökonom und Soziologe Dennis O'Keeffe hat in einer grundlegenden Studie aufgezeigt, daß nicht nur die machtpolitisch gebrauchten Ideologien (wie die marxistische Wissenssoziologie, der Multikulturalismus, die Anti-Erziehungs- und Opfer-Theorien etc.) den Werte-Relativismus und -Nihilismus fördern und unseren Sinn für Moral dezimieren, sondern daß auch ganz generell ein zwingender Zusammenhang zwischen den Öffentlichen Geldern und der westlichen Moralzerstörung und Wertezersetzung besteht. PC (Political Correctness) und vergleichbare Extremismen hätten ihr gegenwärtiges Agitationsniveau niemals ohne öffentliche Gelder (vor allem nicht ohne das öffentliche Bildungswesen und ohne den Wohlfahrtsstaat) erreichen können, weil es dafür sonst einfach nicht genügend Nachfrage gegeben hätte. Sozialistische Ideen (inklusive PC) und ihre weite Verbreitung sind ein künstliches Produkt öffentlicher Gelder. Das gilt auch für die zunehmende Abhängigkeit der Menschen vom Wohlfahrtsstaat. Moral, so O'Keeffe, wird gröber und verliert sich schließlich, wenn Menschen bei ihren Entscheidungen nicht eigene Mittel einsetzen (müssen).

Daß staatliche Gelder Wohlfahrtsabhängigkeit schaffen, ist seit langem bekannt. Weitgehend unbeachtet geblieben ist jedoch der Tatbestand, daß sie uns auch entwurzelte Intellektuelle bescheren. "Entwurzelt" nennt O'Keeffe jene (leider eine Mehrheit bildenden) Intellektuellen, die bestrebt sind, die Abhängigkeit der Bürger von staatlichen Mitteln als Segen darzustellen, die Erscheinungsformen dieser Abhängigkeit (wie z. B. vaterlose Familien) zu verteidigen, und gesellschaftsfeindliches Denken (vom Typ PC) zu forcieren – einschließlich der Behauptung, daß fast alles, was die meisten Menschen für verbrecherisch und abartig halten, "normal" sei, und alles, was uns wahr, sinnvoll und schön erscheint, nur ein altmodischer Bürgerzopf von vorgestern sein könne. Ohne öffentliche Gelder wäre jedenfalls die Verbreitung destruktiver Ideologien eine Randerscheinung. Besonders dem staatlichen Bildungswesen (Schulen und Universitäten) kommt eine Schlüsselfunktion für die Unterwanderung des geistigen und moralischen Lebens zu. Unser öffentlich finanziertes Massenbildungswesen, so O'Keeffe, eröffnet den Anhängern perverser Überzeugungen die Gelegenheit zur Verbreitung ihrer Ideen in einem noch nie gekannten Ausmaß. "Die intellektuelle Korruption und der geistige Zerfall sind ein künstliches Erzeugnis des Steueraufkommens. Öffentliche Gelder – und nicht private Mittel – sind der wahre Brennstoff der Hölle auf dieser Welt." (S. 78) (O'Keeffe 1995).

Auf welche Weise und in welchem Ausmaß öffentliche Gelder und Schulden die Moral – und damit die Gesellschaft zerstören, hat am eindringlichsten der Ökonomie-Professor Jörg Guido Hülsmann (ein "echter Kapitalist") dargelegt. In einem brillanten Essay über die acht schlimmsten Wirkungen der Inflation (die dem staatsmonopolistischen *fiat money* – dem papierenen Falschgeld immanent sind) zeigt er unter anderem auch eine verheerende Wirkung auf, die er "das Ersticken der Flamme" nennt. (s. Hülsmann 2004). Sinngemäß lesen wir dort:

"Das Wachstum des Wohlfahrtsstaates wird mit der Anhäufung öffentlicher Schulden bezahlt. Diese Verschuldung hat Ausmaße angenommen, wie sie ohne fiat money-Inflation undenkbar wären. Das war auch der Hauptfaktor für den Niedergang der Familie. Die fiat-money-Inflation ist die tiefste Ursache des Familienzerfalls. Permanente Inflation zerstört langsam aber stetig die Familie und erstickt somit die irdische Flamme christlicher Tugenden. Die christliche Familie ist der wichtigste >Produzent< bestimmter moralischer Grundsätze. Familienleben ist nur möglich, wenn alle Familienmitglieder sich zu bestimmten Normen bekennen – wie bspw. die Berechtigung zur Autorität, die verschiedengeschlechtliche Einheit von Mann und Frau, und das Verbot von Inzest. Auch ruhen christliche Familien auf Normen wie der Liebe der Partner zueinander und zu ihren Kindern, dem Respekt der Kinder vor ihren Eltern, der Tatsache des Dreieinigen Gottes, der Wahrheit des christlichen Glaubens usw. Eltern wiederholen, betonen und leben diese Normen unablässig. Die alltägliche Erfahrung bringt alle Familienmitglieder dazu, sie als den normalen Zustand der Dinge zu akzeptieren. Diese Verhaltensweisen weiten sich auf die Gesellschaft aus, weil diese Menschen dieselben Normen in ihrem Geschäftsleben, ihren Clubs und in der Politik verteidigen.

Die Feinde dieser christlichen Moral wissen das, und der Wohlfahrtsstaat ist ihr bevorzugtes Werkzeug, mit dem sie christliche Moral und Familie zerstören. Heute stellt der Wohlfahrtsstaat eine große Zahl von Diensten bereit, die in früherer Zeit von den Familien angeboten wurden. Die Ausbildung der Jungen, die Sorge um die Alten und Kranken, Beistand in Zeiten der Not – alles das ist heute auf den Staat 'ausgelagert'. Dafür nimmt der Staat den Menschen ihr Geld weg, so daß sie sich nicht mehr selber helfen können (noch nicht einmal, wenn sie wollten).

Aus ökonomischer Sicht ist das reine Geldverschwendung. Der Wohlfahrtsstaat ist ineffizient, er bietet vergleichsweise lausige Dienste zu vergleichsweise hohen Kosten an. Außerdem kann man Mitgefühl nicht kaufen. Die staatlichen Wohlfahrtsagenturen können niemals die emotionale und geistige Zuwendung bieten, die allein aus der Nächstenliebe erwachsen kann. Aber auch in rein ökonomischer Hinsicht ist der Wohlfahrtsstaat ineffizient. Er braucht für sein Funktionieren große Bürokratien und unterliegt daher einem Mangel an Anreizen und ökonomischen Kriterien, die ihn vor der Verschwendung von Geld bewahren würden.

Der Wohlfahrtsstaat unserer Tage ist ein direkter Angriff auf die Produzenten christlicher Moral. Aber er schwächt diese Moral auch auf indirekte Weise, am meisten indem er schlechte Vorbilder subventioniert. Es ist eine Tatsache, daß bestimmte alternative Lebensweisen große ökonomische Risiken mit sich bringen und deshalb in aller Regel teurer sind als entsprechende Regelungen und Verhaltensweisen der traditionellen Familie. Der Wohlfahrtsstaat sozialisiert die Kosten solchen Verhaltens und verschafft ihnen damit eine größere Anhängerschaft als das in einer freien Gesellschaft der Fall wäre. Statt falsches Verhalten [ökonomisch] zu bestrafen, wird es vom Wohlfahrtsstaat prämiert. So werden diese Leute z.b. von den Kosten einer Familiengründung und der Kinderaufzucht befreit. Mit dem Wohlfahrtsstaat im Rücken können sie sich über konservative Moral lustig machen. Der Wohlfahrtsstaat erweckt systematisch den Eindruck, jegliche Moral sei überflüssig."

Soweit Professor Hülsmanns Text, der zu einem ungewöhnlich langen Zitat geraten ist, weil ich ihm eine fundamentale Bedeutung beimesse.

Genau dieselben Intellektuellen, die für die überkommenen "kapitalistischen" Bürgertugenden – wie Fleiß, Ehrlichkeit, Strebsamkeit, Sparsamkeit, Eigenverantwortlichkeit, Selbstbestimmung und Respekt vor der Person und dem Eigentum anderer – nur Hohn und Spott übrig haben, entwickeln ein penetrantes Gutmenschentum und eine kompromißlose Hypermoral, wenn es um Fragen der staatlichen Umverteilung geht, also um jenen anti-moralischen Zwangszugriff auf das Eigentum anderer, den sie elegisch "sozialen Ausgleich" nennen. Diese "Ethik des Sozialen" (was immer das sein mag) wollen sie umfassend gesetzlich verankert, in zwingende Rechtsansprüche gegossen und staatlich durchgesetzt sehen. Auf diese Weise werden Ethik und Moral zum totalitären Werkzeug.

Den pathologischen Kern dieser im Sozial- und Wohlfahrtsstaat hochvirulenten Entartung hat der Schweizer Sozialphilosoph Robert Nef meisterlich freigelegt. In seinem Kurzessay "Recht als ethisches Minimum" schreibt er: "Ethik besteht aus Forderungen, die man an sich selbst stellt; das Recht stellt Forderungen an alle. Das Optimum einer ethischen Ordnung besteht nicht in einem Maximum an ethisch gebotenen Rechtssätzen, sondern in einer großen Zahl von Menschen, die von sich aus ethisch denken und handeln... Es wäre.. verfehlt, wenn man im politischen Prozeß die ganze Ethik in Rechtsnormen umgießen wollte. Die Ethik lebt von der Freiwilligkeit, sie besteht aus Pflichten, die aus freien Stücken ohne äußeren Zwang übernommen werden. Das Recht ist seinem Wesen nach... mit Zwang verbunden. Es ist das gemeinsam verbindlich zu erklärende >ethische Minimum<. Es ist eine irrige Auffassung, daß man ein Maximum an ethischen Normen als rechtsverbindlich in Gesetze einbringen sollte. Das Recht regelt das äußere Verhalten – ohne sich um Gesinnungen zu kümmern. Es verlangt das >ethische Minimum<." (Nef 2001)

Ähnlich hat sich schon Wilhelm Röpke, der durch seine hohe Sprachkunst ausgezeichnete Schweizer Ökonom, in den

50er Jahren geäußert, als er gegen einen unrealistischen Moralismus zu Felde zog. "Jeder Versuch", so Röpke, "eine Wirtschaftsordnung auf eine Moral zu gründen, die wesentlich höher ist als die durchschnittliche und dem Menschen gemäße, muß auf Zwang und organisierte Massenberauschung durch die Lüge der Propaganda zurückgreifen ... Im >Kapitalismus< haben wir die Freiheit der moralischen Entscheidung, und niemand wird hier gezwungen, ein Schurke zu sein. In einem kollektivistischen Gesellschafts- und Wirtschaftssystem ... ist es aber gerade dies, wozu wir gezwungen werden, wenn wir durch die teuflische Staatsraison eines solchen Systems in den Dienst des Gesamtapparates gepreßt und fortgesetzt zu Handlungen genötigt werden, die unser Gewissen mißbilligen muß." (Röpke 1958, S. 165)

Dem sollte man nur noch hinzufügen, daß die Nichtbeachtung dieses wichtigen Grundsatzes (daß Recht auf einem ethische Minimum und einer realistischen Moral beruhen sollte) *beides* zerstört: die Moral *und* das Recht – und damit die Freiheit ganz generell. Was in der Neuzeit mit dem "Tugend-Terror" Robespierres während der Französischen Revolution angefangen hat, setzte sich in allen sozialistischen und kommunistischen Despotien fort: Die fatale Gleichsetzung von Recht und Moral (sozialistischer "Kollektiv-Moral"). Ihren (vorläufigen) Höhepunkt hat sie im "gesinnungsethischen" Massenmord Pol Pots und seiner Schergen erreicht. ("Gesinnungsethik" ist der ideologisch vergiftete Gegenpart zur echten Ethik, die nur eine Verantwortungs-Ethik sein kann). Und im Sozial- und Wohlfahrtsstaat kocht sie auf einer "mittleren Ebene", von der aus die Ausbrüche nach oben – auf Robespierre'sche Höhen – nur eine Frage der Zeit sind. Im Schiller-Jahr 2005 sollten wir uns den Satz unseres großen Freiheits-Dichters auf die Kühlschranktür kleben: "Zur moralischen Schönheit der Handlungen ist Freiheit des Willens die erste Bedingung, und diese Freiheit ist dahin, sobald man moralische Tugend durch gesetzliche Strafen erzwingen will."

Anmerkung:

Gesinnungsethik kostet nichts, aber gleichwohl kann man sich damit aufplustern wie ein Pfau und jedermann (außer sich selber) in die Pflicht nehmen oder schuldig werden lassen. Verantwortungsethik hingegen ist teuer und richtet sich als Imperativ an die eigene Person. Sie kostet lebenslange Anstrengung, Durchhaltevermögen durch alle Höhen und Tiefen des Lebens, dauerhaftes Vorbildverhalten und permanente Arbeit an der eigenen Reife. Sie sucht andere zu entlasten statt zu belasten. Beim Sozialismus (und beim Wohlfahrtsstaat) handelt es sich um Konstrukte eines gesinnungsethischen Utopismus. Im Kapitalismus hingegen kann es keine andere Ethik geben als Verantwortungsethik, weil sich für Gesinnung höchst selten ein Käufer findet und weil Gesinnung, die sich nicht am Markt in dauerhafte Leistung umsetzt, eine nicht-marktgängige Privatsache bleibt.

Natürlich gibt es auch im Kapitalismus Moralprobleme, die dieser Ordnung spezifisch sind. Reichtum und Wohlstand, wir wissen es, gereichen nicht jedem Menschen zum charakterlichen Segen. Die Leichtigkeit des Seins kann unter Umständen auch zur Seichtigkeit des Seins führen. Aber Armut, Elend, Hunger und Not sind gewiß keine wünschenswerten Alternativen, um die Menschen vor dieser Gefahr zu bewahren. Der schiere Überlebenskampf oder das ständige Leben in materieller Beschränktheit bilden keine Grundlage für die Entwicklung der so wichtigen nicht-materiellen Dimension des Menschseins. Zwar kann keine Gesellschaftsordnung einen "besseren Menschen" erschaffen, aber die wohlstandserzeugende sozioökonomische Ordnung des Kapitalismus kann die Chancen und Gelegenheiten, die Freiräume und materiellen Mittel, die Kooperations- und Interaktionsmöglichkeiten dafür vergrößern, daß sich die Menschen von ihrer "besseren Seite" zeigen und sich auch höheren Zielen widmen können. Ob und wieweit sie diese Chancen wahrnehmen, ist eine andere Frage. Zudem waren Armut, Hunger und Perspektivlosigkeit schon immer auch Auslöser von Revolten und kriegerischen Konflikten, und Menschenvernichtung ist gewiß kein Weg zur geistigen, seelischen und moralischen Höherentwicklung des homo sapiens.

Die Unterschiede in den kulturellen – und damit auch in den moralisch-seelischen Potentialen zwischen der kapitalistischen (oder wenigstens rest-kapitalistischen) Ordnung einerseits und sozialistisch-kollektivistischen Systemen andererseits werden meist himmelweit unterschätzt. Der einfache Einkommens- oder Sozialproduktsvergleich (5 zu 1, oder 10 zu 1, oder welche Relation auch immer) versperrt den Blick auf die eigentliche Dimension der unterschiedlichen Lebensumstände. So konnte sich beispielsweise zur Zeit der Existenz der DDR sowohl der Mann Ost als auch der Mann West ein Hemd kaufen. Aber der Bundesbürger hatte die Auswahl aus einigen Hunderttausend verschiedenen Hemden aus dem In- und Ausland, der DDR-Bewohner hingegen nur (wenn überhaupt) die Wahl aus dem halben Dutzend, das gelegentlich angeboten wurde. Wenn der Bürger West ein Auto erwerben wollte, so konnte er es unter Hunderten von verschiedenen Modellen in unzähligen Preisklassen, Farben und Ausstattungen aussuchen, unter neu und alt in unübersehbarer Zahl; sein Landsmann Ost hatte nur die Wahl zwischen zwei Einheitsmodellen von zweifelhafter Qualität und lausigem Komfort – und das zu horrenden Preisen (gemessen am Einkommen) und nach jahrelangen Wartezeiten. Der Hobby-Sammler West konnte sich sein Sammelobjekt unter Tausenden von Dingen aussuchen, vom Modellauto über Katzenfiguren oder Aschenbechern oder Puppen bis zu Kuckucksuhren oder Oldtimern (und alle in einer Zahl und Vielfalt vorhanden, für deren Erwerb ein ganzes Sammlerleben nicht ausreicht); sein Bruder Ost hatte oft noch nicht einmal die Wahl zwischen zwei dringend benötigten Nagel-Sorten. Während der eine die Länder rund um den Globus bereisen, fremden Kulturen begegnen und die kulinarische Vielfalt der Küchen der Erde genießen konnte, blieb dem anderen (im Falle der Planerfüllung als "Held der Arbeit") nur der Urlaub in der tristen Massenkaserne an der Ostsee, wo er – zu Kohorten angetreten – das Einheitsessen fassen durfte.

Auch zwischen der sowjetischen Zweizimmer-Wohnung in Moskau, die sich manchmal sogar zwei Familien teilen mußten, und dem Häuschen im Grünen mit Kinderzimmer, Garten und Hobbykeller in Castrop-Rauxel bestand nicht nur ein Unterschied in der Lohndifferenz der Arbeiter dort und hier, sondern es lagen Welten dazwischen: dort ein Leben in Trostlosigkeit, Verhärmung, Apathie, Perspektivlosigkeit, fehlender Intimsphäre und hygienischem Mittelalter; hier ein Leben in Geborgenheit, familiärer Fröhlichkeit, privater Rückzugsmöglichkeit, abgeschirmter Intimität, hygienischer Moderne und geschmacklicher Wohngestaltung nach dem eigenen Gusto. Das war (und ist) unendlich viel mehr als einfach nur das fünffache oder zehnfache Einkommen. Ein Arbeiter in der Sowjetunion hätte auch dann kein Heim wie sein Kollege in Castrop-Rauxel bauen oder kaufen können, wenn er denselben Lohn bezogen hätte, weil ein solcher "Luxus" nicht angeboten wurde und den Parteifunktionären vorbehalten blieb. Wenn man sich über Fragen einer "im Wohlstand gefährdeten Moral" unterhält, sollte man auch diese gewaltig klaffenden Abgründe zwischen den verschiedenen Lebenschancen nicht ausblenden. Schon unter dieser Perspektive ist die (auch in Deutschland West) grassierende DDR-Nostalgie Schlimmeres als nur bedauernswerte Einfalt.

Die Märchen vom "geringeren Egoismus", vom "engeren Gemeinschaftsleben", vom "Zusammenhalt in der Not" – kurz: von der besseren Moral in sozialistischen Systemen ist eine Erfindung wohlbestallter Intellektueller und ein Produkt ihrer selektiven Wahrnehmung. So war z. B. das moralisch-seelische Zerstörungswerk des Sowjetsozialismus von so tiefgehender Wucht, daß die russische Gesellschaft noch viele Jahre oder gar Jahrzehnte unter diesen Persönlichkeitsdeformierungen zu leiden haben wird. Franziska Rich, die Leiterin der Rußlandhilfe des Schweizer Instituts *Glaube in der Zweiten Welt* und seit Jahren selbst in Rußland tätig, hat ihre

Beobachtungen festgehalten. "Wer in Rußland an der Basis arbeitet", so Frau Rich, "erkennt sehr rasch, daß eines der großen Probleme des Landes ein geistiges ist. Es ist dieses der Grund für viele der heutigen negativen Entwicklungen. Während der siebzig Jahre kommunistischer Herrschaft wurden Generationen von Menschen in das starre Korsett des totalitären Diktats von Staat und Partei gezwängt, das ihnen einerseits die geistige und psychische Bewegungsfreiheit, die Möglichkeit der Entwicklung von Eigeninitiative, Selbstverantwortung und sozialer Solidarität nahm, ihnen andererseits die Illusion von Stabilität auf einer neuen ethischen Grundlage..., verbunden mit einer gerechten sozialen Verteilung der materiellen Güter vermittelte. Als dann dieses äußere Korsett auseinanderbrach..., trat die Verheerung zutage, welche kommunistische Indoktrinierung angerichtet hatte. Hinterlassen hatte sie eine weitgehend atomisierte Gesellschaft, Menschen mit wenig eigenständigem ethischem Bewußtsein und innerem Halt, Menschen, die dem Staat und den Mitmenschen grundsätzlich mit Mißtrauen begegneten, die gelernt hatten, daß gut nur ist, was einem persönlich nützt, die anderen Menschen alles neideten." (Rich 2000)

Im Wohlfahrtsstaat mit seinem verkrüppelten Rest- und Rumpfkapitalismus findet derselbe Prozeß statt, nur langsamer und weniger radikal. Aber seine Schäden für die Psyche, für Moral und Seele der Menschen sind gleichwohl verheerend. Jedermann, der alt genug ist, wird sich entsinnen, daß mitten im Wirtschaftswunder-Jahrzehnt der 50er und frühen 60er Jahre das Wertegefüge in Deutschland West noch weitgehend intakt war. Bis dann die antibürgerlichen und antikapitalistischen 68er mit ihrem Wertenihilismus alle gewachsenen Autoritäten und die wertevermittelnden Institutionen unterwandert und weggefegt haben. Die Philosophie der *Frankfurter Schule* verbreitete sich mittels einer raffinierten Strategie – nämlich der Besetzung aller Pädagogischen Hochschulen mit "gläubigen" Anhängern – kettenbriefartig bis in den fernsten Hörsaal und bis ins letzte Klassenzimmer. Sie legte sich wie ein geistiger Pesthauch über Deutschland und Teile Europas. Die Politik war ab jener Zeit – sogar während der CDU-Ägide – darauf angelegt, das Bürgertum und seine Institutionen, allen voran die Familie, als altmodischen Plunder auszumerzen – oder sie allenfalls als staatsbetreute und staatlich alimentierte Veranstaltungen bestehen zu lassen. Wertezerstörend war nicht der vielgescholtene (und ohnehin nur imaginäre) "Neoliberalismus" oder die "kapitalistische Ellenbogengesellschaft" (der Rumpf- und Schrumpf-Kapitalismus hatte Mühe, auf den Knien voranzukommen), sondern der die Eigenverantwortung auslöschende und die Stallfütterung der Menschen propagierende Wohlfahrts- und Entmündigungsstaat.

Die Polit-, Bildungs- und Medien-Eliten hatten dabei leichtes Spiel. Sie mußten nur das Netz weiterspinnen, welches die Partei- und Interessenverbands-Funktionäre schon zur Wirtschaftswunderzeit über die Bundesrepublik gezogen hatten. Alfred C. Mierzejewski hat das Legen und Knüpfen des Netzes in seiner Ludwig-Erhard-Biographie meisterlich nachgezeichnet (s. Mierzejewski 2005). In seiner Buchbesprechung schreibt Professor Günther Gillessen: "Die Gewerkschaften verlangten >Mitbestimmung< in den Unternehmensführungen, und Adenauer benutzte die steigenden Steuereinnahmen besonders vor Wahlen zu sozialpolitischen >Wohltaten<. Erhard kämpfte dagegen an, wurde aber ausgebremst: von der damaligen Führung des BDI, von den Gewerkschaften, von dem sozialpolitischen Flügel der CDU, und nicht zuletzt von Adenauer selbst. Der Kohlenbergbau und der Wohnungsbau wurden massiv subventioniert. Als es darum ging, das Rentensystem zu reformieren, wurde es nicht auf das Prinzip der Kapitaldeckung umgestellt – sondern gegen Erhards Widerspruch >dynamisiert<, mit fatalen Folgen bis heute. Bis heute ist Erhards Marktwirtschaft rudimentär geblieben. Es gibt keinen freien Markt für Arbeit und Löhne, für Wohnungen, für Gesundheitsvorsorge, für Energie, für Agrarprodukte. Überall haben wir es mit Mischformen, mit regulierten Preisen, speziellen Besteuerungen oder steuerlichen Begünstigungen zu tun, mit politisch gesteuerten Mischsystemen, die wegen ihrer Fehlleistungen stets zu spät, aber immer weiter 'reformiert' oder 'umgesteuert' werden sollen, und wenn es überhaupt dazu kommt, dann meist noch tiefer in die Weiter- und Überregulierung getrieben werden. Bloß einfach abgeschafft dürfen sie nicht werden." (Gillessen 2005)

Auch im Volk hatte Ludwig Erhard keinen wirklichen Rückhalt. Mierzejewski urteilt zutreffend, wenn er schreibt: "Die Unterstützung für die soziale Marktwirtschaft (im deutschen Volk) fußte nur auf dem Wohlstand, den sie den Menschen gebracht hatte, nicht auf einem tiefen Verständnis ihrer Grundsätze." Das Mißtrauen der Deutschen in den freien Markt, den Kapitalismus, war und ist eben mindestens so tief verwurzelt wie ihr kindliches (und kindisches) Vertrauen in den Fürsorgestaat. Ein solches Staatsgebilde aber ist dem Zerfall geweiht. Bei seinen Betrachtungen über die Ursachen des Untergangs der antiken Kultur hat Ludwig von Mises geschrieben: "Eine Gesellschaftsordnung muß untergehen, wenn die Handlungen, die ihren regelmäßigen Ablauf bilden [das Marktgeschehen, R.B.], von den geltenden Moralauffassungen als unsittlich verworfen, von der Rechtsordnung als rechtswidrig erklärt und von den Behörden und Gerichten als Verbrechen verfolgt werden." (Mises 1940, 1980, S. 679)

Deutschland ist auf dem strammen Marsch in einen solchen Zustand, nicht erst seit Müntefering. Die Lafontaines und Gysis der Republik werden dazu die Trommeln schlagen, um den Marsch zu beschleunigen, auf Teufel komm raus, bis auch im wiedervereinigten Deutschland der alte DDR-Spruch wieder umlaufen wird: "Der letzte, der geht, möge das Licht ausschalten."

7. Markt gegen Krieg

Die Tatsache, daß der Markt (der Kapitalismus) unter anderem auch eine Friedensordnung ist, wurde bereits mehrfach gestreift. Dennoch soll uns der Friedensaspekt wegen seiner elementaren Bedeutung noch eine gesonderte Betrachtung wert sein. Dabei sei vorweg eine Bitte um Nachsicht geäußert: Die Marktphänomene Freiheit, Effizienz, Freiwil-

ligkeit, Frieden, Moral, Spontaneität etc. hängen alle untereinander zusammen und bilden gemeinsam eine Einheit.
Unterzieht man sie je einzeln einer gesonderten Betrachtung,
so kann es deshalb nicht ausbleiben, daß es zu Überschnei-
dungen und Wiederholungen kommt. So natürlich auch beim
Aspekt *Frieden*. Die Friedlichkeit ist z. B. die Zwillingsschwe-
ster der schon mehrfach erwähnten Freiwilligkeit.

Solange die Menschen der Frühzeit die knappen Ressourcen der Erde als seltene oder unwiederbringliche Beute
betrachtet haben, war jedermann der Feind eines jeden anderen. Da alle oder die meisten das betreffende Gut besitzen
wollten, aber nur einer (oder eine Gruppe oder Horde) es
haben konnte, war der erste Impuls und der originäre Überle-
bensinstinkt des homo sapiens der Kampf, die Feindschaft
und der Futterneid. (Eine Ausnahme von dieser prinzipiell
feindlichen Einstellung bildete nur die kleine, überschaubare
Horde, in der sich familiäre Bindungen und Frühformen der
Arbeitsteilung entwickelten. Das förderte die Tendenz zur
Kooperation und zum Zusammenhalt. Wer heute ein Wild
erlegen konnte, teilte es mit den übrigen Hordenmitgliedern
aufgrund des Kalküls, daß er morgen – eben wegen seiner
heutigen Bereitschaft zum Teilen – mit demselben Verhalten
seines Kollegen rechnen konnte, wenn dieser mehr Jagdglück
hatte).

Die Grunddisposition des Menschen, den jeweils anderen
als feindlichen Konkurrenten beim Überlebenskampf um die
knappen Güter zu sehen, änderte sich erst grundlegend mit

der Heranbildung höherer Formen der Arbeitsteilung. Die Menschen machten die Erfahrung, daß sich die knappen Güter vermehren ließen, wenn man die Tätigkeiten untereinander aufteilte, je nach Fähigkeit und Geschicklichkeit oder nach größerer Ergiebigkeit. Wenn die Jäger mit der meisten Erfahrung sich auf die Jagd konzentrierten, die besten Fellbearbeiter auf die Herstellung von Leder- und Pelzbekleidung, die kinderschützenden Mütter zugleich auf die Zubereitung der Nahrung, die geschicktesten Schnitzer auf die Herstellung von Speeren und Pfeilen, usw., so hatten am Ende alle gemeinsam – und jeder einzelne für sich – mehr von den benötigten Dingen als zuvor beim Kampf gegeneinander um die knappen Güter. An die Stelle des gewaltsamen (oder manchmal auch friedlichen) Teilens, das die Knappheit nur vergrößerte (oder jedenfalls nicht verringerte) trat die Methode des Mehrens. Wenn es nur drei Kokosnüsse gibt, und einer reißt zwei davon an sich, dann sind Kokosnüsse noch knapper als zuvor; wenn aber jemand auf die Idee kommt, man könnte doch gemeinsam einen Wald von Kokosbäumen heranzüchten, dann werden Kokosnüsse nicht knapper, sondern werden irgendwann im Überfluß vorhanden sein.

Für eine entwickelte Marktwirtschaft hat Professor Gerd Habermann diesbezüglich einmal die Metapher von Sankt Martin bemüht. Wie man weiß, griff Ritter Martin, als er eines frierenden Bettlers ansichtig wurde, zum Schwert, teilte damit seinen Mantel und schenkte dem Bettler eine Mantelhälfte. Das Ergebnis der guten und lobenswerten Tat war, daß nun beide froren, der Bettler etwas weniger als vorher,

Sankt Martin etwas mehr als zuvor. Im Kapitalismus, so Gerd Habermann, sieht die Problemlösung anders aus: Ein findiger Unternehmer errichtet eine Mantelfabrik und produziert Mäntel in so großer Zahl und zu so günstigen Preisen, daß sich jedermann einen Mantel leisten kann und niemand mehr frieren muß. Die Tatsache, daß viele Menschen das gleiche Gut haben wollen, macht sie im Kapitalismus nicht zu Gegnern, sondern zu Verbündeten. Je mehr Leute z. B. Schuhe besitzen wollen, desto größer können die Produktionsanlagen (Schuhfabriken) ausgelegt werden, desto mehr lohnt sich also die Massenproduktion – und desto billiger kann jedermann Schuhe erwerben. In vorkapitalistischer Zeit wurde ein Gut umso knapper, je mehr Leute es haben wollten, im Kapitalismus wurde es durch denselben Umstand umso billiger. Die wohlstandsschaffende Methode des Mehrens also anstelle der knappheitsvergrößernden Methode des Teilens.

Natürlich soll das nicht heißen, daß das Teilen keinen Sinn und keinen ethischen Wert hätte. Wer das mißversteht, der *will* es mißverstehen. Jeder Mensch – und insbesondere jeder Christenmensch – bleibt aufgerufen, seinem Nächsten in der Not zu helfen. Die Hilfe für die Mitmenschen ist nur umso sinnvoller und wirksamer, je mehr man sich auf das Mehren als auf das Teilen konzentriert. (Außerdem, das sei hier am Rande und mit Blick auf den umverteilenden Wohlfahrtsstaat angemerkt, ist in der Bibel das *Teilen* nur an einer einzigen Stelle vermerkt, wo es um das Aufteilen einer Erbschaft unter den Kindern des Erblassers geht. Im übrigen ist in der Bibel bei allen Appellen zur Nächstenliebe nur vom *Geben* die

Rede; und das Geben ist bekanntlich eine freiwillige Aktion. Erzwungenes "Geben" ist kein Geben, sondern Erpressung).

Auf jeden Fall ist eines der wesentlichsten Elemente der Marktwirtschaft die Arbeitsteilung. Und Arbeitsteilung ist ein Friedensprozeß und ein Friedensgenerator. Einer der bedeutendsten Freiheitsdenker des 20. Jahrhunderts war Leonard E. Read (1898–1983), der Gründer der marktwirtschaftlichen Denkfabrik FEE (*Foundation for Economic Education*) in Irvington-on-Hudson, New York. In einer seiner Essay-Sammlungen mit dem bezeichnenden Titel *Anything That's Peaceful* (*Alles, was friedlich ist*) findet sich ein berühmt gewordener Aufsatz mit der Überschrift "I, Pencil" (Ich, der Bleistift). Read läßt einen gewöhnlichen Bleistift den Prozeß seiner Herstellung erzählen. Dieser Prozeß ist, genau besehen, ein Wunder. Tausende von Menschen und Dutzende von Unternehmen arbeiten, über die ganze Erde verteilt, in weit aufgefächerten arbeitsteiligen Produktions- und Dienstleistungsaktivitäten zusammen, bis das Endprodukt Bleistift entstehen kann: Minenarbeiter in den verschiedensten Bergwerken, Maschinenbauer und Ingenieure, Chemiker und holzverarbeitende Betriebe, Transport- und Lagerunternehmen, Geldanleger, Banken und Versicherungen, Mechaniker und Laboranten, und Arbeiter in weit über hundert verschiedenen Spezialgebieten. Ohne sich untereinander zu kennen, ja oft ohne zu wissen, was mit den von ihnen erzeugten, bearbeiteten, behandelten, umgewandelten und weitergeleiteten Produkten geschieht, resultiert aus ihren Aktivitäten am Ende ein perfektes Produkt, ein Bleistift. Und obwohl kein einzelner Mensch in der Lage wäre, einen solchen Bleistift herzustellen – auch nicht, wenn er sein ganzes Leben damit zubringen würde und wenn er die Fähigkeiten eines Allroundgenies hätte, kostet dieser Bleistift den Verbraucher nur Pfennigbeträge. Ein wahres Wunderwerk der weltweiten arbeitsteiligen Kooperation.

Zugleich ist diese die ganze Erde umspannende Zusammenarbeit ein Friedenswerk. Alle Beteiligten sind in irgendeiner Form aufeinander angewiesen, wenn jeder für sich Erfolg haben und seinen Lebensunterhalt verdienen will. Wenn auch nur eines der unzähligen Rädchen im großen Uhrwerk, das sie gemeinsam bilden, ausfällt oder falsch läuft, hat das Auswirkungen auf all die vielen tausend Hände und Köpfe, die das Werk vollbringen, das erst ganz am Ende aller Tätigkeiten als Bleistift sichtbar wird. Dieser unscheinbare Schreibstift ist natürlich nur ein Beispiel für die vielen Millionen Produkte, die in vergleichbaren arbeitsteiligen Prozessen zustande kommen. (Allein das Kaufhaus KADEWE in Berlin führt mehr als 380.000 verschiedene Artikel in seinem Sortiment). Sie ergeben zusammen das, was wir als Wohlstand und gesicherte Versorgung kennen, aber sie bilden auch ein riesiges Netzwerk des Friedens und der friedlichen Zusammenarbeit der Menschen und Völker.

Wie bei allen Aspekten der Freiheit und der Marktwirtschaft, so findet sich auch zum Thema *Frieden* eine Fülle anschaulicher Texte im Werk von Ludwig von Mises. In seinem wunderbaren Buch *Liberalismus* von 1927 lesen wir u. a.: "Die Dichte der weltwirtschaftlichen, der internationalen Beziehungen ist ein Produkt des Liberalismus und Kapitalismus des 19. Jahrhunderts. Durch sie erst wurde die weitgehende Spezialisierung der modernen Produktion und damit die großartige Vervollkommnung der Technik ermöglicht. Um den englischen Arbeiter in seinem Haushalt mit alle dem zu versehen, was er gebrauchen und verbrauchen will, wirken alle Länder der fünf Weltteile zusammen. Tee für den Frühstückstisch liefern Japan oder Ceylon, Kaffee Brasilien oder Java, den Zucker Westindien, das Fleisch Australien oder Argentinien, den Wein Spanien oder Frankreich; die Wolle kommt aus Australien, die Baumwolle aus Amerika oder Ägypten, die Häute für das Leder aus Indien oder Rußland usf. Und im Austausch dafür gehen englische Waren in die ganze Welt, in die fernsten und entlegensten Dörfer und Gehöfte. Diese Entwicklung war nur möglich und denkbar, weil man die Vorstellung, es könnte je wieder zu großen Kriegen kommen, seit dem Sieg der liberalen Ideen nicht mehr ernst nahm. Zur Zeit der höchsten Blüte des Liberalismus hielt man allgemein Kriege zwischen den Angehörigen der weißen Rasse für immer als abgetan. Doch es kam anders. Die liberalen Ideen und Programme wurden durch Sozialismus, Nationalismus, Protektionismus, Imperialismus, Etatismus, Militarismus verdrängt." (Mises 1927, 1932, S. 24/s. a. Baader 2000).

Wenn Ludwig von Mises von *Liberalismus* schreibt, dann meint er damit nicht das sozialdemokratisch korrumpierte und verbogene Programm sogenannter liberaler Parteien, sondern die unverwässerte Lehre des Klassischen Liberalismus von der natürlichen Wirtschafts- und Gesellschaftsordnung des Kapitalismus oder der freien Marktwirtschaft. Seine dringliche Warnung, die gnadenlose Alternative zwischen Krieg und Frieden betreffend, sollte in den Schulbüchern aller Länder der Erde wiedergegeben werden. In seinem Werk *Im Namen des Staates* schreibt er: "Die Menschen müssen einsehen, daß sie die Wahl zwischen zwei Systemen haben: zwischen dem Liberalismus, der die Rolle der Gewalt auf den Nachtwächterstaat beschränkt, und dem Etatismus, der dem Staat als Interventionismus sehr viel mehr oder als Sozialismus gar alles zuweisen will. In diesem Widerstreit der Ideen fällt die Entscheidung über die Zukunft unserer Kultur, nicht auf den Schlachtfeldern und nicht an Konferenztischen. Nicht Unfähigkeit der Diplomaten trägt Schuld am Versagen aller pazifistischen Bemühungen, sondern der Geist, der die Menschen beseelt. Es handelt sich nicht um die Beseitigung der Kriege, sondern um die Behebung der Kriegsursachen. Nur in einer liberalen Welt, in der es sich nicht lohnt, Kriege zu führen, kann es dauernden Frieden geben. Wer den Liberalismus verwirft, wer das Sondereigentum an den Produktionsmitteln durch Staatseingriffe >korrigieren< oder durch Gemeineigentum ersetzen will, muß wissen, daß er damit der Diktatur und unaufhörlichen Kriegen den Weg bahnt." (Mises 1978, S. 255f./s. a. Baader 2000)

Für den wahren Liberalen und den echten Kapitalisten ist jedenfalls der Frieden der Vater aller Dinge, und nicht der

Krieg. Der Krieg ist die unwürdigste, häßlichste, verachtenswerteste und satanischste Aktivität, die das Menschengeschlecht jemals entwickelt hat. Jeder politisch veranstaltete Schritt weg vom freien Markt ist zugleich ein Schritt hin zu Streit und Krieg. Wir haben bereits die fundamentale Formel der Freiheit kennengelernt, nämlich >*Markt oder Befehl*<. Ihr steht die ebenso grundlegende Formel des Friedens zur Seite: >*Wirtschaft verbindet, Politik trennt*<.

Kaufleute schlagen sich nicht, weder untereinander noch mit ihren Kunden. Sie wollen Geschäfte machen, und dabei ist es ihnen völlig egal, welcher Ethnie ihr Vertragspartner entstammt, welche Hautfarbe er hat oder welcher Religion er zugehört, welchen sexuellen Vorlieben er frönt und ob er Männlein oder Weiblein ist. Hauptsache, das Geschäft – ob Kauf oder Verkauf – kommt zu günstigen Konditionen zustande. Genau das hat den Kaufleuten über Jahrhunderte hinweg einen schlechten Ruf eingebracht. Sie galten (und gelten) als serviles Gegenbild des kriegerischen Helden, als "vaterlandslose Gesellen" und als Heuchler, die sich bei jedermann "lieb Kind" machen wollen. Wie so oft, sieht auch hierbei die Wahrheit ganz anders aus. Wenn man demjenigen Stand ein Denkmal errichten wollte, welcher der Menschheit den meisten Segen und das wenigste Unheil gebracht hat, dann müßte auf dem Sockel die Figur eines Kaufmanns stehen. Und wenn man zugleich das ehrende Gedenken an alle jene historischen Figuren beenden möchte, die der Menschheit die schlimmsten Schäden zugefügt haben, dann müßte man die meisten Denkmäler auf dem weiten Erdenrund stürzen und vom Staub begraben lassen. Eingegrenzt auf den Aspekt *Frieden* gilt deshalb: Der wahre irdische Friedensfürst ist der Kaufmann.

Aber auch für alle übrigen Bürger behält die Weisheit >*Wirtschaft verbindet, Politik trennt*< ihre Gültigkeit. Niemals kämen beispielsweise irgendwelche Leute in Deutschland (außerhalb der politischen Kaste) auf die perverse Idee: "Wir wollen uns zusammenrotten, nach England ziehen und so vielen Engländern wie möglich den Schädel einschlagen." Genau so wenig hätten englische, französische, russische oder amerikanische Bürger den wahnwitzigen Einfall, zu uns zu reisen, um allen Deutschen, deren sie habhaft werden könnten, die Hälse durchzuschneiden. Dasselbe gilt natürlich auch für die historische Vergangenheit. Zu solchem Wahnsinn bedurfte und bedarf es stets politischer Führungsfiguren und politischer Machtcliquen, die mit geschickter Haßpropaganda und mittels unausweichlicher Befehlsgewalt die Völker gegeneinander aufhetzen und zum Massenmord treiben. Ohne Politik gehen die Menschen aller Nationen einfach ihren Geschäften, ihren beruflichen Tätigkeiten und ihren Hobbys und Freizeitaktivitäten nach, sie heiraten untereinander, wandern ein oder aus, bereisen die Sehenswürdigkeiten anderer Länder und wollen die Sitten und Gebräuche, die Sprachen und die Küchen anderer Kulturen kennenlernen. Sie streiten sich zwar gelegentlich, mit den eigenen Landsleuten öfter als mit Bewohnern anderer Länder, aber nur höchst selten und ganz vereinzelt kommen sie auf die Idee, einen Mitmenschen zu töten, schon gar nicht einen völlig fremden.

Was für die kriegerische Auseinandersetzung gilt, trifft aber in ganz ähnlicher Weise auch auf das nicht-militärische Aufeinanderprallen zu, auf angeblich friedliche Völkervereinigungen und Zusammenschlüsse politischer Natur. Auch hierfür behält der Satz >Wirtschaft verbindet, Politik trennt< seine Gültigkeit. Die Gründerväter der EWG, der Europäischen Wirtschaftsgemeinschaft, wußten sehr wohl, warum sie so großen Nachdruck auf das W im Kürzel EWG gelegt haben, also auf das Wort Wirtschaft. Sie wußten, daß es keinen besseren Friedensgaranten geben kann als den Freihandel im weitesten Sinne des Wortes, also den unbehinderten Verkehr von Menschen, Gütern, Arbeit und Kapital über alle Grenzen hinweg. Das verbindet die Menschen aller Nationen im friedlichen Wettbewerb um die Sicherung und Verbesserung ihrer Existenz, und das potenziert ihre Lebenschancen um ein Vielfaches. Im arbeitsteiligen Wirtschaftsgeschehen finden die Völker in Frieden und Freundschaft zueinander. Sobald aber Politik ins Spiel kommt, treten Spannungen auch unter befreundeten Nationen auf, und mitten im Frieden wird die Atmosphäre auch zwischen sich freundlich gesinnten Völkern zunehmend vergiftet.

Es war deshalb ein unbegreiflicher Fehler der politischen Eliten Europas, dem Kontinent eine politische Union zu verordnen. Das dient zwar ihren unersättlichen Machtgelüsten, aber es macht im Lauf der Zeit wieder alles zunichte, was das wirtschaftliche Miteinander in den ersten vier Jahrzehnten nach dem Zweiten Weltkrieg an Freundschaft, Verständigung und friedlicher Kooperation aufgebaut hat. Wie nicht erst die

Differenzen um eine europäische Verfassung und das Scheitern des Gipfeltreffens zum Thema *EU-Finanzen* zeigen, treten im Verlauf des politischen "Einigungsprozesses" immer mehr Dissonanzen auf, vergrößern und verschärfen sich die Konflikte, wachsen die Animositäten und Schuldzuweisungen. Nicht, weil es um einen Einigungsprozeß geht (dazu hätten die wirtschaftlichen Gemeinsamkeiten völlig ausgereicht), sondern weil es sich um einen *politischen* Einigungsprozeß handelt. Politik einigt nicht, sondern trennt. Immer und überall. Nur Wirtschaft verbindet und eint. Die an die Organisationsstruktur der vormaligen Sowjetunion erinnernde zentralistische EU von Brüssels Gnaden wird alles, was in Europa friedlich zusammengewachsen ist, wieder erschüttern und schlimmstenfalls zum Einsturz bringen. Schon jetzt sind die von den europäischen Völkern mühsam errungenen nationalen Verfassungen Makulatur, schon jetzt ist die in Jahrhunderten erkämpfte Gewaltenteilung im Rätesystem der "gesetzgebenden Exekutiven" (!) von Ministerrat und Kommission weitgehend abgeschafft; und schon jetzt ist die privat- oder zivilrechtliche Vertragsfreiheit vermittels der EU-befohlenen "Antidiskriminierungsgesetze" ausgehöhlt und ausgehebelt. Ein Weg der Dummheit und der vermessenen Usurpation gegen die Friedenskräfte des Marktes. Nur Marktwirtschaft und Kapitalismus sind eine Friedensordnung; Politik hingegen bedeutet wesensgemäß Streit, Zwietracht, Konflikt, Feindschaft – und letztlich Krieg.

Wolfram Engels, der leider allzu früh verstorbene brillante Ökonom, hat für den prinzipiellen Antagonismus zwischen

Markt und Politik eindringliche Worte gefunden. "Der Markt", schreibt Engels, "ist eine Friedensordnung, in der tagtäglich Millionen von Konflikten unauffällig gelöst werden. Jeder Verkäufer möchte hohe Preise erzielen, jeder Käufer niedrige Preise zahlen. Jeder möchte ein höheres Einkommen. Greift nun der Staat in die Einkommenszuweisung durch den Markt dadurch ein, daß er die Preisbildung beeinflußt, so verlagert er damit Konflikte, die bisher der Markt löste, ins politische System. Dieses System wird mit der Fülle der Konflikte nicht mehr fertig... Der Markt ist ein System permanenter und friedlicher Revolution. Mit dem Eingriff in die Märkte erzeugt man Verkrustung, Sklerose... Bürokratisierung bedeutet Unregierbarkeit einer Gesellschaft." (Engels 1985, S. 31f.)

Zur Verwirrung des Denkens der Menschen über Frieden und Krieg trägt auch viel die vollständig falsche (und von der Politik oft absichtlich propagierte) Vorstellung vom Begriff und vom Phänomen des *Wettbewerbs* bei. Am besten lassen wir uns diesbezüglich wieder vom Meister des ökonomischen Denkens, von Ludwig von Mises aufklären: Schon 1922 hat er geschrieben: "Der Weg, auf dem die antiliberalen Gesellschaftstheorien den Versuch machten, das Friedensprinzip des Liberalismus in Verruf zu bringen, war die Verwischung des grundsätzlichen Unterschiedes, der zwischen Kampf und Wettbewerb besteht... Es ist nichts als eine Metapher, wenn man den Wettbewerb Wettkampf oder Kampf schlechthin nennt. Die Funktion des Kampfes ist Vernichtung, die des Wettbewerbs Aufbau... Der Kampf im eigentlichen und ursprünglichen Sinne des Wortes ist antisozial; er macht zwischen den Kämpfenden Arbeitsgemeinschaft, das Grundelement der gesellschaftlichen Vereinigung, unmöglich; er zerstört die Arbeitsgemeinschaft, wo sie schon besteht. Der Wettbewerb ist ein Element des gesellschaftlichen Zusammenwirkens. Er ist das ordnende Prinzip im gesellschaftlichen Verbande. Kampf und Wettkampf sind, soziologisch betrachtet, die schärfsten Gegensätze. Mit dieser Erkenntnis erlangt man die Grundlage zur Beurteilung aller jener Theorien, die das Wesen der gesellschaftlichen Entwicklung im Kampfe widerstreitender Gruppen erblicken. Klassenkampf, Rassenkampf, Nationalitätenkampf können nicht das aufbauende Prinzip sein; aus Zerstörung und Vernichtung wird niemals ein Bau entstehen." (Mises 1922, 1932, 1981, S. 291ff.)

Das läßt sich in kürzerer Form auch so ausdrücken: Wer den Wettbewerb und den Wettstreit als Kampf betrachtet, der muß auch von einem jeden Fußballfeld als Schlachtfeld – und von jeder Olympiade als Weltkrieg reden. Wer von der Konkurrenz auf den Märkten als "Vernichtungswettbewerb" spricht, ist ein politischer Rattenfänger, der die Menschen absichtlich in die Irre führt – oder ein Fall für den Psychiater.

Jeder friedliebende Mensch sollte sich den Satz des großen Rechtsgelehrten Franz Böhm einprägen: "Der Wettbewerb ist das genialste Entmachtungsinstrument der Weltgeschichte." Und Macht, also Politik, sollte man hier nochmals ergänzen, führt immer und ausnahmslos zu Problemen, Konflikten, Zwietracht, Streit, Zerstörung, Verschwendung, Verarmung und Krieg. Der Wettbewerb der marktwirtschaftlichen oder kapitalistischen Wirtschafts- und Gesellschaftsordnung ist nicht nur das genialste Entmachtungsinstrument der Weltgeschichte, sondern zugleich das verläßlichste Friedensinstrument der Menschheit.

8. Antikapitalismus

Nach allem Gesagten sollte man es für undenkbar halten, daß der Kapitalismus auf dem weiten Erdenrund fast nur Feinde oder allenfalls nur ein paar skeptische oder gleichgültige Mitläufer hat. Und doch ist das die traurige Realität. Seit Marx und Engels ist der Antikapitalismus zur Berufsparanoia der Intellektuellen auf dem ganzen Globus geworden. Die Bibliotheken der Welt – auch die in den Universitäten – sind voll von Büchern, die den freien Markt verteufeln oder falsch interpretieren. Wahrheitsliebe, Logik, Vernunft und Realitätssinn haben beim antikapitalistischen Ressentiment ausgedient. Einer mehr oder weniger stark ausgeprägten Feindschaft gegen den freien Markt huldigen mindestens 95 % aller Politiker und Intellektuellen, in Deutschland ebenso wie überall auf der Welt. Doch auch bei der übrigen Bevölkerung sieht es nicht anders aus. Es steht deshalb fest: Wenn die nächste große Wirtschafts-, Finanz- und Währungskrise die Industrienationen erschüttern wird, können wir auf keine einzige Stimme hoffen, die das Desaster den tatsächlichen Ursachen zuordnet – also der Knebelung, Fesselung, Lähmung und monetären Vergiftung des Kapitalismus durch Politik, Gewerkschaften, Interessenverbände und Bürokratie. Alle werden, so widersinnig und verlogen das auch sei, unisono dem ″entfesselten″ und ″wild gewordenen″ Kapitalismus, dem "Turbokapitalismus" und dem "gnadenlosen Neo-liberalismus" die Schuld an der Misere zuweisen. Eher wird man eine neue (oder alte) Form der Diktatur oder eine Wiederbelebung des DDR-Totalitarismus zulassen oder gar begrüßen, als die wahren Schuldigen davonzujagen und der freien, unverkrüppelten Marktwirtschaft und dem echten Geld endlich eine Chance zu geben.

Um was es wirklich geht, wird aus dem ersten Satz des letzten Buches von Friedrich A. von Hayek ersichtlich: "Nicht nur die Entstehung, sondern auch der Fortbestand unserer Zivilisation [hängen] von dem ab.., was sich präzise nur als erweiterte Ordnung menschlicher Zusammenarbeit bezeichnen läßt – eine Ordnung mit dem geläufigen, wenn auch etwas irreführenden Namen Kapitalismus." (Hayek 1996, S. 2) Die antikapitalistischen Ressentiments sitzen so tief, daß es auch derzeit kaum jemandem auffällt, wie die Parolendrescher von Linksaußen gegen Schimären anreiten – wie einst Don Quichotte gegen die als "feindliche Ritter" ausgemachten Windmühlen. "Kapitalismuskritik als Realitätsverweigerung" hat der NZZ-Redakteur Gerhard Schwarz getitelt (s. Schwarz 2005). Und so wird es bleiben: Realitätsverweigerung bis zum bitteren Ende.

Man fragt sich: Wie ist das möglich? Warum bleiben Sozialismus und Kollektivismus trotz aller Verwüstungen, die sie im 20. Jahrhundert weltweit angerichtet haben, so tief im Gemüt der Menschen verankert, und warum sehen die Leute zugleich in der einzigen Ordnung, die sie zu Freiheit, Frieden und Wohlstand führen kann, einen verhaßten Feind? Wie tragisch, um ein Bild des großen Ökonomen Joseph A. Schumpeter nachzuzeichnen, zusehen zu müssen, wie ein Blinder mit dem Taststock auf seinen Blindenhund einschlägt. Wieso können auch noch so markante Fakten die Leute nicht umstimmen? Professor Erich Weede hat ein solches Faktum der jüngeren Geschichte in zwei Sätzen vorgestellt: "Als Mao Zedong mit seinem sogenannten >großen Sprung nach vorn< die Sowjetunion im Ausmaß der alltäglichen wirtschaftlichen Regulierung noch zu übertreffen versuchte, trieb er ca. 30 Millionen Chinesen in den Hungertod. Als Deng Xiaoping dagegen vor 25 Jahren den schleichenden Kapitalismus nach China brachte, hat er den jetzt begonnenen Aufstieg Chinas zur Weltmacht eingeleitet." (Weede 2003a, S. 42)

30 Millionen Tote! Das entspricht weit mehr als der Hälfte aller im Zweiten Weltkrieg getöteten Menschen. Und dennoch haben die Studenten diese verhängnisvolle Figur zur Zeit seines Schreckensregimes wie einen Heiligen verehrt und zogen zu Tausenden, >Mao, Mao< skandierend und das rote Mao-Büchlein schwenkend, durch die deutschen Städte. Für Deng aber, der innerhalb weniger Jahre mit seinen kapitalistischen Reformen mehr als 300 Millionen Chinesen aus Hunger und Armut befreit hat, konnte sich bislang kein einziges studentisches Stimmchen erwärmen.

Anmerkung:
Den Lesern meiner Bücher dürften die tief in der menschlichen Psyche und in der Stammesgeschichte des homo sapiens verborgenen

Wurzeln des für die Menschheitsgeschichte so tragischen Phänomens Antikapitalismus kein Rätsel mehr sein. Insbesondere mit der Publikation *totgedacht*. *Warum Intellektuelle unsere Welt zerstören* (Baader 2002) wurde der Analyse und Darstellung der historischen, psychologischen, anthropologischen, geistesgeschichtlichen, politischen und quasi-religiösen Ursachen dieser Feindschaft ein ganzes Buch gewidmet. Es wäre grotesk, das Geschriebene an dieser Stelle wiederzukäuen. Deshalb soll das Thema Antikapitalismus hier – trotz seiner immensen Bedeutung – nur am Rande gestreift werden.

An der Situation eines bei der Bevölkerung tief verankerten Antikapitalismus wird sich in Deutschland (und anderswo) so lange nichts ändern, als nicht wenigstens ein bescheidener Anteil von 18 bis 20 Prozent der Intellektuellen in den Medien und in den Bildungseinrichtungen über hinreichende Grundkenntnisse vom wahren Wesen des Kapitalismus und des Sozialismus verfügt. Und das wiederum wird nicht eintreten, solange die sog. "Kapitalisten" selber nicht wissen, was Kapitalismus ist und worum es bei der Auseinandersetzung mit seinen Feinden geht. Die entsprechende Aufklärungsarbeit erfordert nämlich immense private Mittel zur Unterstützung marktwirtschaftlicher "Denkfabriken" vom Schlage eines IEA (Institute of Economic Affairs) in London, dessen jahrzehntelange Aufklärungsarbeit z. B. das Phänomen *Maggie Thatcher* in Großbritannien erst möglich gemacht hat. Ohne das IEA keine Maggie Thatcher, und ohne Thatcher kein Ende des vierzigjährigen sozialistischen Niedergangs des einstmals so reichen Landes. Es ist nicht ohne Tragik, daß es heute zwar IEA-Ableger in allen großen Industrienationen der Erde gibt, nicht aber in Deutschland.

In einem Brief vom 1. Januar 1980 an Anthony Fischer, den Gründer des Londoner IEA, hat Friedrich A. von Hayek geschrieben: "Was wirklich am meisten fehlt, ist das Verständnis auf Seiten der Kapitalisten selber, was die Verdienste ihrer Tätigkeit anbelangt, sowie die Gefahren, die ihnen – und mit ihnen uns allen drohen. Sie scheinen mit den Sozialisten den Glauben zu teilen, daß es um einen Kampf der Interessen geht und nicht um einen Kampf der intellektuellen Argumente, welche die gesellschaftliche Evolution leiten." (Mit "Kapitalisten" meinte Hayek die landläufig so bezeichneten Unternehmer). "Die Zukunft der Zivilisation", fährt Hayek fort, "kann wirklich davon abhängen, ob wir schnell genug Gehör bei einem hinreichend großen Teil der nachwachsenden Intellektuellen-Generation in der Welt finden. Und ich bin mehr denn je davon überzeugt, daß die vom IEA praktizierte Methode die einzige ist, die echte Ergebnisse verspricht."

Aber die deutschen Unternehmer bezahlen lieber ihre Verbandsfunktionäre, statt private marktwirtschaftliche Denker in einem deutschen IEA zu unterstützen. Damit mögen sie die aktuelle Tarifschlacht für ihr Unternehmen gewinnen, aber sie werden auf diese Weise den ideologischen Krieg um den Fortbestand der Zivilisation – und somit auch des Unternehmertums – verlieren.

Wie bereits erwähnt, besteht die wirksamste Waffe der Sozialisten, Etatisten (Staatsgläubigen) und Kollektivisten aus der permanenten Übung, *Kapitalismus* zu nennen, was kein Kapitalismus ist (bzw. nur eine Krüppelform). Dieser Trick findet seine Fortsetzung mit dem Manöver, stets die (angeblich kapitalistischen) Übel und Unzulänglichkeiten des irdischen Daseins den sozialistischen Idealvorstellungen gegenüberzustellen. Real existierende kapitalistische Hölle gegen die halluzinierte Fata Morgana des sozialistischen Paradieses. Wesentlich redlicher und erkenntnisträchtiger wäre der umgekehrte Weg, nämlich den Halb-, Dreiviertel- oder Vollsozialismus, wie wir ihn überall auf dem Globus vorfinden, zu vergleichen mit dem Kapitalismus, wie er sein könnte, wenn man ihn nur zulassen würde. Ein irdisches Paradies wäre der unverfälschte Kapitalismus gewiß nicht (Gott bewahre uns vor einem "Paradies auf Erden" – und davor hat er uns ja auch bewahrt), aber doch weit entfernt von den sozialistischen Höllen und den endlosen Gebrechen der "real existierenden" Gesellschaften aus der politischen Klempner-Werkstatt und vom Reißbrett der Gesellschaftsingenieure.

Der deutsche Antikapitalismus hat besonders tiefe Wurzeln. Das hat mit einigen historischen Besonderheiten zu tun. Es ist für die Geschichtswissenschaft unseres Landes beschämend (aber auch symptomatisch), daß ein amerikanischer Historiker uns die diesbezügliche Aufklärung liefern mußte. Das Buch von Ralph Raico *Die Partei der Freiheit – Studien zur Geschichte des deutschen Liberalismus* ist zu besagtem Zweck außergewöhnlich lehrreich (s. Raico 1999) (Ralph Raico ist Professor für europäische Geschichte an der State University of New York, College at Buffalo. Er ist u. a. Übersetzer wichtiger Quellen des deutschen Liberalismus ins Englische). Raico zeigt anhand umfassenden Quellenmaterials, wie die geistige und verbale Grundlegung der deutschen Marktfeindschaft durch Bismarck und die Konservativen im Reichstag erfolgte. Sie betrieben regelrecht Sprachzerstörung und Orwell'sche Begriffsverfälschung und machten das marxistische Vokabular zur gängigen Münze.

Noch verhängnisvoller war der Einfluß der sogenannten Kathedersozialisten. Sie legten das (un-) geistige Fundament für die bis heute in der gesamten Bildungsschicht Deutschlands eingewurzelte Kapitalismusfeindschaft. Jahrzehntelang sprachen sie bezüglich des Liberalismus und seiner Vertreter ausschließlich von "Manchestertum" und "Manchesterkapitalismus", womit sie auch eine feindselige Haltung gegenüber England und Frankreich schüren wollten. Und "Manchestertum" assoziierten sie mit Kinderarbeit, Ausbeutung, Arbeiterelend und Hungerlöhnen. In Wirklichkeit waren die Manchester-Liberalen um Richard Cobden und John Bright höchst ehrenwerte Männer. Sie stritten für die Abschaffung der englischen Getreidezölle – und damit für die Linderung der Not der Arbeiter, die unter der Verteuerung der Lebensmittel durch protektionistische Zölle (zugunsten der englischen Großlandwirte) zu leiden hatten. Das wurde zum Fanal für eine Freihandelsbewegung in ganz Europa. Darüber hinaus engagierten sich die englischen Manchester-Liberalen gegen den Militarismus, den Kolonialismus und den Imperialismus ihres Landes. Eine edelmütige Bewegung also, die aber von den deutschen Kathedersozialisten zu einer Schauer- und Horrorgruppierung umgebogen wurde. Die Märchen über den Manchesterkapitalismus verkörpern den Triumph von Lüge und Scheinheiligkeit, von Dummheit und Verbohrtheit, von Zynismus und blindwütiger Ignoranz. Das ändert aber nichts daran (oder ist eher der Grund dafür), daß sich dieses Trugbild vom teuflischen Manchesterkapitalismus seit 150 Jahren hartnäckig in den deutschen Schulbüchern hält.

Die deutschen Ökonomen des Kathedersozialismus – allen voran Gustav Schmoller – lagen im sogenannten *Methodenstreit* mit der Österreichischen Schule der Nationalökonomie, damals repräsentiert von Carl Menger. Während Menger für die klassische (und wissenschaftlich einzig zulässige) individualistisch-deduktive Methode in den Gesellschaftswissenschaften eintrat, verteidigte die sogenannte *Historische Schule* um Schmoller die historische und induktive Methode der Analyse – und somit ein völlig fruchtloses Verfahren mit nur minimalem Erkenntniswert. Schmoller und seiner Schule blieb gar nichts anderes übrig als die klassische Methode zu verwerfen, weil die ”sozialpolitisch erwünschten” Ergebnisse der Schule mit dem richtigen (klassischen) Erkenntniswerkzeug weder hergeleitet noch bewiesen werden konnten. Schmoller verstieg sich letztlich sogar zur Behauptung, das wahre Wesen wirtschaftlicher Phänomene könne man nicht ergründen. Dieser borniere Relativismus hatte verheerende Folgen für Deutschland. Nicht nur versank die deutsche Nationalökonomie damit für hundert Jahre in der Bedeutungslosigkeit, sondern die in diesem Geist erzogenen Bürokraten waren auch ohne theoretisches Rüstzeug (und somit völlig hilflos) gegenüber den Problemen der Hyperinflation der 1920er Jahre.

Die für Professoren eigentlich ungewöhnliche Macht der Kathedersozialisten über den Zeitgeist lag vor allem in dem Umstand begründet, daß sie praktisch ein Monopol auf alle wichtigen Hochschulpositionen hatten (vor allem in Preußen, wo Schmoller in einem engen Freundschaftsverhältnis zu Friedrich Althoff stand, dem Direktor für das Hochschulwesen im preußischen Kultusministerium). Jedenfalls haben die Kathedersozialisten ihr Ziel, den Liberalismus als geistige Verirrung und als menschenverachtendes "Manchestertum" darzustellen, in Deutschland erreicht. Der Meinungsumschwung und damit die vollständige Deformation des politökonomischen Denkens in der gebildeten Bourgeoisie und in der Bürokratie war gelungen. Was das auch für die Zukunft bedeutete, mag man an den Sätzen des damals jedem Bildungsbürger bekannten Ökonomen Werner Sombart, einem Nachfolger in der Tradition des Kathedersozialismus, schlaglichtartig erkennen: "Der Führer, unser Führer", schrieb Sombart in den dreißiger Jahren (und meinte damit Hitler), "erhält seine Befehle direkt von Gott, dem Führer des Universums. Natürlich wissen wir nicht, wie Gott mit dem Führer in Verbindung tritt, aber die Tatsache kann man nicht leugnen."

Der Antikapitalismus hat tausend Gesichter. Wo immer man hinschaut, fallen die Menschen auf seine Lügenmärchen herein wie die Fliegen auf die Leimspirale. Das geht bis in die feinen Verästelungen des Alltagslebens. Hier sei als kleines Beispiel das verächtliche Reden über die sogenannten "Mc Donalds-Jobs" genannt, die als Abschreckung gegen eine "amerikanisierte Arbeitsmarktpolitik" und gegen den "Yankee-Kapitalismus" dienen sollen. In Wirklichkeit hat die Fast food-Kette *Mc Donalds* ein vorbildliches Ausbildungs-, Schulungs-, Entlohnungs- und Führungswesen, sowie eine ebenso vorbildliche Kultur der Personalbehandlung.

Allzuleicht lassen sich die Menschen auch von den klug und menschlich tönenden Sprüchen prominenter Zeitgenossen beeindrucken, die alsdann in den Medien zitiert werden und sich tausendfältig ausbreiten. Ebenfalls nur als kurzes Beispiel sei ein Satz des berühmten Psychoanalytikers Erich Fromm genannt. Im Zusammenhang mit seinen Ausführungen über den Humanismus sagte Fromm in einem Rundfunkinterview: "Die Grundfrage ist diese: Wer dient wem? Der Mensch der Ökonomie – oder die Ökonomie dem Menschen?" Das klingt edel und weise – und ist deshalb auch in den Zitatenschatz der prominenten Vielredner eingegangen. Dennoch ist es einfach ein dümmlicher und unsinniger Spruch. Genauso unsinnig wäre die Frage: "Wer dient wem? Die Gesundheit dem Menschen – oder der Mensch der Gesundheit?" Der Zusammenhang zwischen Mensch und Ökonomie ist ein ganz anderer, nämlich: Der Mensch dient sich selbst und allen seinen Mitmenschen am besten, wenn er sich den unabänderlichen Gesetzen der Ökonomie nicht entgegenstellt, sondern sie sich zunutze macht. Deshalb gilt ganz generell: Antikapitalismus ist gegen die natürliche Ordnung des menschlichen Zusammenlebens und Zusammenarbeitens in einer Gesellschaft gerichtet – und deshalb gegen die menschliche Natur – und somit gegen den Menschen.

III. Kapitalistische Phänomene

1. Profit

Der Gewinn ist eine "Restgröße". Er ist das, was übrig bleibt, wenn alle Rechnungen bezahlt sind. (Natürlich müssen auch die Abschreibungen und Rückstellungen "verdient" und von den Erlösen abgezogen sein, denn es handelt sich dabei gewissermaßen um "Rechnungen", die bereits früher bezahlt wurden oder später noch bezahlt werden müssen). Diese Restgröße ist meistens sehr viel kleiner als sie im Kampfgeschrei der Gewerkschaften und Rotmedien dargestellt wird. Bei den deutschen Personen- und Kapitalgesellschaften pendelten die Nettoumsatzrenditen in den letzten Jahren um die Marge von zwei Prozent, das heißt, daß von hundert Euro Umsatz rund zwei Euro Gewinn übrig blieben, und davon wurde (und wird) das meiste wieder re-investiert. Die von den Gewerkschaften ständig wiederholten Parolen von den sinkenden Lohnquoten und explodierenden Gewinnen sind, vorsichtig ausgedrückt, eine Legende. Die Gewinnziffern werden dabei meistens den Statistiken der Volkswirtschaftlichen Gesamtrechnung entnommen, und diese sind für Laien irreführend. So finden sich, um nur ein Beispiel zu nennen, alle Zins-, Dividenden- und Mieterträge, die während eines Jahres an Arbeitnehmer fließen, in der Rubrik *Einkommen aus Unternehmertätigkeit und Vermögen* wieder und werden in den Diskussionen einfach "Unternehmergewinne" genannt. Gerade die Einkommensanteile der Arbeitnehmer, die aus anderen Quellen als dem Arbeitslohn stammen, haben aber in den letzten Jahren deutlich zugenommen. In den USA z. B. machen die Löhne nur noch 50 % der Haushaltseinkommen aus (in den übrigen 50 % sind allerdings auch die staatlichen Transferzahlungen enthalten). Auf jeden Fall sind diese wachsenden Summen keine "Unternehmergewinne" im Sinne des Begriffes, der im politischen Streit verwendet wird. Somit werden auch die jeweiligen Zuwachsraten meistens nur verzerrt wiedergegeben. In Deutschland ist beispielsweise die Bruttolohnsumme von 1980 bis 1996 um 83 % gestiegen, während die Unternehmensgewinne vor Steuern nur magere 25 % zugelegt haben. Die Tatsache, daß die Unternehmen in den Jahren danach ein wenig "aufgeholt" haben, ist alles andere als ein "Skandal" – wie die Funktionäre das gerne bezeichnen. Was man wirklich einen *Skandal* nennen kann, ist der traurige Tatbestand, daß den deutschen Arbeitnehmern von dem ihnen zustehenden Lohn – richtig gerechnet, also auch unter Einbeziehung der Arbeitgeberbeiträge – nach allen Steuern (auch der Verbrauchsteuern) und Abgaben weniger als ein Drittel übrig bleibt. Von der Inflation ganz zu schweigen.

Der englische Ausdruck *Profit* für Gewinn wird in Deutschland seit Marx verächtlich als Schmähwort benutzt. Die beste Antwort auf die Gewinnverteufelung stammt von Winston Churchill: "Nach Meinung der Sozialisten ist es ein Laster, Gewinne zu erzielen. Ich bin hingegen der Ansicht, daß es ein Laster ist, Verluste zu machen." Die Ökonomen wissen, daß das Wort *Laster* noch viel zu harmlos ist für den Schaden, der durch niedrige Gewinne oder gar Verluste entsteht. Wie im Kapitel über *das Kapital* ausgeführt, ist die Erhöhung des volkswirtschaftlichen Kapitalstocks die alles entscheidende Bedingung für die Zunahme des Wohlstands einer Nation. Und da Kapital (Produktivkapital) nur aus *Überschüssen* (entweder Sparen oder Gewinn) gebildet werden kann, ist eine nicht-optimale Gewinnerzielung nicht nur ein einmaliger Verschwendungsakt, sondern auch eine dauerhafte Bremse bei der Fahrt zu allgemeinem Wohlstand. Verlust zu machen entspricht in diesem Bild sogar dem Einlegen des Rückwärtsgangs.

Die meisten Menschen wissen nicht, daß die Kaufkraft ihrer Einkommen, der Wert ihrer Ersparnisse und Vermögen aller Art, ja auch der reale Wert ihrer Renten und Pensionsbezüge von der dauerhaften Produktivität des volkwirtschaftlichen Kapitalstocks abhängt, der ständig erneuert und im internationalen Wettbewerb auch permanent ausgebaut und verbessert werden muß. Außerdem besteht ein enger, ja untrennbarer Zusammenhang zwischen Kapitalproduktivität und Arbeitsproduktivität. Kapital und Arbeit sind keine Gegensätze (wie bei Marx), sondern enge Verbündete auf dem Weg zum gemeinsamen Erfolg. Sinken die Gewinne, verringert sich der Kapitaleinsatz – und somit auch die Arbeitsproduktivität – und mit ihr auch die Löhne.

Außerdem sind Gewinn und Verlust nicht nur die besten, sondern auch die einzigen Gradmesser für den konsumentengerechten Einsatz der Faktoren *Arbeit* und *Kapital*. Der höchste Gewinn entsteht dort, wo auf dem effizientesten Wege am meisten Knappheit (an Gütern und Diensten) beseitigt wird, das heißt bei dem Unternehmer, dem es gelingt, die

Bedürfnisse und Wünsche der Menschen am treffsichersten festzustellen und am besten und günstigsten zu erfüllen. Ein Unternehmer, der weniger Gewinn macht, oder gar Verlust, hat die Produktionsfaktoren *Arbeit* und *Kapital* nicht optimal – also nicht den tatsächlichen Knappheiten und den tatsächlichen Konsumentenbedürfnissen entsprechend (und/oder nicht effektiv genug) – eingesetzt. Das heißt, daß er Arbeits- und Sparfleiß (Kapital ist "geronnene Ersparnis") verschwendet hat; "verschwendet" insofern, als er Güter erzeugt und Leistungen erbracht hat, die von den Konsumenten weniger dringlich benötigt oder weniger sehnlich gewünscht wurden als andere Güter, oder daß er zwar das richtige erzeugt hat, aber zu kostenaufwendig. Eine solche "Gewinnverschwendung" bedeutet nicht nur ein geringeres Unternehmer- oder Aktionärseinkommen, sondern auch eine Verringerung des Wohlstands und der Lebensgestaltungschancen der Arbeitnehmer des betreffenden Landes. Dauerhaft unter-optimale Gewinne schädigen ebenso dauerhaft die Beschäftigungs- und Einkommenschancen der Arbeiter, sowie das Versorgungsniveau der Verbraucher. Die hohen Gewinne eines Unternehmens oder "der Unternehmer insgesamt" anzuprangern, zu beklagen und zu verteufeln, ist in einer marktwirtschaftlichen Wettbewerbsordnung nicht nur ein Zeichen für ökonomische Ignoranz; es ist, mit Verlaub, idiotisch.

Etwas grober ausgedrückt, kann man sagen: Nur Gewinne schaffen Arbeitsplätze und ein hohes Volkseinkommen, sowie technischen und zivilisatorischen Fortschritt, und nur ansehnliche Gewinnpolster machen Arbeitsplätze stabil. Es läßt sich für die Bundesrepublik mit statistischen Reihen eindeutig nachweisen, daß in den letzten 50 Jahren die Arbeitslosenrate bei sinkenden Nettoumsatzrenditen der Unternehmen anstieg – und umgekehrt. Das kann keinesfalls überraschen. Die Einsicht ist geradezu banal, daß es ohne die Aussicht auf (möglichst hohe) Gewinne niemanden geben kann, der sein Vermögen und seine ganze Kraft in eine unternehmerische Idee steckt - und sich zudem auch meistens noch hoch verschuldet und das Risiko eines Totalverlustes eingeht.

Es waren die von Gewinnaussichten oder Gewinnerwartungen getragenen unternehmerischen Energien, welche Pferd und Kutsche durch das Auto ersetzt haben, die Waschschüssel auf dem Tisch und den Nachttopf unter dem Bett durch moderne Toiletten und Bäder, den Federkiel durch die Schreibmaschine – und diese durch den Computer und Laser-Drucker, die Marterwerkzeuge der früheren Ärzte durch modernste Medizintechnik, etc. etc. Die den Profit schmähenden Politiker und das auf die ”profitverschwitzten” Unternehmer herunterblickende Bürokratenheer hätte (und hat) nicht eine einzige Errungenschaft der zivilisierten Welt und nicht eine einzige Annehmlichkeit des modernen Lebens geschaffen. Diese Kasten, die nur Einnahmen (aus fremden Taschen) und Ausgaben kennen – und in deren Buchführung das Wort *Gewinn* nicht auftaucht, haben stets nur den Mangel verwaltet, den Fortschritt behindert, Produktivkapital vermindert, den Arbeitsschweiß der Bevölkerung vergeudet und den unternehmerischen Leistungsathleten alle Prügel dieser Welt zwischen die Beine geworfen.

In der politischen und tariflichen Diskussion wird auch stets der Eindruck erweckt, als handele es sich bei den Unternehmensgewinnen um Stücke eines bereits vorhandenen Kuchens, um dessen Verteilung es zu streiten gelte. Es war wiederum ein Ökonom der Österreichischen Schule, nämlich Israel M. Kirzner, der in seinen wissenschaftlich herausragenden Werken gezeigt hat, daß es sich bei den Unternehmergewinnen um "von den Unternehmern selbst erschaffene" – also um neu in die Welt gebrachte Mittel handelt, die nicht zur Verteilung anstehen (und denen deshalb auch nichts "Ungerechtes" anhaften kann). Der wettbewerbliche Markt ist durch permanenten Wandel gekennzeichnet. Den Kern des Marktgeschehens bilden die unternehmerische Entdeckung, Erfindung und Wissensmehrung. Unternehmer treiben die Märkte an, indem sie nach neuen Gewinnmöglichkeiten suchen und diese alsdann entdecken und in die Tat umsetzen. Das hierzu benötigte Wissen ist niemals perfekt und nirgendwo konzentriert verfügbar, sondern ist weit gestreut und muß von den Unternehmern beim Wettbewerb um die jeweils bessere Konsumentenbedienung entdeckt werden.

Was bei diesem permanenten Innovations- und Kreationsverfahren entsteht, sind – um es zu wiederholen – neu in die Welt gebrachte Gewinne (created gain) – und nicht einfach Geld, das in der Firmenkasse liegt und den Gewerkschaftsbossen und Finanzministern in die Nase sticht. Der Gewinn und die nach Gewinn strebenden Unternehmer sind die Antriebsmotoren für allen Fortschritt und alle Zivilisation und allen Wohlstand der Nationen. Es hat schon seinen Grund, weshalb die siebenhunderttausend Exilkubaner in den USA ein höheres Sozialprodukt erwirtschaften als ihre zwölf Millionen Landsleute auf der Fidel-Insel: weil sie unter der Anleitung von Unternehmern arbeiten – und nicht unter der Fuchtel von Funktionären.

2. Unternehmertum

Bleiben wir noch eine Weile beim kapitalistischen Phänomen *Unternehmer*. Das wirtschaftliche Wachstum war über Jahrhunderte ein langsamer und keineswegs stetiger Prozeß. Soweit überhaupt eine Gütermehrung zu registrieren war, handelte es sich fast ausschließlich um sogenanntes *extensives Wachstum*. Solches tritt beispielsweise auf, wenn eine wachsende Bevölkerung eine größere Landfläche für Agrar-, Vieh- oder Waldwirtschaft nutzt. Das führt jedoch kaum oder gar nicht zu höherer Produktivität – und somit auch nicht zu einem höheren Lebensstandard. Ganz anders beim *intensiven Wachstum*. Hierbei entstehen mehr Produkte bei gleichem oder sogar geringerem Faktoreinsatz (Einsatz von Arbeit und Kapital). Die Produktivität steigt also und das Resultat ist ein höherer Lebensstandard der Bevölkerung. In der Menschheitsgeschichte war das intensive Wirtschaftswachstum für Jahrhunderte auf diejenige Produktivitätssteigerung beschränkt, die aus arbeitsteiligen Spezialisierungen im (lokalen, regionalen, nationalen und internationalen) Handel entstand. Der hieraus resultierende Zuwachs an Gütern je Kopf der Bevölkerung lag nur selten bei mehr als einem Prozent pro Jahr. Die meisten Menschen konnten im Verlauf ihrer (damals relativ kurzen) Lebenszeit kaum eine wesentliche Verbesserung ihrer Existenzbedingungen feststellen.

Das änderte sich ziemlich plötzlich um die Mitte des 19. Jahrhunderts, jedenfalls in Mitteleuropa und in den USA. Die Wachstumsraten stiegen auf zwei bis drei Prozent pro Jahr. Technische Innovationen traten auf und wurden zunehmend rasch in die Tat umgesetzt. In den 50 Jahren zwischen 1850 und 1900 stieg der Lebensstandard in den Industrialisierungsländern um mehr als in den 500 vorangegangenen Jahren. Als Hauptursache hierfür haben die Ökonomen die Tatsache ausgemacht, daß mittlere und größere Unternehmen entstanden, deren Geschäftsumfang und Tätigkeitsbereich über die bisherigen Handwerks- und Kleinhandelsaktivitäten hinausging. Immer mehr Unternehmerfiguren traten auf, gründeten Firmen und weiteten deren Produktions- und Handelsvolumina mit zunehmender Geschwindigkeit aus. Der Übergang schließlich vom Unternehmer als alleinigem "Herr im Haus" zu hierarchisch gegliederten Management-Organisationen machte den Aufbau von Großunternehmen mit Massenproduktion möglich, was den Lebensstandard der breiten Bevölkerung in der zweiten Hälfte des 19. Jahrhunderts und im 20. Jahrhundert dramatisch steigen ließ. Besonders die Phase der Gründung und des Ausbaus großer Aktiengesellschaften in der Zeit zwischen 1870 und 1914 nennt man aus guten Gründen die *Zweite industrielle Revolution*, die *Gründerjahre* und die *Belle Epoque*.

Die innerbetriebliche Arbeitsteilung, also die Zerlegung der Produktionsprozesse in viele kleine Schritte – auch im Rahmen der Fließbandarbeit – hat insbesondere die Beschäftigung von Millionen ungelernter oder geringqualifizierter Menschen möglich gemacht und damit die wachsenden Bevölkerungsmassen in Lohn und Brot gebracht. (Friedrich A. von Hayek hat des öfteren betont, daß die Industrialisierung sehr wohl "das Proletariat geschaffen" habe, aber in dem Sinne, daß ohne die Industrielle Revolution viele hundert Millionen Menschen erst gar nicht geboren worden wären – oder aber schon kurz nach ihrer Geburt verhungert wären). Massenproduktion und Massenbeschäftigung haben sich wechselseitig begünstigt. Löhne für alle ergaben rapide steigende Güternachfrage. Das wiederum machte Massenproduktion lohnend. Und mit der Massenproduktion wurden die Güter immer billiger, so daß sich immer mehr Leute den Erwerb der Produkte leisten konnten. Ein sich selbst beschleunigender Prozeß.

Die Großunternehmen waren bei ihrem raschen Wachstum auf ein immer größeres Heer an kleinen Zulieferern und Verteilern (Handels- und Transportfirmen) angewiesen, die ihrerseits einer wachsenden Zahl von Leuten Beschäftigung anbieten konnten. Es waren (und sind) die Unternehmer – die kleinen, mittleren und großen Unternehmer, die unsere Welt von einem Platz des Elends, des Hungers, der Not und der Rückständigkeit in einen Planeten des Wohlstands und der tausendfältigen Lebenschancen verwandelt haben. Wie im

Kapitel über *das Kapital* ausgeführt, ist das Kapital zwar derjenige Faktor, ohne den, burschikos ausgedrückt, gar nichts geht, was Fortschritt, Wohlstand und Zivilisation anbelangt; aber (wie im besagten Kapitel ebenfalls angedeutet) ohne Unternehmer ist dieses eigentlich so wertvolle Kapital trotzdem wertlos. Es entsteht dann erst gar nicht, sammelt sich nicht an, wird – soweit überhaupt vorhanden – nicht eingesetzt, oder falsch eingesetzt (z. B. zur Bereicherung der Herrschaftscliquen und zu Waffenkäufen). Kapital ohne Unternehmer entspricht einem Automobil ohne Motor und ohne Fahrer. Die Unternehmer sind die alles entscheidenden Figuren im großen Schachspiel namens *Wohlstand der Nationen*. Sie sind die eigentlichen Helden der Neuzeit.

Gleichwohl war (und ist) ihr Lohn bei den Intellektuellen und bei weiten Teilen der Bevölkerung nur Schimpf und Schande, Herabsetzung und Verleumdung. Besonders die Funktionäre aller Art, die als Parasiten des von Unternehmern geschaffenen Reichtums leben, tönen am lautesten von "Ausbeutung" und "Profitgier", um sich als Beschützer des kleinen Mannes gegen die angebliche unternehmerische Willkür aufspielen zu können.

Wilhelm Röpke, der große Schweizer Ökonom, hat die Unternehmerfunktion in drei Bereiche eingeteilt: in die Abstimmungsfunktion, die Pionierfunktion und die Führungsfunktion. Zu ersterer hat er das treffliche Bild von einem Kapitän in gefährlichen Gewässern gezeichnet, indem er schrieb: "Jede Unternehmung, die erfolgreich sein will, wird die Abstimmung der Produktion auf dem Markt, d. h. auf das fortgesetzte Konsumentenplebiszit, als oberste Aufgabe ansehen. Damit ist eine Funktion genannt, die schlechthin unentbehrlich ist und den eigentlichen Kernprozeß der Marktwirtschaft ausmacht. Für diesen Zweck ist der Unternehmergewinn oder Unternehmerverlust der beste Orientierungs- und Antriebsmechanismus, indem Gehorsam gegenüber dem Markt belohnt und Ungehorsam (oder mangelnde Erfassung der Befehle des Marktes) prompt und wirksam bestraft werden. Da aber die Impulse und Reaktionen des Marktes ein Feld äußerster Unsicherheiten und Unberechenbarkeiten sind, so wird der Unternehmer zu einem Kapitän, dessen Hauptaufgabe die Navigation auf dem Meere des Marktes mit seinen Strömungen, Stürmen und Untiefen ist. Diese Navigationsfunktion bleibt trotz aller 'nautischen Hilfsmittel' (Marktforschung, Statistik u. a.) eine solche, die die Urteilskraft, Erfahrung, den Charakter, den sicheren Instinkt des geschulten Kapitäns erfordert, ein fortgesetztes Urteilen und Entscheiden nach abgewogenen Wahrscheinlichkeiten. Daraus folgt der unschätzbare Wert des Unternehmers und einer wirtschaftlichen Ordnung wie der Marktwirtschaft, die so beschaffen ist, daß sie ständig für die beste Auslese der wirtschaftlichen Navigatoren sorgt und den wirksamsten Antrieb für die Höchstleistung des Unternehmers und für die höchste Sorgsamkeit gewährleistet, mit der er seine Entscheidungen trifft." (Röpke 1953, 1997, S. 57)

An dieser Stelle empfiehlt es sich, noch einmal darauf hinzuweisen, daß der Unternehmer zwar der Kapitän seines Unternehmensschiffes ist, daß das Ziel der Reise aber vom

Konsumenten bestimmt wird. Ludwig von Mises schreibt dazu: "Der Markt der kapitalistischen Gesellschaftsordnung ist Demokratie der Verbraucher. Die Käufer sind souverän, ihr Kaufen und ihr Nichtkaufen leitet die Produktionsmittel in die Hände derer, die sie so zu verwenden wissen, daß sie die Wünsche und Begehrungen der Verbraucher so gut es geht und so billig es geht befriedigen. Daß die einen reicher und die anderen ärmer werden, ist das Ergebnis des Verhaltens der Verbraucher. Nicht der hartherzige Konsument richtet den weniger leistungsfähigen Unternehmer zugrunde, sondern der Käufer, der dort kauft, wo er besser und billiger bedient wird. Der Konsument allein herrscht in der kapitalistischen Wirtschaft. Die Unternehmer und die Kapitalisten sind seine Diener, die auf nichts anderes bedacht sind als darauf, die Wünsche des Verbrauchers zu erraten und nach Maßgabe der verfügbaren Mittel zu befriedigen. Unternehmer und Kapitalisten gehen aus einem täglich wiederholten Wahlverfahren hervor, sie können jeden Tag ihren Reichtum und ihre bevorzugte Stellung verlieren, wenn die Konsumenten ihnen die Kundschaft entziehen. Es ist töricht, wenn der Verbraucher den Männern, die er reich gemacht hat, indem er ihre Dienste in Anspruch nimmt, den Reichtum neidet. Der Verbraucher schädigt sich selbst, wenn er Maßnahmen gegen >big business< fordert." (Mises 1978, S. 233)

Die meisten Bürger neiden den Unternehmern ihre (manchmal) sehr hohen Einkommen. Sie sagen: "Meinetwegen soll dieser oder jener Firmenboss zehnmal so viel verdienen wie ein Arbeiter, aber doch nicht tausendmal so viel; das kann doch nicht richtig sein." Die angemessene Antwort hierauf wäre: Wenn Boss X so viel Gewinn erzielt, kann das uns allen nur recht sein. Es beweist, daß er mit seinen Investitionen richtig lag und den Wohlstand aller gemehrt hat, sonst hätte ihn der Markt (die Konsumenten) nicht so reichlich belohnt. Ein solcher Unternehmer kann uns gar nicht "teuer" genug sein, denn die Alternative zu seiner Figur ist der Minister. Und jeder Minister ist uns zwar nicht "teuer" im Sinne von "wertvoll für uns alle", aber kommt uns wahrlich teuer, was unseren Geldbeutel anbelangt. Er verschwendet ungezählte Millionen, ja Milliarden, nicht für ertragreiche Investitionen, sondern für Projekte, die seinem und seiner Partei Machterhalt dienen; er investiert nicht sein eigenes Geld oder geliehenes Geld, für das er geradestehen muß, sondern er zieht die Mittel unter Zwang und Gewaltandrohung aus unseren Taschen; er kennt keine Gewinn- und Verlustrechnung und wird weder vom Markt (von den Konsumenten) noch vom Gerichtsvollzieher oder vom Konkursrichter zur Rechenschaft gezogen; und er macht letztlich nichts anderes, als den Pferden, die den Karren unseres Wohlstands nach vorne ziehen, immer schwerere Lasten aufzubürden. Jeder Minister ist unendlich viel teurer als alle Unternehmer zusammen. Je mehr Unternehmer einnehmen, desto wohlhabender werden wir alle; je mehr Minister einnehmen, desto ärmer werden wir alle. Dieses Scheren-Verhältnis gilt auch für die schiere Kopfzahl: Je mehr "Minister" (= politisches Personal) sich in einem Land tummeln – und je weniger Unternehmer, desto rascher kehrt sich Wohlstandsmehrung in Verarmung um.

(Eine andere Sache sind astronomische Gehälter, die sich

Konzernmanager auf Kosten der eigentlichen Unternehmenseigentümer, der Aktionäre, gewähren. Das ist die Folge eines zu schwach ausgestalteten Eigentumsrechts, sowie von Vorstands- und Aufsichtsratsstrukturen, die oft mehr nach politischen als ökonomischen Kalkülen zustande kommen).

Zur Zeit des deutschen Wirtschaftswunders ist die Zahl der unternehmerischen Existenzen geradezu explodiert. Heute – und schon seit einigen Jahren – nimmt ihre Zahl ab. Seit 1999 ist ein deutlicher Abwärtstrend bei den Unternehmensgründungen zu registrieren. Ganz generell fehlen in Deutschland mindestens 550.000 Unternehmer, wenn wir nur den internationalen Durchschnitt der Industrieländer an Selbständigen und Firmeneignern erreichen möchten. Jeder vierte der rund 2,9 Millionen Selbständigen in den alten Bundesländern ist älter als 55 Jahre und wird sich in absehbarer Zeit zur Ruhe setzen. Und allein in den fünf Jahren zwischen 1995 und 2000 stand der Generationenwechsel bei rund 300.000 Betrieben an, aber nur bei 220.000 fand sich ein Nachfolger zur Übernahme (Familienangehörige oder Externe). Die Gesetzesflut und die Steuer- und Abgabenwut in Deutschland machen den Unternehmer-Beruf immer mehr zum Kamikaze-Flug und zum Survival-Abenteuer im Paragraphendschungel. Eine europaweite Umfrage hat ergeben, daß nur noch 11 % der Studierenden eine selbständige Existenz planen, meistens Mediziner und Juristen. Eine Unternehmertätigkeit wird kaum noch angestrebt. Wer eine entsprechende Ambition überhaupt noch äußert, kann bei seinen Freunden nur eine Reaktion erwarten, nämlich den Zeigefinger an der Schläfe.

Der machthungrigen Politik kann dieser Trend nur recht sein, denn sie braucht möglichst viele abhängige – und möglichst wenige eigenständige Wähler. Jeder Selbständige ist eine kleine Festung gegen den Herrschaftsanspruch der politischen Kaste und der Funktionäre, weshalb diese den Preis der Freiheit immer weiter in die Höhe treiben. Der Preis der Freiheit trägt den Namen *Risiko*. Und der Preis für das Versprechen des Staates, die Bürger vor Risiken zu schützen, buchstabiert sich als *Knechtschaft*. Wenn alle Menschen eines Landes bereit wären, den Preis der Freiheit zu bezahlen – das heißt, für die Risiken des Lebens selber einzutreten und in eigener Regie Risikovorsorge zu treffen, dann hätte das besagte Land eine vollständig freie Wirtschafts- und Gesellschaftsordnung, weil sich kein Bürger mehr fände, der sich auf das politische Schachergeschäft >Sicherheit gegen Wählerstimme< einlassen würde. Und weil dann jeder Bürger erkannt hätte, wie trügerisch und betrügerisch dieses Geschäft ist, an dessen Ende Armut, Abhängigkeit und Tyrannei stehen – und somit die größte aller Unsicherheiten. Doch nun, ausgesaugt und ausgelaugt vom kleptokratischen Würgegriff der politischen Lieferanten einer angeblich umfassenden Sicherheit, ist der Preis der Freiheit so hoch geworden, daß ihn kaum noch jemand zahlen kann. Das Werk der umfassenden Abhängigkeit und Entmündigung der gesamten Bevölkerung ist fast vollbracht.

Regulierungen, Gesetzesflut, Bürokratie, Verordnungs- und Instanzen-Dschungel, sowie die Labyrinthe des Steuer-, Arbeits- und Sozialrechts wirken nicht nur effizienzmindernd und lähmend auf bestehende Unternehmen, sondern sind auch abschreckend für potentielle Neugründungen. Sie stellen immer höhere und zunehmend unmöglich zu erbringende Qualifikations- und Kostenbedingungen an das Management und den unternehmerischen Nachwuchs. So wie das Höherlegen der Latte beim Hochsprung die Zahl derjenigen verringert, die den Sprung überhaupt noch sinnvoll wagen können, so verringert das Auftürmen staatlicher und tariflicher Hindernisse auch die Zahl der Unternehmer und Manager, die am wettbewerblichen Wirtschaftsprozeß überhaupt noch mit Aussicht auf Erfolg teilnehmen können. Damit verringern sich auch die Chancen für Wachstum, Beschäftigung und Wohlstand des betreffenden Landes. Mögen ältere, erfahrene und allround-qualifizierte Unternehmer mit den staatlichen und syndikalistischen Mauern und Schlingen noch halbwegs zurechtkommen, so könnte das bei Neugründungen junger Unternehmer nur mit einem Stab von Spezialisten gelingen, den sie sich nicht leisten können.

Mit der zunehmenden Dominanz der Politik und der bürokratischen Einmischung ins Wirtschaftsgeschehen geht noch ein anderer Niedergang des Unternehmertums einher, nämlich das Absinken des echten Markt-Unternehmers zum politischen Unternehmer und zum Filz- und Lobby-Manager. Dieser Trend hat die Industriestaaten schon lange im Griff. Sogar in den USA ist er schon seit rund 75 Jahren zugange. Die 1920er Jahre waren dort die letzte Dekade, in welcher große Unternehmen ohne Einmischung des Staates errichtet werden konnten. In den USA, die hier als Beispiel für die meisten Industrieländer dienen mögen, setzte das rasche Wachstum des Zentralstaates mit der Weltwirtschaftskrise ein. Der *Smoot-Hawley*-Zoll von 1930 war das restriktivste Einfuhrhindernis in der US-Geschichte. Die *Reconstruction Finance Corporation* finanzierte Staatsinvestitionen in Banken, Eisenbahnen und verschiedene Industriezweige. Der *Agricultural Adjustment Act* regulierte die Farm-Produktion, der *National Industrial Recovery Act* verlagerte das Kräftegleichgewicht hin zu einem Übergewicht der Gewerkschaftsbosse. Die für diese und andere Programme benötigten Steuersummen waren horrend. Betrug der Spitzensatz der Bundessteuer 1930 noch 24 %, so wurde er 1932 unter Präsident Hoover auf 63 % angehoben, unter Präsident Roosevelt sogar auf 79 % und später 90 %. Was die Einkommensteuer nicht hereinscheffeln konnte, holte sich der Fiskus über hohe Erbschaftssteuern (s. dazu Folsom, Jr. 1997)

Es entstand der Typus des "politischen Unternehmers", der nach Washington pilgern mußte, um spezielle Regierungs-Konzessionen zu erbetteln, und der immer größere Summen in den Aufbau politischer Machtverbindungen investieren mußte statt in den Dienst am Konsumenten. Lobbytätigkeit und Verbandsunwesen überziehen seither das Unternehmertum mit einem Netz des Schachers, der Anbiederei, der medialen Schaukämpfe und der leisen Korruption. Und es entsteht jenes gefährliche Machtgeflecht zwischen *big business* und *big government*, das wir an anderer Stelle behandelt haben.

Die unternehmerische Kultur eines Landes entsteht in einem langen, Generationen währenden Prozeß. Sie wächst "von unten" aus fleißigen Familien, manchmal auch aus den Familien von Gründungs-Unternehmern mit strengem Leistungs- und Verhaltenskodex. Pioniergeist und Erfolgswille können spontan in einer Person aufkeimen, aber dauerhafter Erfolg stellt sich nur bei eiserner Disziplin, beständiger Energie, unermüdlichem Problemlösungswillen, Verzicht auf Freizeit und Hobbys, bei Charakterfestigkeit, Vorbild-Verhalten und unerschütterlicher Standfestigkeit ein. Unternehmer müssen Hochleistungsathleten in der "Sportart" *Alltagsbewältigung und Überwindung von Schwierigkeiten* sein, um im unaufhörlichen Wettbewerb und im endlosen Wandel der Zeit bestehen zu können. Erfahrungen, Prinzipien und Strategien werden entweder im Familienverband oder an besonders fähige Mitarbeiter weitergegeben; ein langjähriger und oft sogar lebenslänglicher Vorgang. Der Werdegang einer Firma beginnt fast immer mit einem mutigen "Einzelkämpfer", entwickelt sich dann zum Kleinunternehmen, und danach, bei anhaltendem Erfolg, zum mittleren und manchmal zum großen Unternehmen. "Von oben" aufpfropfen oder durch staatlichen Akt "einführen" läßt sich Unternehmertum und eine unternehmerische Kultur nicht.

Ein marktwirtschaftliches Lehrstück hierfür waren die Vorgänge in der Ukraine nach deren Wiedererlangung der Souveränität durch den Zusammenbruch des Sowjetimperiums. Die Regierung führte eine halbherzige Landreform durch. Neben großen Genossenschaftsfarmen entstanden auch elf Millionen Gartenparzellen, die Ende 1992 per Präsidialdekret an zwei Drittel der Bevölkerung verteilt wurden. Obwohl die privaten Gartengrundstücke nur 14 % des bebaubaren Bodens des Landes umfaßten, wurde auf ihnen schon im Jahr 1996 nicht weniger als 95 % der nationalen Kartoffelernte, 82 % des Gemüses, 67 % der Eier, und über 50 % des Fleisches und der Milch erzeugt. (Unternehmertum "von unten"!) Die neuen Genossenschaften hingegen verzeichneten noch schlechtere Ergebnisse als die ohnehin miserablen Erträge der vormaligen Kolchosen und Sowchosen der Sowjetära. Der Hauptgrund: Man hatte die Leitung der Unternehmen an ehemalige Apparatschiks oder an Manager ehemaliger Staatsfirmen übertragen. (Unternehmertum "von oben"!) Auf diese Weise läßt sich eine unternehmerische Kultur nicht gebären. Sie muß vielmehr "von Klein auf" – also organisch heranwachsen. Aus dem Humus der vielen Kleinen wachsen alsdann diejenigen Persönlichkeiten heran, die zu mehr und zu besserem fähig und willens sind. Die Lernprozesse müssen "erlebt" werden und können nicht von oben befohlen oder aufgepfropft werden. Von oben müssen im Transformationsprozeß von der Plan- zur Marktwirtschaft die Rahmenbedingungen gesetzt werden, vor allem gesicherte Eigentumsrechte und das Rechtsgefüge für den Schutz und die Durchsetzung von Verträgen. Was nicht von oben kommen kann, sind Unternehmer. Wenn man politische Figuren über Nacht zu "Unternehmern" erklärt oder sie unter Rückgriff auf die "alten Seilschaften" installiert, dann entsteht nur eine wirtschaftlich ineffiziente Mafia-Ökonomie und ein neuer politisch verfilzter "militärisch-ökonomischer Komplex".

Dieselbe Erfahrung muß Rußland machen. Es fehlt nicht nur Realkapital, sondern auch – und ganz besonders – das für eine Marktwirtschaft unerläßliche unternehmerische Humankapital. Unter Stalin wurden ganze Bevölkerungsschichten vernichtet, vor allem Bauern, Kaufleute und Unternehmer (jedenfalls diejenigen, die nach den Gemetzeln der Revolution von 1917/18 noch übrig geblieben waren). Ab dann herrschten 45 Jahre lang nur Funktionäre und Politbonzen über ein Volk von Knechten und Befehlsempfängern. Woher soll da unternehmerisches Humankapital für eine funktionierende Marktwirtschaft kommen?! Was sich "Privatisierung" nennt, ist ein Verschiebebahnhof für ehemals politische Eliten und somit ein Trauerspiel nach dem Motto >*Von der Ausbeutung durch politische Verbrecher zur Ausbeutung durch private Verbrecher*<. Wie soll da die Friedensordnung des Marktes entstehen?!

Man kann eine Unternehmerkultur, das unternehmerische Humankapital, auch langsam ausrotten und in schleichender Form politisieren (sprich: deformieren und pervertieren). Dieser Prozeß läuft seit Jahrzehnten in Deutschland ab. Schon den Grundschülern bringt man bei, daß Unternehmer und "das große Geld" schlecht seien; an den Universitäten gilt der Sozialismus (außer in den Wirtschaftswissenschaften) nach wie vor als Ideal der intellektuellen Eliten; und die Unternehmer, die das Land noch nicht verlassen haben, mühen sich mehr und mehr im politischen Geschäft um Subventionen und Steuervorteile, um Genehmigungen und Amtsstempel, sowie als verlängerter Verwaltungsarm der Fiskal-

und Sozialbürokratie – also bei Aufgaben, die mit Unternehmertum eigentlich nichts zu tun haben. Was die Aufgabe und Pflicht des Unternehmers ist – und was nicht, hat am besten Professor Gerd Habermann vom *Unternehmerinstitut* (UNI) der ASU (*Arbeitsgemeinschaft Selbständiger Unternehmer*) formuliert:

"Das Ethos des Unternehmers", so Habermann, "… verlangt von ihm, alles zu tun, was das Unternehmen blühen und wachsen läßt. Damit bietet er nicht nur anderen nützliche Leistungen, sondern schafft auch Arbeitsplätze und Einkommen für seine Mitarbeiter. Es ist aber nicht seine primäre und schon gar nicht seine moralische Aufgabe, Arbeitsplätze zu schaffen. Entsprechende Appelle der Politiker sind absurd. Unwirtschaftliche Arbeitsplätze zu schaffen und zu pflegen, ist die traditionelle Domäne des Staates. Das Ethos des Unternehmers muß darin bestehen, vor allem ein 'guter' Unternehmer sein zu wollen – d. h. den unternehmerischen Erfolg als seine erste Pflicht aufzufassen." – Unternehmer sollten vom Staat keine Privilegien, Subventionen und Schutzzäune gegen den Wettbewerb fordern. "[Sie] sollten an den Staat eigentlich nur die Bitte des griechischen Philosophen Diogenes an den König Alexander richten …: Geh mir aus der Sonne!"

"Es ist nicht die Pflicht des Unternehmers, verlängerte Werkbank des Finanzamtes zu sein, Steuern zu berechnen und einzuziehen, und zwar umsonst. Es ist nicht die Pflicht des Unternehmers, verlängerte Werkbank der Sozialversicherung zu sein, Sozialversicherungsbeiträge zu berechnen und einzuziehen. Es ist nicht Pflicht der Unternehmer, den Weihnachtsmann zu spielen. Er mag dies aus freien Stücken tun, aber es ist nicht seine moralische Aufgabe, z. B. für die Alterssicherung seiner Mitarbeiter ... oder ihre Vermögensbildung oder ihre private Lebensplanung zu sorgen. Es ist nicht moralische Pflicht der Unternehmer, bestimmte Arbeitnehmergruppen durch Quoten usw. zu fördern. Ebenso wenig ist es seine Aufgabe, Bildungseinrichtungen zu bauen und zu unterhalten oder den Sport zu fördern. All dies mag er freiwillig tun. Es ist ferner nicht seine Aufgabe, seinen Betrieb zum politischen Debattierclub zu machen, auch nicht zum Thema >Ausländerfeindlichkeit<. Und schließlich ist es auch nicht seine unternehmerische Pflicht, eine Karriere in der Politik zu suchen, wenn er darüber seinen Betrieb vernachlässigen muß... Aufgabe des Unternehmers ist es, Nachfrage nach Produkten und Leistungen auf wirtschaftliche Weise zu befriedigen und dabei Arbeit und Kapital wettbewerbsfähig zu verzinsen. Damit dient er dem Gemeinwohl und damit bedient er sowohl Shareholder- als auch Stakeholderinteressen optimal. Denn wenn es den Unternehmern gut geht, nur dann kann es auch den Mitarbeitern, den Aktionären, dem Staat und der Gesellschaft gut gehen." (Habermann 2001)

Ob sich diese wichtigen Erkenntnisse wohl jemals im Volk und unter den Intellektuellen verbreiten werden – und ob auf diese Weise unser Land vor dem schleichenden Abstieg in die Liga der nationalen Armenhäuser bewahrt werden kann? Gewiß nicht, solange das Bildungswesen in Staatshand liegt – und somit die gesamte Jugend der beliebigen politischen

Indoktrination ausgesetzt bleibt. Wie sollte sich die Wahrheit verbreiten können, solange die Herrschenden bestimmen, was in die Köpfe hineinzuladen ist - und was nicht. Gottlob eröffnet die Globalisierung neue Chancen für Unternehmer an anderen Ecken unseres Planeten. Und viele unserer besten Leistungskräfte haben die Gelegenheit bereits ergriffen – und weitere werden sie ergreifen, auch wenn die europäischen Regierungen nichts unversucht lassen, die größeren Freiheitsräume für Unternehmer in anderen Ländern auf dem Wege der "Harmonisierung" zu verrammeln. Im Paradies der Sozialdemokraten, in Schweden, war man in der Vergangenheit schon einmal so weit gegangen, die Auswanderungs-Statistik zu schließen, um den Massenexodus der schwedischen Industrie nicht mehr offenkundig werden zu lassen. August Oetker, Chef des deutschen Oetker-Konzerns, hat – gewiß stellvertretend für viele seiner Unternehmerkollegen – deutlich signalisiert, was zur Not passieren wird, wenn es den Münteferings und Lafontaines unseres Landes gelingen sollte, ihren marxistischen Dogmenmüll in die politische Tat umzusetzen: "Ich werde nicht zulassen, daß Politiker uns den Garaus machen." So Oetker in der FAZ vom 1. Juni 2005. Womit wir bei einem weiteren kapitalistischen Phänomen wären: bei der *Globalisierung*.

3. Globalisierung

Zum Thema *Globalisierung* wird in den Medien seit Jahren ebensoviel Unsinn verbreitet wie über den Kapitalismus. Das kann insofern nicht verwundern, weil es sich bei der Globalisierung um ein kapitalistisches Phänomen handelt. In Kurz-form gebracht, bedeutet Globalisierung einfach *mehr Markt-wirtschaft in der Welt.* Und dieses *mehr* ist ebenso einfach durch die Tatsache zu erklären, daß sich die sozialistische Hälfte der Erde nach dem Zusammenbruch ihres Bankrott-systems der Marktwirtschaft öffnen mußte. Auch das nach wie vor von einer kommunistischen Einheitspartei regierte China hat sich – dank Deng Xiaoping – kurz vor dem Mas-sen-Hungertod seiner Bevölkerung dazu entschlossen, den Kräften des Marktes mehr oder weniger freie Bahn zu lassen. Hatten 1987 nur 20 bis 25 % der Weltbevölkerung in Markt-wirtschaften gelebt, so waren es zehn Jahre später (1997) min-destens 75 %. "Reine" Marktwirtschaften – oder "fast reine" – gibt es nur wenige (z. B. Hongkong und Singapur, und ihnen mangelt es noch an Rechtsstaatlichkeit); wenn also von Marktwirtschaft die Rede ist, dann sind damit die staatsver-schmutzten Mischformen gemeint, die im sozialdemokra-tischen Zeitalter fast überall üblich geworden sind.

Mit der weltweiten Öffnung der Märkte hat der internatio-nale Handel um ein Vielfaches zugenommen. Aber auch die wechselseitigen Direktinvestitionen zwischen den Ländern und Kontinenten zeigen rasante Wachstumsraten. Bis Mitte der 80er Jahre entwickelten sich internationaler Warenhandel und Direktinvestitionen annähernd im Gleichschritt, weil es sich bei diesen Investitionen überwiegend um exportbeglei-tende Auslandsaktivitäten gehandelt hat. Der Warenexport wurde mit der Errichtung von Service-, Reparatur- und Ver-triebsnetzen in den ausländischen Absatzmärkten erleichtert und gefördert. Heute sind die Direktinvestitionen ein eigenständiger Faktor der internationalen Arbeitsteilung geworden und haben sich zum eigentlichen Motor der Globalisierung entwickelt. Die Produzenten haben nun die Möglichkeit, die weltweit kostengünstigsten und absatzstrategisch besten Standorte auszuwählen und dort ihr unternehmerisches Know-how zu entfalten. Durch die weltweite Streuung der Produktions- und Vertriebsstandorte und durch die Ausnutzung von Kostengefällen eröffnen sich Chancen für eine globale Mischkalkulation, mit der sich die Konkurrenzsituation im internationalen Wettbewerb verbessern läßt. Damit lassen sich auch weniger rentable inländische Produktionsstätten "durchhalten". Daneben können die betreffenden Unternehmen Wechselkursrisiken vermeiden, Importrestriktionen umgehen und Transportkosten optimieren (s. dazu Beyfuß 1997)

Die aktuellen Globalisierungsbewegungen verkörpern im Grunde genommen eine starke Ausweitung des Welthandels. Globalisierung ist deshalb auch nichts Neues in der Geschichte. So ist beispielsweise der Welthandel im 19. Jahrhundert (zwischen 1800 und 1913) um das 25-fache gestiegen, während sich die Weltproduktion im selben Zeitraum nur verdoppelt hat. Gleichwohl hatte die damalige Globalisierung eine ganz andere Qualität als die heutigen Markt- und Handelsausweitungen. Was wir derzeit erleben, ist eine Knallerbse im Vergleich zu dem Freihandels-Feuerwerk des 19. Jahrhunderts. Der argentinische Ökonom A.B. Lynch hat deshalb zurecht davor gewarnt, den Markt- und Freihandelsfeinden auf den Leim zu gehen, die von der Globalisierung als dem apokalyptischen Schreckgespenst einer "totalen weltweiten Marktwirtschaft" faseln. In Anbetracht der heutigen politischen Gegebenheiten, so Lynch, ist das, was der Möchtegern-Kapitalismusexperte George Soros die "Globale Marktwirtschaft" nennt, nichts als ein Mythos. Während der Staat vor dem Ersten Weltkrieg in den zivilisierten Ländern lediglich 3 bis 8 Prozent am nationalen Einkommen partizipierte, sehen wir uns heute mit Staatsquoten zwischen 40 und 50 Prozent konfrontiert. Wir leben also nicht in Marktwirtschaften, sondern in Staatsbetrieben mit marktwirtschaftlichen Nebenzimmern. Und verglichen mit der Marktfreiheit des 19. Jahrhunderts sind die "Reformen", die uns die modernen Regierungen und Parteien anbieten, nichts weiter als Anekdoten. Des weiteren halten wir die aktuellen Migrationsbewegungen für nationale Bedrohungen, während es vor 1914 noch nicht einmal Pässe gab und sich jedermann zwischen den meisten Ländern der Erde frei bewegen konnte. (Allerdings konnte man damals noch nicht in Sozialstaaten und Sozialsysteme einwandern, weil es sie noch nicht – oder nur in Ansätzen – gab). Außerdem zeigen die regionalen Zusammenschlüsse wie die EU, die Efta, Nafta usw., daß wir noch weit von einem echten globalen Freihandel entfernt sind. (s. Lynch 2000)

Letztlich kann sogar der Ausdruck "mehr Marktwirtschaft in der Welt" irreführen, wenn man das Wörtchen *mehr* nicht als quantitatives sondern als qualitatives Merkmal versteht. Zumindest was die Wirtschaftsverfassung der westlichen Industrienationen anbelangt, kann man keineswegs von "mehr Marktwirtschaft" im Sinne einer *Intensivierung* des Marktgeschehens reden, weil der Anteil des freien Marktes – im Vergleich zum staatlich regulierten Teil – kaum größer geworden und vielerorts sogar geschrumpft ist.

Solche Fakten scheren die Globalisierungsgegner natürlich nicht. Weltweit sehen alle antikapitalistischen, sozialistischen, neomarxistischen und links- wie rechtsextremistischen Gruppierungen ihre Stunde gekommen, um ihre ideologische Schlagkraft unter dem harmloser klingenden und von weiten Bevölkerungskreisen befürworteten Label *Antiglobalisierung* zu bündeln. Das Schlagwort *Globalisierung* ist das Trojanische Pferd der Markt- und Freiheitsfeinde, das sie als "Geschenk" in die Stadtmauern der modernen Welt schieben – und dafür auch noch als "Kämpfer gegen die Armut, gegen Arbeitslosigkeit und gegen die Ausbeutung der Entwicklungsländer" gefeiert werden. Die Gefahr ist keinesfalls von der Hand zu weisen, daß es diesem makabren Bündnis gelingen kann, das Troja der freien Welt zum Einsturz zu bringen. Auch für die PDS hat sich im antiglobalistischen Gewand eine neue Unterwanderungs- und Zerstörungstaktik eröffnet. Im Schulterschluß mit einer wiederbelebten *Außerparlamentarischen Opposition*, einer Großbewegung aus Linksextremisten, Friedensbewegten, Ökofaschisten und Polit-Sektierern aller Art, an deren Spitze die mächtige Attac steht, erhofft sich der SED-Mutant eine Blutauffrischung durch den Lebenssaft der jugendlichen Hitzköpfe der Welt. (Attac ist die größte Antiglobalisierungs-Organisation mit weltweit ca. 50.000 Mitgliedern)

Die Vordenker des weltweiten Antiglobalismus sind überaus erfolgreich bei ihrer Wühlarbeit. So wurde beispielsweise die antikapitalistische und neomarxistische Publikation >Empire< der Autoren Hardt und Negri zum Bestseller, hochgepriesen in allen Medien und zur Übersetzung in zehn Sprachen vorgesehen. Welcher Geist dahintersteckt, ist schon aus der Tatsache ersichtlich, daß Antonio Negri der prominenteste Ideologe der *Autonomia Operaia* war, einer jener Terroristengruppen, die Italien in den 70er Jahren mit Blut gefärbt haben (weshalb er auch im Gefängnis saß). Noch immer übt sich Negri in der Verharmlosung des Terrors. So hat er in der französischen Zeitung *Le Monde* öffentlich seine Meinung verkündet, die USA hätten die Anschläge vom September 2001 "irgendwie verdient".

Jedenfalls ist unter dem Etikett *Globalisierungsgegner* eine den ganzen Erdball umspannende Weltanschauungs-Armee entstanden, die angetreten ist, den gesamten Globus zu regulieren und in bürokratische Fesseln zu legen. Und dieser Armee stellt sich fast niemand mehr entgegen. Auch die politischen Eliten nicht. Der australische (deutschstämmige) Nationalökonom Wolfgang Kasper hat das dafür ausschlaggebende Motiv klar erkannt. Seine Diagnose lautet: "Lobbyhörige Parlamentarier, Privilegienjäger und politische Ein-Thema-Aktivisten in aller Welt mußten [die Erfahrung] machen: Mit der Globalisierung verlieren sie viel von ihrem Einfluß. Von dort nährt sich ein Teil der weltweiten Antiglobalisierungskampagne und ... die neue Skepsis der Machthabenden gegenüber der offenen Wirtschaft." (Kasper 2001).

Wir sollten uns hier an den grundlegenden Freiheitssatz >*Markt oder Befehl*< erinnern. Regierungen, Parteien, Politiker und die machthungrigen Gesinnungs-Absolutisten unter den Intellektuellen überall auf der Welt wissen und spüren, daß sie mit jeder einzelnen Angelegenheit, die sie dem Markt überlassen, an Verfügungsanspruch und Weisungsmacht über die Menschen verlieren. Deshalb ist ihnen *mehr Marktwirtschaft in der Welt* (sprich: Globalisierung) ein Greuel.

Unermüdlich wiederholen die Globalisierungsgegner ihre falschen Parolen. Am häufigsten ist zu hören: "Die Globalisierung macht die Armen immer ärmer und die Reichen immer reicher", wobei mit "Armen" die Entwicklungsländer gemeint sind – und mit "Reichen" die Industrieländer. Die Wirklichkeit belegt das Gegenteil. In akribischen Studien haben Weltbank und Seco (Staatssekretariat für Wirtschaft) die ökonomischen Veränderungen in den Entwicklungsländern während der letzten 20 Jahre untersucht, insbesondere das "Globalisierungs-Jahrzehnt" der 90er Jahre. Als Indikator für den Grad der Integration in die Weltwirtschaft (= Globalisierung) diente der Anteil des Außenhandels am Bruttoinlandsprodukt der Entwicklungsländer. Wo sich dieser Anteil am stärksten vergrößert hat (wo also Globalisierung betrieben oder zugelassen wurde) – wie bei den Ländern Argentinien, Brasilien, China und Indien, lag das Wirtschaftswachstum drei- bis viermal so hoch wie bei den Globalisierungs-Abstinenten. Außerdem konnten die Globalisierer die Einkommenslücke (Pro-Kopf-Einkommen) gegenüber den Industrieländern deutlich verringern, während die weniger integrierten

Staaten weiter zurückfielen. Globalisierung hat also die Ungleichheit zwischen arm und reich verringert, und weniger oder ganz unterlassene Globalisierung hat sie vergrößert. Konträr zu dem, was die Antiglobalisten uns weismachen wollen, trifft ihr Slogan "die Armen immer ärmer" nur für diejenigen Armen zu, die sich der Globalisierung verweigern. Deshalb hat Professor Erich Weede für die Rezension einer wichtigen Publikation über Globalisierung (Collier/Dollar 2002) die passende Überschrift gewählt: >Globalisierung ist ein Programm gegen Massenarmut< (Weede 2002)

Trefflich sind auch die Worte des Ökonomen Mauricio Rojas in einem *"Aufruf für eine offene Welt"*, veröffentlicht 2001 in der größten Tageszeitung Schwedens (*Dagens*): Gegen die Lügenkampagnen der Globalisierungsgegner schrieb Rojas: "Selten hat man einen so kapitalen Betrug erlebt! Wären es wirklich die Interessen der Armen, welche diese ihre selbst ernannten Vertreter im Sinne hätten, dann müßten sie für eine noch freiere Mobilität für Menschen, Ideen, Ressourcen plädieren – mit anderen Worten: für mehr Globalisierung. Das nämlich ist es, was die Armen brauchen: Teilzunehmen an der Weltwirtschaft, nicht davon ausgeschlossen zu werden. Die Entwicklung in den letzten Jahrzehnten zeigt, daß unsere neue Weltwirtschaft ein enormes Potential besitzt, daß es Alternativen zu Armut und Unterentwicklung gibt, daß es gilt, immer mehr Länder und Gebiete in dynamische Teile dieser expansiven Wirtschaft zu verwandeln. Das ist die große Herausforderung, der wir all unsere Energie und Kreativität widmen müssen, wenn wir uns wirklich um diejenigen

Gedanken machen, die bisher nicht Anteil am Wohlstand haben, den viele von uns heute als selbstverständlich ansehen." (Rojas 2001)

Die Globalisierungsfeindschaft ist nichts anderes als alter (antikapitalistischer) Wein in neuen Schläuchen. Und wiederum trifft ein nicht geringer Teil der Schuld die Intellektuellen. An der gängigen Behauptung "der Westen" oder die Industrieländer seien schuld an der Armut und Unterentwicklung der sogenannten *Dritten Welt*, ist nämlich viel Wahres, aber inhaltlich genau das Gegenteil der behaupteten "Ausbeutung". Die Intellektuellen der Entwicklungsländer und (noch mehr) des Westens haben nämlich die aufkeimende Marktwirtschaft in der unterentwickelten Welt verhindert, indem sie stets vehement für den Sozialismus eintraten. Und jetzt, nachdem dieser Sozialismus überall gescheitert ist und sich die Marktkräfte regen, inszeniert die Ideologenkaste dasselbe makabre Zerstörungswerk mit dem rhetorischen Werkzeug der Globalisierungsgegnerschaft. Die Hauptschuldigen jedoch an der Armut in der Dritten Welt sind die korrupten und unfähigen – zum Teil sogar verbrecherischen Regierungen in den Entwicklungsländern, und zu einem nicht geringen Teil auch die Regierungen der Industrieländer, die jene Regime mit immensen Geldsummen stützen und ihre eigene Landwirtschaft vor der Weltmarkt-Konkurrenz aus wahltaktischen Gründen abschirmen. Um so schlimmer, daß die Intellektuellen der Welt die ideologische Munition für diese politischen Machenschaften liefern. Wer den Armen der Erde wirklich helfen will, der sollte sich als erstes für das Ende des Tausend-Milliarden-Wahnsinns in Form der *Europäischen Agrarmarktord-*

nung einsetzen, die weder etwas mit *Markt* noch mit *Ordnung* zu tun hat – dafür aber viel mit der "Ernährung" einer gigantischen Bürokratie.

Die Armuts-Parolen der Antiglobalisierer werden noch mit anderen Legenden aufgeladen. Die Kunde geht von der Globalisierung als "Jobkiller" in den Industrieländern. Das Körnchen Wahrheit, das darin steckt, wird zu einer dicken Lüge aufgeblasen. Natürlich entsteht mehr Druck auf die überfetteten Wohlfahrtsstaaten, seit die ehemals abgeschotteten sozialistischen Staaten das marktwirtschaftliche Laufen gelernt haben. So ist das nun mal: Wenn ein Läufer zu fett geworden ist, wird er langsamer und von den nachwachsenden jungen Sprintern überholt. Als Hochlohnland – genauer: als Land mit aberwitzigen Lohnnebenkosten – werden wir bei den einfacheren Produktionsvorgängen Arbeitsplätze verlieren. Aber auch das hat nicht nur negative Seiten. Schließlich profitieren wir von den billigen Import-Hemden, wenn die Näherin in Hongkong für zwei Euro Stundenlohn arbeitet. Doch bei unseren hochwertigen Produkten und Leistungen sind wir (gemeinsam mit den nachrückenden Marktathleten) auf der Gewinnerseite. Deutschland ist vor allem deshalb seit Jahren Export-Weltmeister (höchster Exportüberschuß in absoluten Zahlen weltweit), *weil* die Globalisierung – also die "Vermarktwirtschaftlichung" der Welt – dazu geführt hat, daß nun eine wesentlich größere Menschenzahl unsere hochtechnologischen Produkte braucht und kaufen kann. Wenn wir per saldo zu den Verlierern zählen sollten, so hätte und hat das politische Gründe. Es bleibt nämlich – aus vielen Gründen, aber auch aus Gründen des globalen Strukturwandels – völlig unverständlich, daß ausgerechnet Sektoren, in denen man wenig bis nichts importieren kann, in denen uns also kaum Billigkonkurrenz aus dem Ausland droht, eine Privatisierung unterbleibt. Und das sind vor allem die Sektoren Bildung und Gesundheit. Hier könnte man riesige Beschäftigungspotentiale freisetzen.

Wir brauchen uns nur die "erste Globalisierung" anzuschauen, also die des 19. Jahrhunderts. Damals erfolgte der Übergang von der Agrar- zur Industriegesellschaft. Die gewaltigen Menschenmassen, die aus der Landwirtschaft abwanderten, wurden von der rasch sich ausbreitenden Industrie aufgesogen (wobei der Lebensstandard aller Beteiligten stieg). Heute erleben wir den Übergang von der Industrie- zur Dienstleistungsgesellschaft (wobei die Nachzügler Rußland, China und Indien den Weg zur Industriegesellschaft noch nachholen müssen). In den hochindustrialisierten Ländern können also diejenigen Menschen, die durch die asiatischen Konkurrenten aus dem Industriesektor hinausgedrängt werden, nur dann neue Beschäftigungen finden, wenn die Dienstleistungssektoren aufblühen und einen großen Nachfragesog entwickeln. Doch genau dieser Tertiärbereich ist überall in den westlichen Ländern in Staatshand – und siecht dort vor sich hin. Kranke, unwirtschaftliche, verkrustete, überteuerte und hochsubventionierte Verlust-Sektoren statt dynamische, hochproduktive Zukunftswelten eines privaten Bildungs- und Gesundheitswesens. Falls in Deutschland und Europa irgendwann ein negativer Beschäftigungssaldo aus der Globalisierung zu ziehen sein sollte, dann aus diesem, den destruktiven Machtmechanismen der Politik entstammenden Grund. Aber selbstverständlich werden sich die politischen Akteure und ihre intellektuellen Souffleure eher die Zunge abbeißen, als das zuzugeben. Das Eindreschen auf die Globalisierung ist weitaus bequemer und garantiert die stets willkommene Entlastungsfunktion des Sündenbocks.

Die Gegner der Globalisierung rekrutieren sich jedoch nicht nur aus der "alten Linken", also aus Gewerkschaften, Marxisten, Anti-Imperialisten und Nostalgikern der kommunistisch-sozialistischen Massenmordsysteme, sondern auch aus Konservativen und Vertretern der "neuen Rechten", die sich gegen kulturellen Einheitsbrei wenden und die eigene nationale Wirtschaft (vorzugsweise das Kleingewerbe) gegen das "internationale Großkapital" verteidigen wollen. Die marktfeindliche Argumentation ist hierbei nahezu deckungsgleich; es werden lediglich die Begriffe ausgetauscht oder anders besetzt. Der belgische Ökonom, Professor Boudewijn Bouckaert, ist einmal in tiefschürfender Weise der Frage nachgegangen, ob die Globalisierung tatsächlich zu einer Einheitskultur führt – und damit zur Zerstörung nationaler Kulturen oder von Kultur ganz generell (s. Bouckaert 2001). Für Bouckaert ist diese Frage schon deshalb nicht eindeutig zu beantworten, weil das, was man legitimerweise *Kultur* nennen kann, längst im Inneren der westlichen Nationen im Schwinden begriffen ist. Auch auf dem Gebiet der Kultur, so Bouckaert, hat der Sozial- und Wohlfahrtsstaat ein viel größeres Zerstörungswerk vollbracht, als es die Globalisierung jemals bewirken könnte. Das, was man als "materielle Kultur" bezeichnen kann, also jene Institutionen, die sich im Gefolge der weltweiten ökonomischen Kooperation entwickelt haben, werden zweifellos (in Richtung ökonomische Effizienz) uniformer werden. "Uniformer" jedoch nur, was ihre Systemstruktur angeht, keinesfalls was die Vielfalt ihrer Gestaltungsformen betrifft. Bezüglich letzteren gilt eher das Gegenteil. Ein anschauliches Beispiel bietet das Telefon, das als Teil der "materiellen Kultur" weitreichende Wirkungen auf die kulturellen Kommunikationsformen eines jeden Landes hat. Jedermann weiß inzwischen, welche unglaubliche Vielfalt sich ergeben hat, nachdem das Telekommunikationswesen aus der Hand des Staates auf die globalen Märkte übergegangen war.

Bei den religiösen und metaphysischen Werthaltungen kann die Frage nach der Tendenz zur globalen Einheitskultur eindeutig mit *Nein* beantwortet werden. Das, was hier durch andere Ursachen (andere als die Globalisierung) noch nicht zerstört ist – oder noch zerstört wird, kann nach Ansicht Bouckaerts durch die Globalisierung nur gewinnen. Denn der Ansturm des Fremden hat schon immer und überall eine verstärkte Rückbesinnung auf die eigenen Wurzeln bewirkt, auch jenseits aller Feindseligkeit einfach nur durch den Wettbewerb, der die Menschen nach einer Position der eigenen ideologischen Sicherheit innerhalb der verwirrenden Vielfalt streben läßt. Sicher ist, so Bouckaert abschließend, daß der Kapitalismus nicht nur eine Wirtschafts- und Gesellschaftsordnung ist, sondern auch eine spezifische Form der Kultur darstellt – und sei es nur als eine spezifische Art des Nährbodens für Kultur. Diese Kultur ist näher bei dem, was man

Zivilisation nennt, als bei dem, was man als *nationale Eigen-arten* bezeichnet. Fest steht, "daß einjeder, der diese kapitali-stische Kulturform nicht mitträgt, sondern bekämpft, die Kräfte stärkt, welche die Welt und die Menschheit zerstören können und – wenn man ihnen hilft – auch zerstören werden."

Nach meiner Meinung ist es ein Trugschluß, zu glauben, die wirtschaftliche und finanzielle Globalisierung habe eine Uniformierung der Kultur und der gesellschaftlichen Institu-tionen (wie Ehe und Familie) zur Folge. Das entspräche mar-xistischem Denken (nach dem die Produktionsverhältnisse auch das Bewußtsein bestimmen). In Wirklichkeit sind alle Lebensbereiche miteinander vernetzt, beeinflussen sich auch wechselseitig, aber *die Wirtschaft* ist kein Muster, dem alle anderen Bereiche folgen. Die *Kleine Welt* der vertrauten Nähe und der persönlichen Gefühle entwickelt sich nach wie vor anders als die *Große Welt* der anonymen arbeitsteiligen Welt-wirtschaft.

Außerdem sind einige Elemente in den nationalen Kultur-phänomenen jeweils nationalistisch, militaristisch, etatistisch und korporativistisch mitgeprägt. Wenn davon im Zuge der Globalisierung etwas verloren geht – zugunsten der offenen Gesellschaft –, so kann man das wohl kaum als "kulturschäd-lich" bezeichnen. Auch ist vieles, was mit der rasanten Entwicklung der elektronischen Medien an internationaler Vielfalt über uns hereinstürzt, nicht nur "Schund", "Kultur-schande" und "amerikanische Unkultur", wie unsere ein-gebildeten Kultureliten abfällig urteilen. Das "normale Volk" hat auch in den früheren "guten alten Zeiten" nicht Goethe gelesen, nicht Schubert gehört und nicht Hölderlin zitiert. Heute aber wird – neben viel primitivem Zeug – über Fernsehen und Internet auch eine große Wissensmenge verbreitet, die durchaus von kulturellem Belang ist. Ganz zu schweigen von der Tatsache, daß jedermann, der sich geistigen Belangen, hochwertiger Literatur, genialischer Kunst und Musik zuwenden möchte, auf eine nie dagewesene Angebotsfülle zugreifen kann.

Es ist oft nur Arroganz und zynische Herablassung, wenn Intellektuelle als Symbol für den Kulturzerfall auf die Fastfood-Kette Mc Donalds verweisen. Natürlich wäre es ein Rückschritt für die Kultur- und Bildungseliten, wenn sie von ihrem In-Restaurant und seinen Langusten und Emu-Steaks zu Mc Donalds und den Big Mac umsteigen müßten. Aber das müssen sie ja nicht. Für die Niedrig- und Durchschnittsverdiener hingegen und für Familien mit Kindern ist es ein Fortschritt (und kein Rückschritt), sich hin und wieder eine Abwechslung von der heimischen Kochroutine zu einem erschwinglichen Preis leisten zu können. Für die einen, die "Kultur-Speiser" ist mit der Existenz von Mc Donalds nichts, aber auch gar nichts verloren gegangen – und für die anderen, die es sich sonst verkneifen müßten, außer Haus zu essen, ist viel gewonnen. Ein Gutteil der Furcht vor der Globalisierung der Kultur entspringt in Wirklichkeit der Verachtung der sogenannten Gebildeten für die "Massenverbürgerlichung" der Kultur – und dem Hass auf die Kraft, die das möglich gemacht hat: auf den Kapitalismus.

Nicht wenige Zeitgenossen, darunter auch Ökonomen und Finanzmanager, halten die Aktien- und Immobilienblasen, die Finanz- und Währungskrisen der letzten zwei Jahrzehnte für Folgen der Globalisierung (Liberalisierung der Finanzmärkte) und rufen nach staatlichen Kontrollen und Beschränkungen der internationalen Kapitalbewegungen. Damit würde man aber die Symptome bekämpfen – und nicht die Ursachen. Die wahren Ursachen der Finanz- und Währungs-Desaster (von der Mexiko-Krise über die Rußland- und Asien-Krisen bis zum Argentinien-Kollaps) sind: Falsche Wechselkurspolitik, schwache Finanzsysteme in bestimmten Ländern, faule und politikverfilzte Unternehmensstrukturen, Vetternwirtschaft, staatliche Liquiditäts- und Zinssenkungsschübe nach japanischem Muster, *moral hazard* (falsche Anreize) durch Rettungsaktionen der Regierungen und internationalen Finanzinstitutionen (z. B. Staatsgarantien oder IWF-Kredite gegen Bankenzusammenbrüche), unterentwickelte Bankensystem usw. Kapitalverkehrskontrollen würden die Misere verschlimmern und sogar den internationalen Handel in ernste Gefahr bringen. Der Altmeister der deutschen Nationalökonomie in Geld- und Währungsfragen, Hans Willgerodt, hat es anläßlich der Rußlandkrise Ende der 90er Jahre auf den kürzestmöglichen Nenner gebracht: "Es sind nicht die Liberalisierung der Finanzmärkte und die Aufhebung der Kapitalverkehrskontrollen, die für heutige Währungskrisen verantwortlich zu machen sind, sondern das ordnungspolitische Umfeld, in dem sich diese Liberalisierung vollzieht. Marktfreiheit legt ordnungspolitisches Fehlverhalten erbarmungslos offen, wie das Beispiel des jetzigen Rußland zeigt." (Willgerodt 1999).

Als verhängnisvoll haben sich auch fixe Wechselkurse und "Dollar-pegs" (Anbindung von Währungen an den US-Dollar) erwiesen. Der britische Ökonom Bernard Connolly hat die Geschichte der Wechselkurse und der von ihnen ausgehenden historischen Desaster gründlich untersucht. Sein Urteil (sinngemäß): Die Kapitalrenditen verschieben sich zwischen den verschiedenen Ländern unablässig. Wenn sich das Kapital frei bewegt, können die Zinssätze nur dann auf unterschiedlichem Niveau verharren, wenn die am internationalen Finanzgeschehen beteiligten Akteure wissen, daß jederzeit Wechselkursänderungen möglich sind. Wenn jedermann darauf vertrauen kann, daß die Wechselkurse fix bleiben, werden Währungskatastrophen wie die Asienkrise möglich und wahrscheinlich. Connolly warnt eindringlich: "Der globale Kapitalismus wird wohl nicht in der Lage sein, noch viele solche Desaster zu überleben. Nur Wechselkursanpassungen können es der Welt ermöglichen, zwischen der Skylla von Kapitalkontrollen, … Keynesianischer Fiskalpolitik und bürokratischem Kollektivismus auf der einen Seite – und der Charybdis wiederkehrender Finanzkrisen und Wohlstandszerstörungen auf der anderen Seite hindurchzusteuern." (Connolly 1998).

Ganz ähnlich verheerende Wirkungen wie fixe Wechselkurse, das sollte man hier anmerken, hat eine Währungsunion zwischen Ländern mit unterschiedlichen Produktivitätsniveaus und differierenden Inflationsziffern. Wir werden die Sprengkraft der politischen Mißgeburt namens *Euro* noch erleben.

Ganz generell ist zu betonen, daß alle noch so klugen Ratschläge von Ökonomen nichts nützen werden. Die Politik versteht sie entweder nicht oder, was noch viel entscheidender ist, will nichts von ihnen wissen, weil die Mechanismen der Macht den ökonomischen Gesetzen entgegenstehen. Finanz- und Währungsblasen sowie ihre nachfolgenden Zusammenbrüche und Giga-Krisen sind nicht Folge der marktwirtschaftlichen Globalisierung, sondern der Globalisierung des staatlichen Papiergeldes und des politisch gewollten *leichten Geldes* der Zentralbanken. Und weil kein Staat und kein Politiker auf dem weiten Erdenrund mit dem Instrument des staatsmonopolistischen und beliebig vermehrbaren Geldes auf Dauer sorgsam umgehen wird, gibt es für das Überleben der internationalen Arbeitsteilung (sprich: Globalisierung, Kapitalismus, Wohlstand und Frieden) nur *eine einzige* verläßliche monetäre Grundlage – und das ist echtes Geld, also Gold als Geld.

Man bedenke in diesem Zusammenhang, daß die gewaltige Expansion der Weltwirtschaft im 19. Jahrhundert mit der unerschütterlichen Stabilität des monetären Sektors einherging. Die bereits erwähnte Steigerung des Welthandels um das 25-fache konnte sich nur deshalb ohne größere Erschütterungen auf den Finanzmärkten vollziehen, weil sie auf dem Boden eines funktionierenden Weltwährungssystems erfolgte – und dieses funktionsfähige Weltwährungssystem war der Goldstandard und die Goldwährung (vgl. Fischer 1998).

Erwähnenswert ist in diesem Zusammenhang auch, daß die von den Staaten und ihren Zentralbanken erzeugten Liquiditätsfluten schon längst in galoppierende Inflation gemündet wären, wenn die Globalisierung nicht als Gegenkraft wirken würde. Globalisierung, also mehr Marktwirtschaft in der Welt, bedeutet auch mehr Wettbewerber und intensiveren Wettbewerb, mehr Angebote, mehr Preistransparenz und mehr Mobilität. Alles das hat Preisdruck zur Folge, jedenfalls auf den Gütermärkten. Wahrscheinlich fließen die Papier- und Kreditgeldmassen auch deshalb (noch!) an den Güter- märkten vorbei in die Märkte für Vermögensanlagen, also in Aktien, Immobilien und Bonds, und erzeugen dort eine Blase nach der anderen.

Genau besehen, deutet die Dynamik der Globalisierung darauf hin, daß wir erst am Anfang eines neuen kapitalisti- schen Zeitalters stehen, weil die Marktwirtschaft in großen Teilen der Erde jetzt erst – und vielerorts noch gar nicht rich- tig eingeführt wurde. Mit der Ausbreitung des Kapitalismus werden alte, verkrustete Systeme erschüttert und politische Monopole aufgebrochen. Die bürokratischen Strukturen wer- den plötzlich als das sichtbar, was sie eigentlich schon immer waren: als schwere Last und als Hindernis für die kreativen Kräfte der Erneuerung und der Anpassung. Robert Nef trifft den Kern, wenn er diagnostiziert: "Globalisierung ist.. ein Promoter der Aufklärung im Sinne der schrittweise erfolgten Entlarvung von Macht und Lüge. Ihre heutigen Gegner sind die Maschinenstürmer von gestern. Der totalitäre Sozialismus ist nicht an einem Angriff durch eine organisierte Gegen- partei gescheitert, sondern weil es nicht mehr möglich war, einen globalen Informationsaustausch zu verhindern. Derselbe Prozeß wird sich in Zukunft auch bei anderen ideologischen und religiösen Modellen und Systemen abspielen, welche sich in einem abgegrenzten Territorium gegen den Pluralismus stemmen ... Offene Kommunikation ist eine Folge offener Güter-, Dienstleistungs- und Finanzmärkte, und die Globalisierung ist auch ein Mittel gegen die Aufrechterhaltung von ideologischen und religiösen Monopolen." (Nef 2003a)

Nefs Worte waren schwergewichtig gegen den fundamentalistischen Islamismus gerichtet, gelten aber auch für die quasireligiösen und kaum weniger fundamentalistischen Glaubensbekenntnisse des Wohlfahrts- und Sozialstaates.

Genau aus dieser historisch einzigartigen Chance für Wahrheit, Frieden, Freiheit, Fortschritt und Wohlstand erwächst aber zugleich auch die Gefahr, die das alles ins Gegenteil verkehren kann. Daß die Kapitalismus-Schelte Münteferings gerade jetzt stattfindet, und daß sich das Linksbündnis um Lafontaine und die PDS ebenfalls zum jetzigen Zeitpunkt bildet, ist kein Zufall. Auch nicht der Harmonisierungswahn der Brüsseler Rätediktatur. Die Globalisierung, die auch den Anspruch auf das Ideologie- und Macht-Monopol der Politik erschüttert und bedroht, ruft die gesamte politische Kaste und alle Funktionäre der Republik zum Abwehrkampf auf den Plan. Mit europäischen – ja sogar weltweit angestrebten "Harmonisierungs"-Regeln (also mit Gleichschaltung) bei Steuer- und Sozialsystemen, bei Arbeits-, Sozial- und Umweltstandards, wollen sie den Wettbewerb ausschalten oder wenigstens lähmen. Und überall, auch in den USA, regen sich Stimmen für einen neuen Protektionismus immer lauter und aggressiver.

Schon vor drei Jahren haben der Deutsche Gewerkschaftsbund (DGB), Venro (der Dachverband Entwicklungspolitik deutscher Nichtregierungsorganisationen), und die aggressiven Globalisierungsgegner der Bewegung *Attac* ein gemeinsames Positionspapier niedergelegt. Das dort genannte gemeinsame Ziel, die Gestaltung einer "sozial gerechten Welt", ist der Camouflage-Begriff für den Kampf gegen die Globalisierung. Erich Weede trifft ins Mark des Geschehens, wenn er schreibt: "Die Begrenzung der Staatstätigkeit zugunsten des Marktes [bedeutet] immer auch, daß die Rolle der Gewalt und ihrer Androhung, ohne die Steuern und Zwangsabgaben nicht durchsetzbar sind, im sozialen Leben abnimmt, daß Freiheit und Selbstbestimmung zunehmen. Globalisierung kann dazu *beitragen*, die Menschen vor ihrer gefährlichsten Erfindung zu schützen: vor dem Gewaltmonopol, vor dem Staat." Aber schon Weedes nächster Satz lautet: "Ob die Regierungen damit wirklich >zum Schutz vor den Sirenenklängen ihrer ausbeuterischen Instinkte an den Schiffsmast gebunden sind< (Lal), das wage ich allerdings zu bezweifeln." (Weede 2000, S. 401).

Die Welt hat schon einmal erlebt, was es bedeuten kann, die Globalisierung abzuwürgen. Es hat danach 80 Jahre gedauert, bis das damalige Welthandelsniveau (vor 1914, in Relation zu den Sozialprodukten) wieder erreicht war – und dazwischen lagen die größten und grausigsten Kriege der

Menschheitsgeschichte. Dazwischen lagen auch mehrere Revolutionen, eine schwere Weltwirtschaftskrise mit lang anhaltender Desintegrationswirkung, eine Teilung der Welt und wild wuchernder Nationalismus, Massentod, Versklavung der Völker und ein langer Kalter Krieg. Mitauslöser war die nach dem Ende des Ersten Weltkriegs von den USA ausgehende protektionistische Dynamik, die in einen weltweiten ökonomischen (und damit auch politischen) Nationalismus und Separatismus führte. Harold James hat dazu ein Buch >*The End of Globalization*< geschrieben, und Detmar Doering hat seiner zugehörigen Rezension den Titel gegeben: "Lehren aus dem schrecklichen Ende einer Globalisierungsphase." (James 2001/Doering 2001).

Ein erneutes Ende der Globalisierung wäre in der Tat schrecklich. Im 20. Jahrhundert sind bereits viele hundert Millionen Menschen auf dem Globus überall dort verhungert, wo die Regierenden ein anderes System als die Marktwirtschaft betrieben haben. Bevor das 21. Jahrhundert zu Ende geht, werden aber wohl zehn Milliarden Menschen die Erde bevölkern. Vor dem sicheren Hungertod können diese gigantischen Massen nur von einer einzigen Ordnung bewahrt werden – und nicht nur das, sondern sogar in den Wohlstand geführt werden: von der Marktwirtschaft (oder dem Kapitalismus), und zwar von der weltweiten Marktwirtschaft, für die man das Wort *Globalisierung* gefunden hat. Jeder andere Weg muß in apokalyptische Katastrophen führen. Um so schlimmer, daß die neue, aktuelle Globalisierung ihren Todeskeim bereits in sich trägt, und zwar in Form des papierenen

Falschgeldes – allen voran des Falschgeldes US-Dollar. Sein Zerfall kann die zwar schmerzhafte, aber insgesamt segensreiche Entfaltung der Globalisierung um eine furchtbare Dimension zurückwerfen – und damit auch den Frieden in der Welt, weil die Menschen der unsinnigen Behauptung der Ideologen auf den Leim gehen werden, die (auf uns zukommenden) Finanz- und Währungsdesaster seien Ausgeburten des Kapitalismus und seiner Globalisierung. Die Bibel der Globalisierungsfeinde, das Buch des amerikanischen Großgurus der Linksradikalen Noam Chomsky ist bereits ins Deutsche übersetzt. Es trägt den Titel *Profit over People. Neoliberalismus und globale Weltordnung.* Es genügt, ein einziges Titelwort näher zu betrachten, um seinen Leere-Phrasen-Charakter zu erkennen: das Wort *Neoliberalismus.* Wir wollen es kurz unter die Lupe nehmen.

4. Neoliberalismus

Wollte man den Begriff *Neoliberalismus* gemäß der Geistes- und Gemütsverfassung derjenigen erklären, die das Wort ständig im Mund führen, so müßte man definieren: Neoliberalismus ist alles, was uns auf dieser Welt nicht in den Kram paßt.

"Neoliberal" ist zum *politisch korrekten* Diffamierungsbegriff für jede Meinung und Haltung geworden, die sich gegen Sozialismus, gegen Kollektivismus und gegen die Unterstellung des gesamten Lebens der Menschen unter die All-Zuständigkeit der Politik richtet. Die Freiheitsfeinde aller Lager haben die Vokabel *Neoliberalismus* aufgeladen mit den

Assoziationen *Demokratiefeindlichkeit, Materialismus, Egoismus, Wertebeliebigkeit* und *Dogmatismus*, also mit all jenen Attributen, die dem Sozialismus gebühren würden und weder mit dem Klassischen Liberalismus noch mit dem (echten) Neoliberalismus etwas zu tun haben.

Noch einfacher machen es sich einige Politiker, die alles, was nicht "ganz links" ist, als "neoliberal" bezeichnen. So beispielsweise Ulrich Maurer, Spitzenkandidat (für die Bundestagswahl) der neuen Partei WASG (*Wahlalternative Arbeit und Soziale Gerechtigkeit*) in Baden-Württemberg. Unter seiner Wählergefolgschaft, so Maurer in einem Interview mit den *Badischen Neuesten Nachrichten* vom 11. Juni 2005, seien viele Leute, die persönlich "Opfer der neoliberalen Politik" geworden seien. Das heißt im Klartext: Das, was die rot-grüne Bundesregierung seit sieben Jahren getrieben hat, ist für Maurer "neoliberale Politik". Mit dem Humor der Verzweiflung kann man sagen: Wenn die neoliberalen Denker gewußt hätten, daß *Neoliberalismus* einmal die Essenz der SPD- und Grünen-Politik unter Kanzler Schröder sein wird, hätten sie gewiß kollektiven Selbstmord begangen. Es handelt sich bei dieser verbalen Falschmünzerei wahrlich um die perfideste Tarnung und Täuschung seit den Desinformazia-Kampagnen von Friedrich Engels und Lenin gegen den Kapitalismus. Lothar Späth, der viel Kluges zu sagen hat (jedenfalls seit er die Arena der Politik verlassen hat), warnt, jetzt sei "Alarmstufe Rot" angesagt, und fordert: "Den Wählern muß man rasch den Begriff *Neoliberalismus* erläutern, damit sie nicht auf die Rhetorik der neuen Linken hereinfallen" (Späth

2005). Leider stellt er die Forderung da, wo die diesbezügliche Gefahr des "Hereinfallens" nicht besonders groß ist, nämlich bei den Lesern des *Handelsblatt*. (Doch besser da als gar nicht).

Wie geschickt die Vernebelungs-Rhetoriker vorgehen, sei an einem Beispiel aus dem Bestseller von Erhard Eppler *Die Wiederkehr der Politik* von 1998 demonstriert. Der Neoliberalismus, so Eppler, sei eine Ideologie ähnlich dem Marxismus und hämmere der Welt seine Dogmen von der *Deregulierung*, der *Privatisierung* und der *Entsolidarisierung* wie Glaubensfragen ein. Er lasse keine Alternative zu. Politik sei aber das Streiten über Alternativen und deshalb dringend geboten.

Das Beispiel Eppler wird hier deshalb gewählt, weil dieser Mann nicht mehr politisch tätig ist und den glaubwürdigen Eindruck vermittelt, daß hinter seinen Äußerungen kein politisches Machtkalkül mehr steht, sondern ehrliche Überzeugung. Um so schlimmer, könnte man sagen, was Eppler von sich gibt, denn es zeugt von einer Verirrung des Denkens, für welche die Realität nicht mehr von Belang ist. Wohin muß man sich verrannt haben, wenn man die Forderungen nach Deregulierung, Privatisierung und mehr Eigenverantwortung, wie sie von den Ökonomen nach Jahrzehnten des politischen Abgleitens in einen alles regulierenden Bürokratismus und Fiskalismus gefordert werden, als "Dogmatismus" vom Schlage des Marxismus wahrnimmt?! Und zum *Streiten über Alternativen* (zu dem es angeblich dringend der Politik bedarf) kann der Liberale nur antworten: Dieser Streit ist in der Tat unabdingbar. Aber: Was ist besser: Das machtpolitisch motivierte Streiten von zwei oder mehr Parteien über Alternativen, die – ganz gleich welche Partei obsiegt – ausnahmslos die Lebensentscheidungen von Millionen Menschen unter Zwang schematisieren wollen, oder aber der friedliche Wett"streit" dieser Millionen Menschen auf freien Märkten (auch auf den Märkten der Meinung), wo sie täglich aus unzähligen Alternativen die ihnen am besten geeigneten auswählen oder anstreben können?

Streit über Alternativen: Oh ja! Aber ohne Zwang, also auf Märkten, wo sich die Leute auf ihre eigenen Kosten und zu ihrem eigenen Nutzen frei für diese oder jene Alternative entscheiden können. Streit als politische Aktion kennt stets nur *ein* Ergebnis: Tausende von Wahlmöglichkeiten werden auf eine Alternative (also zwei Möglichkeiten) zusammengeschrumpft. Über diese eine Alternative streiten sich dann die politischen Agenten, wobei von vornherein feststeht: Jede der möglichen Entscheidungen wird darauf hinauslaufen, daß die obsiegende Partei – zu ihrem eigenen Machtgewinn und auf Kosten anderer Leute – ermächtigt wird, unter Zwang über das Leben der Bürger bestimmen zu dürfen. Im politischen Streit geht es letztlich immer um die Frage: Wer wird befugt, welchen Bürgern vorschreiben zu dürfen, wie sie zu leben haben, und welche Bürger haben die dabei entstehenden Kosten zu bezahlen? Wer das nicht gut findet, möge sich damit abfinden, im Eppler'schen Sinne ein dogmatischer Neoliberaler zu sein.

Was nun ist *Neoliberalismus* wirklich? Wie wird er wissenschaftlich seriös definiert? Die Antwort ist auf den ersten Blick unbefriedigend, nämlich: Es gibt keine einheitliche, allgemeingültige Definition. Die berühmten Ökonomen Hayek, Sieber, Tuchtfeldt und Willgerodt schreiben in ihren "Einleitenden Bemerkungen" zur 12. Auflage des Röpke-Werkes *Die Lehre von der Wirtschaft* von 1979: "Die Kritiker des Neoliberalismus, aus welchem Lager auch immer sie kommen, haben stets vor einem unlösbaren Problem gestanden, nämlich vor der Frage nach authentischen Lehrtexten oder einfach nach dem Programm des Neoliberalismus. Wer nur seine vorgefaßten Meinungen bestätigt wissen will, macht es sich leicht, indem er sich aus Zitaten verschiedener Autoren das gewünschte >Feindbild< zusammensetzt. Wer dagegen mühsam nach Verständnis sucht, wird bald zur Einsicht gelangen, daß es solche Lehrtexte oder Programme nicht gibt und auch nicht geben kann. Was ein dem neoliberalen Lager zugeordneter Autor geschrieben hat, gilt im Prinzip nur für ihn und wird auch von anderen Vertretern dieser Richtung nur als Anregung aufgefaßt. Denn Liberalismus bedeutet nicht zuletzt Individualismus." (Röpke 1979) (Hayek 1979, S. XXXVf.)

Der als *Neoliberalismus* bezeichnete Theorienfächer war schwergewichtig (aber nicht ganz) auf Deutschland konzentriert. Oft reden die Ökonomen auch vom *Ordoliberalismus* der *Freiburger Schule* und vom davon abweichenden Neoliberalismus der *Kölner Schule*. Unter der *Freiburger Schule* versteht man die Forschungs- und Lehrgemeinschaft um den

Nationalökonomen Walter Eucken und die Rechtswissenschaftler Franz Böhm und Hans Großmann-Doerth. In den 30er und 40er Jahren befaßten sich diese Gelehrten an der Universität Freiburg i. Br. mit den Grundfragen einer freiheitlichen Wirtschafts- und Gesellschaftsordnung, aus denen sie das geistige Fundament für die neue Ordnung Nachkriegsdeutschlands bilden wollten. Etwas entfernter von dieser Schule, aber gleichwohl mit ihr "verwandt", waren Wissenschaftler wie Constantin von Dietze, Friedrich A. Lutz und K. Paul Hensel. Ebenso zum Neoliberalismus zählt man die *Kölner Schule* um Müller-Armack, die sich jedoch von den Freiburgern wesentlich hinsichtlich ihrer Auffassungen von den Aufgaben und Zuständigkeiten des Staates unterschied. Während Eucken und sein Kreis die Rolle des Staates auf das Setzen einer Rahmenordnung ("Ordnungspolitik") beschränkt sehen wollten, sah Müller-Armack die Sozialpolitik (neben der Ordnungspolitik) als zweiten Pfeiler einer Verfassung von Wirtschaft und Gesellschaft. Diese Auffassungen sind unvereinbar.

Mit einiger Unschärfe kann man auch den Schweizer Ökonomen Wilhelm Röpke und den deutschen Soziologen und Volkswirtschaftler Alexander Rüstow dem Neoliberalismus zuordnen. Lose Verbindungen der deutschen Neoliberalen bestanden auch zu einigen in die USA emigrierten Wissenschaftlern, so vor allem zu Friedrich A.von Hayek und Ludwig von Mises. Wichtig ist, daß man das Präfix "Neo" im Begriff *Neoliberalismus* nicht im Sinne einer inhaltlich neuen Lehre versteht, sondern im Sinne einer *Neubelebung* längst vorhandener Erkenntnisse. Fast alle Beteiligten standen in der rund 200-jährigen Tradition des *Klassischen Liberalismus* und wollten dessen wesentliche Elemente wiederbeleben. Entstanden war dieser lockere geistige Verbund in den dreißiger Jahren in Wien (Österreichische Schule) und London (Hayek) mit dem Ziel, den totalitären Entwicklungen im Gefolge der Weltwirtschafskrise entgegenzuarbeiten und den von England ausgehenden Keynesianismus (Lehren von Lord Keynes) als Irrlehre zu entlarven. Als Reaktion auf die (auch) geistigen Verwüstungen des Nationalsozialismus bildete sich die *Freiburger Schule* mit dem Ziel, an der Erneuerung der geistigen Grundlagen der Freiheit in Deutschland (und später vor allem in Nachkriegsdeutschland) mitzuwirken und die Politik in Richtung einer marktwirtschaftlichen Ordnung zu beeinflussen. Ludwig Erhard hat dann auch viel von seiner Prinzipientreue und Standfestigkeit aus der Verbindung mit den Freiburgern geschöpft.

Das Deutschland der Wirtschaftswunderzeit hat den neoliberalen Denkern unendlich viel zu verdanken. Nicht ohne Grund hat Friedrich A. von Hayek nach seiner Rückkehr aus den USA zu Beginn der 60er Jahre einen Lehrstuhl an der Universität Freiburg übernommen, wo er trotz seines schon fortgeschrittenen Alters noch lange Jahre lehrte.

Die wohl beste Kurzübersicht über Inhalt und Geschichte des Neoliberalismus bietet ein Aufsatz von Milène Wegmann. Ihre einleitenden Sätze lauten [von mir nur geringfügig grammatikalisch verändert, um einem möglichen Nicht-Verstehen vorzubeugen]: "Den Menschen und die Ethik ins Zentrum von Wirtschaft und Wirtschaftspolitik zu stellen, war der tragende Gedanke des frühen Neoliberalismus von den dreißiger bis in die sechziger Jahre. Die liberale Rechts- und Wirtschaftsordnung müsse die Freiheit als notwendige Bedingung sichern, damit die Menschen den höchsten Werten in eigener Verantwortung folgen können. Die Botschaft der Neoliberalen an die Entscheidungsträger in Politik und Wirtschaft war die Aufforderung, liberalen Prinzipien statt machtpolitischen Zielen zu dienen." (Wegmann 2003)

Eines steht jedenfalls fest: Den Neoliberalismus als Schmähbegriff zu benutzen, ihn für alle Unannehmlichkeiten des Lebens verantwortlich zu machen, und ihn als Sündenbock für alles von der Politik selbst erzeugte Elend vorzuführen: das ist schlicht und einfach nur *dumm*.

IV. Kapitalismus und Politik

1. Was ist Politik?

Wir haben tausend Jahre gebraucht, um festzustellen, daß wir keine Kaiser, Könige und Fürsten benötigen, die uns vorschreiben, was wir zu tun und zu lassen haben. Hoffentlich brauchen wir keine weiteren tausend Jahre, um zu begreifen, daß wir dazu auch keine Regierungen, keine Parteien, keine Politiker und keine Funktionäre benötigen.

Politik ist die verhängnisvollste und teuerste Geißel der Menschheit. Aber sie befriedigt offenbar den kollektiven Masochismus der Massen und wird deshalb bei uns bleiben bis ans Ende aller Tage (das sie gewiß selber herbeiführen wird). Meine Definition von Politik hat die Form einer Addition und lautet:

Anmaßung gesellschaftsgestalterischer Kompetenz,

+ **Einbildung,** die ökonomischen Gesetze aushebeln
   zu können,

+ **Vortäuschung** der Notwendigkeit eines
   umfassenden Aktionismus,

+ **Geschäft** mit der Bewirtschaftung des Neids
   und der Angst,

+ **Bestechungsaktivitäten** mit anderer Leute Geld

= POLITIK

Dazu gehört noch mein Lieblingsmotto zur Kennzeichnung von Politik. Es ist das alte spanische Sprichwort *Pan para hoy y hambre para mañana.* (Brot für heute und Hunger für morgen).

Im Kern handelt es sich beim täglichen Streit der politischen Kaste und ihrer Parteien immer nur um die Frage, wer in welcher Form und in welchem Ausmaß über das Leben der Bürger bestimmen darf. Eine ungeheuerliche Anmaßung (die aber leider von den meisten Bürgern als legitim empfunden wird). Das Wesen der Politik ist überhebliche Gottspielerei, und deren Resultat sind unermeßliche Schäden. Der amerikanische Ökonom Dwight R. Lee hat für die politische Tätigkeit die beste Metapher gefunden, nämlich: "Das Bohren von Löchern in den Boden eines Bootes." Ebenso trefflich ist das Wortbild, das einer meiner Leser (ein Schweizer Arbeiter namens Bruno Stegmann) für das Verhältnis von Politik und Wirtschaft gezeichnet hat: "Politik in der Wirtschaft ist wie ein Mühlstein als Schwimmlehrer."

Der meines Wissens einzige Politiker der Neuzeit, der begriffen und gesagt hat, was Politik ist oder sein sollte – und was nicht, war eine Politikerin, nämlich Margaret Thatcher. Bei der Antrittsrede nach ihrer Wahl zum Premierminister am 3. Mai 1979 sagte sie ihren Landsleuten: "Das einzige, was ich tun werde, ist, Sie alle freier zu machen, damit Sie Ihre Angelegenheiten selber erledigen können. Wenn es sich erweisen sollte, daß Sie das nicht können, tut es mir leid, denn ich werde Ihnen nichts weiter anzubieten haben."

Was gute Politik, ja die beste Politik ist, läßt sich ganz einfach definieren, nämlich: den Markt funktionieren lassen. Nur wenn man unter Politik den konsequent in die Tat umgesetzten Entschluß einer politischen Partei oder einer Regierung verstehen würde, sich aus dem Leben der Menschen und aus dem gesellschaftlichen Kooperationsgeschehen zurückzuziehen und sich künftig herauszuhalten, könnte es so etwas wie "gute" oder "erträgliche" Politik geben. In diesem Sinne wäre dann das, was Christoph Blocher (damals noch Schweizer Nationalrat, heute Bundesrat) bei seiner Albisgüetli-Rede von 1999 gesagt hat, zwar nicht als ein guter, aber wenigstens als ein erträglicher politischer Grundsatz zu werten: "Die Politik", so Blocher, "ist auch in unserem Land viel zu wichtig, viel zu teuer und viel zu schädlich geworden. Wir müssen sie im 21. Jahrhundert auf ein vernünftiges Maß zurückschrauben. Alles andere ist unmoralisch und asozial."

In der Politik geht es nicht um Problemlösungen und Erleichterungen oder Verbesserungen im Leben der Bürger, sondern um Macht, um die Herrschaft von Menschen über Menschen. Macht ist die verführerischste aller Drogen. Andere Motive mögen mitspielen, aber stets werden sie sich letztlich dem Machtmotiv unterzuordnen haben. Deshalb muß Politik danach trachten, möglichst viele Menschen in materielle, finanzielle und psychologisch-emotionale Abhängigkeit von den Institutionen und Figuren der Macht zu bringen. Befragt nach den Motiven der Politiker bei all ihren Entscheidungen, hat der englische Ökonom Sir Alan Walters einmal freimütig bekannt: "Macht. Lesen Sie Shakespeare, und vergessen Sie alles über das Allgemeinwohl als Motiv für die Politiker. Ich war lange genug in der Politik." (Walters 1993).

Deshalb liegen auch die meisten Bürger völlig falsch, wenn sie das politische Spektakel und die Aneinanderreihung von

Desastern und Pleiten als "Politikversagen" betrachten – also als Fehlhandlungen von Politikern, die (so meint man) eigentlich das Richtige wollen, aber irrtümlich das Falsche tun. Was in den Augen der Bürger wie eine endlose Reihe politischer Mißgriffe aussieht, entpuppt sich bei genauerem Hinsehen meistens als Erfolg im Sinne des Machtkalküls der betreffenden Regierung oder Partei. Sonst würden sie sich nicht an der Macht halten. Der amerikanische Ökonom Robert Higgs hat ganze Serien solcher vermeintlichen "Unfälle" untersucht, und kam zu dem Ergebnis: "Zeigt mir eine einzige politische Maßnahme, die den Machtinteressen einer nennenswerten Zahl politischer Funktionäre und den Interessen ihrer Klientel zuwiderläuft – und ich zeige Euch eine politische Maßnahme, die man, entgegen aller üblichen Erfahrung, über Nacht abschaffen kann." Klartext: Wenn eine politische Aktivität tatsächlich den Machtinteressen ihrer Betreiber zuwiderlaufen würde, so wäre es für die betreffende Regierung ein Leichtes, sie aufzugeben oder zu ändern. Als Beispiel nannte Higgs den sogenannten "Kampf gegen die Armut" in den USA. Wenn es tatsächlich Ziel der Politik (der Regierung) wäre, so Higgs im Jahr 1995, diejenigen Amerikaner, die als arm gelten, über die Armutsschwelle zu heben, dann könnte man das auf einen einzigen Schlag mit weniger als 50 Milliarden Dollar bewerkstelligen. Daß man statt dessen das mehr als Vierfache für diesen Zweck aus dem Staatshaushalt ausgibt – und das ohne jeden sichtbaren Erfolg, ist nicht "Politikversagen", sondern genau die erfolgreiche Methode, wie sich ein Millionenheer von Funktionären und Bürokraten an der Macht hält und ihre reichen Pfründe bewahrt." (s. Higgs 1995).

Natürlich ist der Zusammenhang zwischen einem Übel und der absichtlichen Erzeugung oder der Inkaufnahme des Übels nicht immer auf den ersten Blick zu erkennen. So dürfte es beispielsweise nur wenige Politiker geben, die sich eine hohe Arbeitslosenrate als politisches Ziel setzen. Jedenfalls nicht direkt; indirekt aber sehr wohl. Wenn eine Regierung oder eine Parteispitze der Meinung ist, daß man mit der Abschaffung des Kündigungsschutzes und der Tarifbindung mehr Wähler vergrault als mit hoher Arbeitslosigkeit, dann treten sie für einen strikten Kündigungsschutz und unverbrüchliche Tarifbindung ein, wohl wissend, daß damit die Arbeitslosigkeit steigt bzw. nicht gesenkt wird. Auch Massenarbeitslosigkeit ist deshalb kein "Politikversagen", sondern (um zwei Ecken herum) "erfolgreiche" – also machtstützende Politik. Daß es auch in der Politik – vereinzelt und sehr selten – Ausnahmepersönlichkeiten geben kann, die solche Winkelzüge verabscheuen, braucht nicht betont zu werden. Aber solche Figuren halten sich nicht lange an der Macht. Das Publikum will betrogen werden – oft aus Unkenntnis, aber auch aus Gründen der von Günter Ederer aufgezeigten *Sehnsucht nach einer verlogenen Welt.*

Fast alle Politik ist eben Politik gegen den Markt, ja *muß* es sein; sonst würde es Politik nicht geben. Da der Markt für sein Funktionieren die Politik nicht braucht (es sei denn zur Beseitigung von Hindernissen, die zuvor von ihr errichtet wurden), wäre der Beruf des Politikers bald überflüssig oder einer kleinen Gruppe vorbehalten, wenn er sich in der Gestaltung "marktkonformer" Politik erschöpfen würde. Erich Streissler, der bedeutende österreichische Ökonom, hat das auf den Punkt gebracht mit seinen Sätzen: "Alle politischen Aufgaben lassen sich grundsätzlich auch marktwirtschaftlich lösen ... Nennen Sie mir irgendeine Staatsaufgabe, und ich nenne Ihnen eine unternehmerwirtschaftliche Lösung derselben, die in der Geschichte bereits verwirklicht wurde." (Streissler 1990)

Der Markt kann die angeblich der Politik vorbehaltenen Aufgaben aber nicht nur "ebenso wie die Politik" lösen, sondern er kann sie besser lösen. Viel besser. Oft sind sie überhaupt nur vom Markt lösbar. Der geht dabei nämlich stets "klüger" vor als es jeder einzelne Mensch oder eine Menschengruppe (und somit auch Politiker) vermöchten. "Klüger", weil die im Marktgeschehen beteiligten Menschen (also alle) über ein weit gestreutes Wissen verfügen, das in den milliardenfachen Kooperationen zur Lösung von Problemen und zur Überwindung von Knappheiten eingesetzt wird; und weil Markt und Wettbewerb ein "Entdeckungsverfahren" (Hayek) verkörpern, bei dem sämtliche Bewohner eines Landes, ja der gesamten Erde, täglich und stündlich auf der Suche nach neuen Ideen sind, wie sie ihre Tätigkeiten und die Wege zu ihren Zielen verbessern und erleichtern sowie effizienter, sicherer, schneller und wirksamer gestalten können. Und diese Suche wird um so erfolgreicher sein, je mehr die Menschen in arbeitsteiligen Prozessen aufeinander angewiesen sind und mit unzähligen Personen "zusammenarbeiten", die sie gar nicht kennen und von deren Existenz sie nichts wissen (Es sei hier an das Beispiel vom Bleistift erinnert). Niemals kann ein einzelner Mensch, eine Partei oder Behörde auch nur annähernd über dieses Wissen verfügen – und niemals können sie ein derart komplexes Ideen-Feuerwerk entfachen, handhaben oder zur Anwendung bringen. Deshalb hat Friedrich A.von Hayek von der "eigentümlichen Aufgabe der Ökonomie" gesprochen, die darin besteht, "dem Menschen vor Augen zu führen, wie wenig er wirklich über das weiß, was er planen zu können glaubt" (Hayek 1996, S. 81) – und (so sollte man hier ergänzen) wie sehr er deshalb auf das "stillschweigende Wissen" (tacid knowledge) des Marktes angewiesen bleibt.

Weil das die Realität der Welt ist, rückt die Frage der *Machbarkeit* in den Mittelpunkt des Phänomens *Politik*. Die meisten politischen Entscheidungen und Aktivitäten sind – direkt oder indirekt, mal mehr und mal weniger – ökonomischer Natur. Da die Märkte (genauer: die im Markt handelnden Menschen) die beste und von niemandem auszustechende oder gar zu übertreffende Lösungsinstanz für ökonomische Probleme sind, kann Politik ihre Existenzberechtigung nur aus der *Behauptung* ableiten, sie sei in der Lage, Probleme besser als der Markt zu lösen. Das ist gleichbedeutend mit dem Anspruch, die ökonomischen Gesetze ausheben und überlisten zu können. Und das ist entweder Illusion oder ein Täuschungsmanöver.

Den Kern des Machbarkeitsschwindels hat der Ökonom Ludwig Pohle schon 1911 aufgedeckt, indem er schrieb: "Wenn eine politische Partei im Konkurrenzkampf mit den anderen Parteien nicht unterliegen will, dann ist sie ... geradezu gezwungen, bei ihren Anhängern die Vorstellung zu nähren, daß der Staat auf wirtschaftlichem Gebiete eine Art Omnipotenz besitze." (s. Raico 1999, S. 209)

Wie lächerlich ein solches Gehabe im Grunde ist, hat erst kürzlich der Präsident des Ifo-Instituts für Wirtschaftsforschung, Professor Hans-Werner Sinn, anläßlich Münteferings Kapitalismus-Attacke verlauten lassen: Im Handelsblatt vom 14.04.2005 schrieb Sinn: "Die Politik hat nicht die Macht, die ökonomischen Gesetze aufzuheben und mag sie noch so sehr zetern. Herrn Münteferings moralische Entrüstung über ökonomische Gesetze könnte sich genauso gut gegen das Gesetz der Schwerkraft richten." (Sinn 2005)

Die ökonomischen Gesetze spiegeln zwei Konstanten: Zum einen die unwandelbaren Naturgesetze, allen voran das Gesetz der Knappheit und Endlichkeit der natürlichen Ressourcen, und zum anderen die (wenn überhaupt, dann nur wenig und langsam sich verändernden) anthropologischen Grundmuster, allen voran der Impetus zur Knappheitsüberwindung. Die Politik kann die ökonomischen Gesetze nicht außer Kraft setzen, aber sie kann so tun, als ob sie dazu in der Lage wäre. Leider dauert es oft lange Zeit, bis diese Täuschung ihre desaströsen Wirkungen voll entfaltet und damit offensichtlich wird. Bis dahin ist dann eine neue Generation von Wählern herangewachsen, der man den Bären vom notwendigen Primat der Politik erneut aufbinden kann. Oft werden Ursache und Wirkung auch mit allen Mitteln der politischen Kunst verschleiert.

So ist beispielsweise die wirtschaftliche Vereinigung (Wiedervereinigung) Deutschlands geradezu ein Lehrstück dafür, welche unermeßlichen Schäden (finanzieller und menschlicher Art) angerichtet werden, wenn die Politik glaubt, die Gesetze der Ökonomie mißachten zu können. Schon kurz nach der Wiedervereinigung habe ich in meinen Schriften und Vorträgen darauf hingewiesen, daß die ökonomischen Fehler, die von den damaligen Politikern gemacht wurden, so gewaltig waren, daß es fraglich wurde, ob *Deutschland als Ganzes* sie finanziell überleben kann. (Und das ist noch immer eine offene Frage, deren Beantwortung sich mehr und mehr zum *Nein* hinneigt). Es wurde damals viel über politische Ungeschicklichkeiten gesprochen, aber von den eigentlichen und geradezu tödlichen Fehlern, die schlicht in einer Negierung der ökonomischen Fundamentalgesetze lagen, hat damals kaum jemand geredet – und redet auch heute niemand, schon gar nicht jemand aus den Riegen der Politik. Professor Wilhelm Hankel hat wenigstens "die sieben Todsünden der Vereinigung" in einem Buch festgehalten. (s. Hankel 1993)

Den Machbarkeitswahn der politischen Macher hat Egon Tuchtfeldt sarkastisch aufs Korn genommen, indem er schrieb: "Die >Macher< sehen ... die Ursachen der von ihnen verschuldeten Probleme (= unbeabsichtigte und unerwünschte Nebenwirkungen) nicht etwa darin, daß sie zu viel, sondern gerade darin, daß sie zu wenig >machen< und daß sie es nicht gut genug >machen<. Sie wollen daher mehr >machen< und es besser >machen<." (Tuchtfeldt 1973, 1996, S. 68)

Die tägliche Märchenstunde für Erwachsene beginnt immer dann, wenn ein Politiker in den Medien bestimmte wirtschaftliche Entwicklungen oder Zahlen als "unseren" Erfolg (als den Erfolg der Regierung oder der eigenen Partei) darstellt. "Wir haben erreicht, daß Deutschland Exportweltmeister ist", heißt es dann, oder "Wir haben die Beschäftigungsaussichten der Langzeitarbeitslosen verbessert", usw. In Wirklichkeit kommen wirtschaftliche Verbesserungen oder Erfolge nur *gegen die Politik* oder *trotz Politik* zustande – oder allenfalls mal dadurch, daß die Regierung ein gegen wirtschaftliches Handeln gerichtetes überdimensioniertes Hindernis, das sie selber errichtet hat, durch eine weniger hohe Hürde ersetzt. Ebenso lächerlich sind die "Wir brauchen"-Sätze der Parteirhetoren: "Wir brauchen mehr Dienstleistungen, mehr innovative Unternehmer, intelligentere Produkte, eine Beschäftigungsoffensive, mehr Forschung, ein innovativeres Management" usw. Wobei stets implizit mitschwingt, daß die "Wir brauchen"-Partei das alles planen und bewerkstelligen würde, wenn man sie nur machen ließe. Der Journalist Patrick Welter hat für dieses Getue den richtigen Spottsatz gefunden: "Wäre die industrielle Revolution geplant worden, hätte sie wahrscheinlich gar nicht stattgefunden."

Was wir, die Bürger und Unternehmen, wirklich brauchen, ist weder eine andere noch eine bessere Politik, sondern weniger bis gar keine Politik – und das ist gleichbedeutend mit mehr Markt. Was wir überhaupt von der Politik an Nützlichem erwarten könnten, wäre eine echte Ordnungspolitik, die diesen Namen auch verdient. Und das wäre nicht mehr und nicht weniger als die Sicherung und Wahrung des rechtlichen Rahmens für eine freie, unbehinderte Marktwirtschaft.

Leider stimmen viele Wissenschaftler (besonders die von staatlichen Forschungsgeldern gesegneten) in den "Wir brauchen"-Chor mit ein. Der brillante Soziologe Helmut Schoeck hat dazu vor vielen Jahren schon das richtige Urteil abgegeben: "Hätten die Sozial- und Psychowissenschaften an Stelle der Theologie bereits lange vor dem 20. Jahrhundert, ungefähr ab 1700, ihre Rolle als Religionsersatz in der Weise spielen können, wie sie es seit der Mitte dieses Jahrhunderts tun, und das leider auch noch oft mit marxistischen Denkschablonen, dann kommen mir Zweifel, ob es die moderne Welt heute schon gäbe. Praktisch der gesamte entscheidende Modernisierungsprozeß, mit all dem, was zu ihm gehört, hatte nämlich zum Glück mit fast allen wesentlichen Elementen eine hohe Eigendynamik erlangt, bevor es zu der für unsere Zeit so typischen Verquickung eines fortwährend expandierenden Zuständigkeitsanspruchs der Politiker, immer nur kurzsichtig auf Wählerstimmen schielend, mit einem maßlosen Kompetenzanspruch der Sozialwissenschafter, immer nur auf Forschungsgelder schielend, gekommen war." (Schoeck 1987)

Müßte ich diese Ausführungen Schoecks in einem einzigen Satz zusammenfassen, so würde er lauten: Nur wegen der menschheitsgeschichtlich langen Abwesenheit der Politik sind wir aus der Steinzeit herausgekommen.

Nach einer lebenslänglichen Berieselung mit politischen Nachrichten kommt den meisten Bürgern kaum noch zu Bewußtsein, wie – wenn man es harmlos ausdrücken will – *überflüssig* Politik eigentlich ist. Man bedenke einmal: Tag für

Tag, Stunde für Stunde, jahrein jahraus bringen die Rundfunk- und Fernsehsender Nachrichten. Und täglich glänzen die politischen Schlagzeilen in den Zeitungen. Nahezu hundert Prozent dieser Nachrichten handeln von politischen Geschehnissen, von nationaler wie internationaler Politik, von Politikern und Parteien, und von dem, was diese Herrschaften sagen, meinen, tun oder planen. Auf diese Weise wird – ganz unabhängig vom jeweiligen Inhalt der Nachrichten – der gesamten erwachsenen Bevölkerung eines jeden Landes ununterbrochen und ein Leben lang ins Bewußtsein gehämmert, Politik sei das wichtigste und unerläßlichste Element ihres Lebens. In Wahrheit aber, wenn es nach Maßgabe des Notwendigen ginge, wären die Politik und ihre Vertreter so überflüssig wie ein Kropf und nur eine Randerscheinung im Leben der Menschen (von wenigen Ausnahmen – wie der Wahrung der Freiheitsrechte – abgesehen). In etwa so wie in der Schweiz bis zur Mitte des 20. Jahrhunderts, wo Politik überwiegend eine unbezahlte Neben- und Ehrentätigkeit war.

Nur wenn man sich vorstellt, es gäbe einmal – z.B. zur Abwendung eines Lauschangriffs außerirdischer Wesen – monatelang in sämtlichen Medien keine einzige Nachrichtenmeldung mehr, wird einem bewußt, wie unwichtig und überflüssig Politik eigentlich ist. Kein Bürger würde etwas vermissen, und die Parteifunktionäre könnten allesamt nach Hause gehen, weil sie sich alsbald wie Schauspieler vorkommen würden, die ihr Theaterstück vor einem leeren Saal vorführen. Wenn man eine Weile über eine solche Situation nachdenkt, kommt man zu dem Schluß, daß hierdurch keineswegs Probleme entstehen würden; ganz im Gegenteil würden sich die meisten Probleme, welche die Menschheit beschäftigen, nach und nach in Luft auflösen. Die Bürger würden erkennen, daß fast alle Problemlagen, die über den privaten Bereich hinausgehen, erst durch die Politik entstanden sind und von der politischen Kaste permanent am Kochen gehalten wurden, damit man dem Stimmvieh immer neue angebliche "Problemlösungen" verkaufen konnte. Die Bürger würden auch erkennen, daß ihre Freiheitsräume Tag für Tag wachsen – und wieviel Wahrheit in der englischen Spruchweisheit steckt >Die Freiheit ist in Gefahr, sobald das Parlament tagt<. Jedes Gesetz legt entweder fest, was wir zu tun haben, oder was wir zu lassen haben. Deshalb geht mit jedem Gesetz ein Stück persönlicher Freiheit verloren, Gesetz um Gesetz. Und jede legislative Maßnahme – auch die schlimmste – wird uns als Wohltat verkauft. Diktatur erwächst nicht aus der politischen Ankündigung böser Taten, sondern aus den Versprechungen für mehr Glück und Reichtum, mehr Sicherheit und Gerechtigkeit. In der Tat steckt die tiefste Weisheit hinsichtlich der Politik in den Worten des großen Philosophen Edmund Burke, der gesagt hat, nicht nur der Mißbrauch der Politik sei von Übel, sondern (wörtlich): "Die Sache [Politik], die Sache selbst ist der Mißbrauch." ("The Thing, the Thing itself is the abuse.")

Weit bedenklicher als die Überflüssigkeit der Politik ist also ihre Schädlichkeit. Zu den schwersten Schäden gehört ihre (der Politik wesensimmanente) friedenszerstörende Dynamik. Wir haben gesehen, daß Politik zwar Probleme zuhauf errichtet, sie aber nicht wirklich lösen kann – und auch gar nicht lösen darf, weil sie sich sonst selber "arbeitslos" (überflüssig) machen würde. Deshalb sind ihre Betreiber dazu verdammt, Streit zu schüren und Menschengruppen (im schlimmsten Fall ganze Völker) gegeneinander aufzubringen: Arbeitnehmer gegen Arbeitgeber, Arme gegen Reiche, Alte (Rentner) gegen Junge (Beitragszahler), Patienten gegen Ärzte, Mieter gegen Vermieter, Fleißige gegen Faule, Verbraucher gegen Hersteller, Frauen gegen Männer, Kinderreiche gegen Kinderlose, ja sogar Nichtraucher gegen Raucher. Natürliche Interessengegensätze, die im Markt friedlich und effizient auszugleichen wären, verschärfen sich somit. Nehmen wir als Beispiel die Mieterschutzpolitik: Die Politiker wissen, daß die Mieter eine wesentlich größere Wählergruppe darstellen als die Vermieter. Also gibt man vor, die Mieter mit Kündigungsverboten, Mietpreisspiegeln, Sozialwohnungen und einer Fülle von Sonderrechten zu "schützen". In Wirklichkeit bewirkt diese Politik ein Schrumpfen und Austrocknen des Mietwohnungsangebots – und somit Verknappung und Verteuerung der Mietwohnungen, sowie ein restriktives Ausweichverhalten der Vermieter gegenüber Mietinteressenten. Das bringt beide Parteien erst recht gegeneinander auf.

Es ist eine Binsenweisheit: Alles, was in den Zuständigkeitsbereich der Politik gerät, wird knapper, schlechter und teurer. Das erkennt man am besten an einem Land mit "Hundert Prozent Politik" – sprich: mit einer voll-sozialistischen Regierung. Dort verschwinden die Güter, die das Leben der Menschen angenehm und lebenswert machen, wie von Geisterhand. Was bleibt, sind - wenn nicht Hunger und Tod – so allenfalls Lebensmittel-Karten (Rationierung) und Schlangen vor den Läden, wo es ab und zu mal irgendein lausiges Produkt zu kaufen gibt. Jedermann in der vormaligen DDR kannte den Spruch: "Wenn man in der Sahara den Sozialismus einführt, wird der Sand knapp." In den sogenannten "freien" Ländern ist Politik eben Teil-Sozialismus und Teil-Kollektivismus. Ob man das Privateigentum abschafft – oder derart fiskalisch belastet und mit Gesetzen das Verfügungsrecht einschränkt, ist zwar nicht dasselbe, kommt sich aber ziemlich nahe. Es wird dann zwar nicht "der Sand knapp", aber ganz bestimmt das Wasser.

Ohne Störung durch Politik kooperieren die Menschen friedlich auf Märkten, um die Knappheit zu überwinden (Wirtschaften definiert sich als arbeitsteilige Kooperation zur Überwindung oder Verringerung der Knappheiten). Politik aber will – und muß! – Interessengegensätze schüren und anheizen, muß sich zum Advokaten bestimmter Sonderinteressen machen, muß den Einen nehmen und den Anderen geben ("umverteilen") und Neid und Mißgunst schüren, um ihre Wählerklientel vergrößern zu können. Kurz: Marktwirtschaft ist ein Markt der Einigungen, Politik aber ist ein Markt der Dissonanzen, des Gegeneinanders und des Streits. Auf dem kapitalistischen Markt kommt jede Art von Geschäft (Vertrag, Tausch) nur zustande, wenn zwischen den jeweiligen Vertrags- oder Tauschpartnern eine Einigung oder Übereinstimmung erreicht werden kann. Beide Seiten erzielen einen Nutzen oder einen Gewinn aus der Einigung, und alles verläuft friedlich und freiwillig – auch wenn die Interessen noch so unterschiedlich oder gar gegensätzlich sind. Politik hingegen wird nur dadurch zum "Geschäft" (Stimmen- und Machtgewinn), daß Uneinigkeit herrscht und sich verschiedene Parteien zum Agenten der divergierenden Interessen machen und diese Divergenzen aufrechterhalten.

Schlimmer noch: Soweit eine der gegensätzlichen Interessen (*eine* – und nicht wie im Markt *beide*) überhaupt befriedigt werden kann, so ist das nur unter Anwendung oder Androhung von Zwang und Gewalt möglich. Zumindest eine der gegensätzlichen Gruppen muß durch staatlichen Befehl (Gesetz) oder Drohung (Strafe, Klage) gezwungen werden. Und je mehr solcher "Zwangssituationen" entstehen, desto größer wird der Macht- und Zuständigkeitsbereich der Politik. (Wir erinnern uns: *Markt oder Befehl*). Sobald im politischen Geschäft zu viele Einigungen stattfinden, verlieren die Parteien ihre Geschäftsgrundlage. Wo Gegensätze nicht mehr aufgebauscht und auf Konfrontationskurs getrimmt werden können, da ist auch kein Macht- oder Gefolgschaftsgewinn mehr zu erzielen. Politik lebt vom Streit und von der Erfindung, Aufblähung und Aufrechterhaltung von Konflikten. Auch hier sei an die tiefe Weisheit des Satzes erinnert: *economics unite and politics divide* (Wirtschaft verbindet und Politik trennt).

Dieser trennende, zersetzende und die Menschen gegeneinander aufreizende Mechanismus der Politik wird zum schrecklichen Ungeheuer, wenn man ihn zusätzlich mit Leidenschaften, mit religiösen oder nationalistischen oder rassistischen Gefühlen auflädt. Und das kann ziemlich rasch geschehen. Die ohnehin zur weltlichen "Priesterherrschaft" (Schelsky) neigenden Intellektuellen bereiten den geistigen Boden, das Volk giert alsbald nach Gefolgschaft, und dann bedarf es nur noch des "Mannes der Tat", um die Tat dem Ungeist folgen zu lassen. José Ortega Y Gasset hat es in die unübertrefflichen Worte gegossen: "Sobald in der Geschichte der Mensch der Tat aufzutreten beginnt, sobald man von ihm spricht und ihn in den Himmel hebt, setzt eine Zeit der Re-Barbarisierung ein. Wie der Albatros als Vorbote des Sturms, so taucht der Mensch der Tat stets am Horizont auf, wenn eine neue Krise ausbricht." (Ortega 1942, 1951, S. 53)

Man sollte nicht vergessen, daß alle Kriege der Menschheitsgeschichte das Werk von politischen Figuren waren (und sind). Im *Historischen Atlas des 20. Jahrhunderts* (*Historical Atlas of the Twentieth Century*) kann man erfahren, daß politische Regime im 20. Jahrhundert ungefähr 170 Millionen Menschen (jeweils eigene Bürger und Fremde) umgebracht haben. Das entspricht der doppelten Zahl all jener, die in sämtlichen internationalen und innernationalen Kriegen während dieser Zeit getötet wurden (wobei natürlich auch die Kriege das Werk der Politik waren). Die chinesische Regierung unter Mao hat es dabei auf die Rekordzahl von 40 Millionen Toten gebracht – fast so viele wie im Zweiten Weltkrieg weltweit umgekommen sind. Obwohl Immanuel Kant diese Zahlen in seinem Jahrhundert (dem 18.) noch nicht kennen konnte – und sich wohl auch geweigert hätte, sie als überhaupt möglich zu denken, hat er die politische Herrschaft über Menschen als "Umkehrung des Endzwecks der Schöpfung" betrachtet. "Für die Allgewalt der Natur", so Kant 1795, "ist der Mensch nur eine Kleinigkeit. Daß ihn aber auch die Herrscher seiner eigenen Gattung dafür nehmen und als solche behandeln, indem sie ihn teils tierisch als bloßes Werkzeug ihrer Absichten benutzen, teils in ihren Streitigkeiten gegeneinander aufstellen, um ihn schlachten zu lassen – das ist keine Kleinigkeit, sondern Umkehrung des Endzwecks der Schöpfung selbst."

Ganz generell war Kant der Meinung, daß der Mensch dem Menschen niemals ein Mittel sein dürfe. Politik aber beruht gerade auf dem Prinzip, daß der Mensch für die Zwecke des Kollektivs ein Mittel sein müsse – und die Politik selber ein Instrument zur Bewerkstelligung des "Mitteleinsatzes". Der Wissenschaftstheoretiker Professor Gerard Radnitzky hat diesbezüglich klargestellt: "Regierung ist ein notwendiges Übel, eingerichtet als Mittel zur Sicherung der Individualrechte, nicht aber ein Instrument zur Verfolgung gesellschaftlicher Ziele. Die moralische Tradition, die hinter diesem Gedanken steht, ist das Kantianische Ideal, das in allen großen Religionen beachtet wird, daß nämlich jedes Individuum einzigartig ist und als Zweck-in-sich-selbst betrachtet und behandelt werden muß (s. Radnitzky 1993, S. 24).

Doch auch ohne Krieg und Gewaltherrschaft bedeutet der vielbeschworene Primat der Politik über den Primat der Wirtschaft nicht weniger als den Primat der Herrschaft und des Befehls über den Primat der Freiheit und des Marktes. Es ist unmöglich, die staatliche Macht zu vergrößern, ohne die persönliche Freiheit zu verringern – genauso unmöglich wie eine Schale der Waage nach oben zu bewegen, ohne die andere nach unten sinken zu lassen. Man kann das auch "nach Clausewitz-Art" sagen: Nach Carl von Clausewitz und seinem weltberühmten Buch *Vom Kriege* ist "der Krieg die Fortsetzung der Politik mit anderen Mitteln". Für den modernen kleptokratischen Wohlfahrts- und Allzuständigkeitsstaat kann man, glaube ich, diesen Satz umkehren: Politik ist die Fortsetzung des Krieges mit anderen Mitteln (z. B. mit "Umverteilung"). Politik hat auch in Friedenszeiten und auch in Demokratien eine militaristische Tendenz. Das Lebenselixier der Politik und der Macht ist der Befehl. Er erreicht im Krieg seine Perfektion und bleibt deshalb auch im Frieden latent. Man erkennt das am Verbalmilitarismus der politischen Sprache. Die Lieblingsvokabeln der politischen Macher – wie *Bündnis* für Arbeit, Beschäftigungs-*Pakt*, *Aktionsplan* für Wachstum, *Krieg* gegen die Armut, *Kampf* gegen Arbeitslosigkeit, Europäischer Stabilitäts-*Pakt* etc. entstammen allesamt der militärischen Terminologie.

Im übrigen kultiviert die politische Kaste eine politisch korrekte *Nagel-mich-nicht-fest-Sprache*, eine Semantik der zerebralen Darmverschlingung, mit der sich viel, ununterbrochen und zu allem reden läßt, ohne daß man sich festlegen müßte oder Gefahr laufen würde, irgendwelche Wählergruppen zu vergraulen. Es ist eine Sprache, die gescheit klingt und dennoch inhaltsleer ist; eine Sprache auch, die banale Aussagen auf Stelzen stellt und sie damit wie bedeutende Gedanken daherstolzieren läßt. Ein Satz wie "Auf solche Gefühle sollte man Rücksicht nehmen" lautet dann: "Da spielen emotionale Befindlichkeiten mit, auf die man ein Stück weit Rücksicht nehmen sollte." Politik heißt daneben auch, eine Sprache der Lüge zu führen. Seit es Politik gibt, zeichnet sich das Geschäft des Staates und der Regierungen dadurch aus, daß die Begriffe verfälscht werden, um die wahre Unmoral der politischen Tätigkeiten verschleiern zu können. Diebstahl nennt man *Besteuerung* und *sozialen Ausgleich*, astronomische Geldverschwendung nennt man *Hilfe*, *Förderung* und *Investition*, staatliche Interessendurchsetzung heißt *Recht* und *Gesetz*, das Kidnapping junger Männer nennt man *Wehrpflicht*, die Entmündigung von Eltern und Kindern bezüglich ihrer Bildungswünsche bezeichnet man als *Schulpflicht*, Zwangsabgaben heißen *Gebühren*, uferlos steigende Steuern nennt man *Sozialversicherungsbeiträge*, staatlich einbehaltene Lohnbestandteile nennt man *Arbeitgeberbeiträge*, usw. Llewellyn H. Rockwell, Jr. hat recht, wenn er schreibt: "Orwell mußte die Idee des >Neusprech< (Newspeak) nicht erfinden, er mußte nur dem einen Namen geben, was Regierungen schon immer gemacht haben und nach wie vor machen, nämlich die Realität mit doppelzüngigen Begriffen zu verschleiern, zu verdrehen und zu verfälschen." (Rockwell 2000, S. 4)

Politik ist immer und notwendigerweise die schlechtere oder schlechteste der drei möglichen Methoden gemeinschaftlichen Handelns – als da sind: 1) der Befehl, 2) die Mehrheitsentscheidung, und 3) die freiwillige Vereinbarung. Politik ist entweder direkter Befehl oder (in der Demokratie) über Mehrheitsentscheidung abgeleiteter Befehl. Beide sind stets unmoralischer, teurer und folgenschwerer als die freiwillige Vereinbarung und die freiwillige Kooperation. Die Mehrheitsentscheidung muß schon deshalb suboptimal sein, weil man – wie Gerard Radnitzky es ausdrückt – mit einer prozeduralen Methode niemals substantielle (inhaltliche) Probleme lösen kann. Die *Public Choice-Theorie* hat das in unzähligen Studien und Analysen belegt (s. dazu besonders: Buchanan und Tullock 1962).

Genau besehen – das hat schon der russische Dichter Leo Tolstoi erkannt –, sind Kollektiventscheidungen institutionalisierte Lügen. "Von jenem Tag an", so Tolstoi, "als die ersten Mitglieder von Räten die externe Autorität über die interne setzten, das heißt, die Entscheidungen von in Räten zusammengeschlossenen Menschen als wichtiger und heiliger erachteten als die Vernunft und das Gewissen [der einzelnen Menschen]: an diesem Tag begannen die Lügen, die zum Verlust von Millionen menschlichen Wesen führten." Diese Tolstoi-Worte waren zwar für das revolutionäre Rußland gemünzt, sind aber auch zeitlos und für das Phänomen *Politik* ganz allgemein gültig. Die totalitäre Versuchung und die Lüge zum Zweck der Macht lauert in jeder politischen Institution.

Der bedeutendste Freiheitsdenker der Gegenwart, der Philosoph Anthony de Jasay, hat mit zwingender Gedankenführung dargelegt, daß der logische Endpunkt aller Politik der Totalitarismus sein muß. Das gilt auch für die politische Entwicklung in den demokratischen und (noch) halbwegs freien Staaten. Der Hauptgrund ist in dem Umstand zu suchen, daß die *Grenzkosten* (Kosten der letzten hinzukommenden Einheit) der öffentlichen Güter von jedem Bürger als Null empfunden werden – und für jeden Einzelmenschen auch tatsächlich fast gleich Null sind, obwohl die *Gesamtkosten* ihrer Bereitstellung gigantisch sind. Dafür ein Beispiel: Jeder Vater oder jede Mutter, die ihr Kind zur Schule schicken, wissen (oder empfinden), daß die Schulausbildung ihres Kindes die Gemeinschaft nicht mehr kostet, als wenn es zuhause bliebe. Anders gesagt: Wenn das Kind – z.B. wegen Krankheit – sein Leben lang nicht zur Schule gehen könnte, so wäre die entsprechende Einsparung im gesamten Bildungswesen gleich Null oder fast gleich Null. Entsprechendes denkt der Autofahrer hinsichtlich der Kosten der Verkehrswege. Wenn er als einzelner Mensch das Autofahren aufgeben würde, hätte das Verkehrsministerium nichts davon. Die Bau- und Unterhaltskosten des Verkehrsnetzes würden nicht sinken (und also auch nicht steigen, wenn jener einzelne Autofahrer die Fahrpraxis wieder aufnähme). Zugleich aber verschlingen die öffentlichen Güter namens *Bildungswesen* und *Verkehrswege* immense Summen.

Die Folge dieser "Grenzkosten-Illusion" ist, daß für jeden Einzelmenschen der Nettonutzen, den er durch die zunehmende Bereitstellung öffentlicher Güter erwartet, subjektiv stets positiv ausfällt. Also wird er es begrüßen – oder sogar fordern, daß der Staat (die Politik) immer mehr und mehr Güter und Dienste als jeweils *öffentliches Gut* bereitstellt. Am Ende dieser "konstitutionellen Straße", so Jasay, steht die praktische Allmacht der kollektiven Entscheidung (die allmächtige Politik), die sogar über ihre eigenen Regeln entscheidet und somit totalitär geworden ist. Aufzuhalten wäre dieser Marsch in die Knechtschaft nur dann, wenn ein bedeutender Teil der Bevölkerung ihr nutzenmaximierendes Verhalten (hinsichtlich öffentlicher Güter – sprich: Staatsleistungen) stark einschränken würde. Aber eine solche Einschränkung des verstandesgemäßen Eigeninteresses wird nur stattfinden, wenn viele oder die meisten Menschen – gewissermaßen "blind" auf metaphysische Normen und Werte vertrauen, also sich freiwillig religiösen Verhaltensregeln oder Tabus unterstellen. (s. Jasay 1997).

Welche Aussichten für einen Stopp oder gar eine Umkehr auf dem Weg in den totalitären Staat unter dieser Bedingung bestehen, mag sich jedermann selbst ausrechnen, vor allem angesichts der Tatsache, daß sich das Christentum im Abendland in dem Maße auflöst, in dem sich Wohlfahrts- und Sozialstaat (also der Sektor >öffentlicher Güter<) immer weiter aufblähen und quasi-religiösen Charakter annehmen.

Im Jahr 1950, als Wohlfahrtsstaat und politische Omnipotenz in der neuen Bundesrepublik noch kaum geboren waren, hat der Philosoph unter den Ökonomen, Wilhelm Röpke, schon die ersatzreligiösen Züge der fortschreitenden Politisierung des Lebens und der Vergottung der Gesellschaft erkannt. (Freilich waren sein scharfer Geist und sein feines Gespür damals bereits an den Erfahrungen mit dem >Tausendjährigen Reich< geschult). "Indem wir die Religion verdrängen", schrieb Röpke in *Maß und Mitte* (Röpke 1950), "setzen wir eine vollkommene Politisierung der Existenz an ihre Stelle." Die Pseudoreligionen (Sozialismus, Kommunismus, Wohlfahrtsstaat, Kollektivismus), welche alle transzendenten Kräfte leugnen, rücken die Selbstvergottung des Menschen an deren Stelle. "Die Selbstvergottung des Menschen nun nimmt die Form der Vergottung der Gesellschaft an, die somit zum eigentlichen Idol der Massen wird, und erst damit wird die leidenschaftliche Kraft begreiflich, die in der Politisierung der Existenz liegt." (S. 60)

Röpke sah diese Politisierung und Vergottung der Gesellschaft in dem von der Säkularisierung erzeugten *horror vacui* begründet und schrieb von *"sozialer Besessenheit"*: "Hier stoßen wir nun zugleich auf eine wesentliche Ursache einer Geisteshaltung, die auch unter Nicht-Sozialisten überaus häufig ist und zu einem wahren Fluch unserer Zeit zu werden droht... eine Geistesverfassung, die man ... als soziale Besessenheit bezeichnen kann, um damit eine Gewohnheit zu charakterisieren, die uns schließlich unfähig macht, irgend etwas zu denken oder zu beurteilen ohne ausdrücklich Beziehung auf die Gesellschaft und den Wert oder Nutzen zu nehmen, den es für die Gesellschaft haben könnte. Es handelt sich um die Neigung, von dem Extrem der Asozialität in das entgegengesetzte der völligen Sozialisierung des Lebens zu verfallen ..." – "Diese soziale Besessenheit ist imstande, uns schließlich jedes unschuldigen Vergnügens zu berauben, weil wir von dem Gedanken geplagt werden, daß, wenn wir Austern oder Schlagsahne essen oder in gepflegten Wohnungen leben, es andere gibt, denen das abgeht." Auf diese Weise wird es unlogisch, haltzumachen, bevor nicht eine völlige Einebnung aller Umstände der Lebenshaltung nach dem Ideal eines vollkommenen Kommunismus stattgefunden hat. (S. 60f.)

Wer in Röpkes Worten die Unheilsdimension erkennt, die in dieser Entwicklung steckt, wird auch dem harten Satz des amerikanischen Autors J. C. Lester folgen, der konstatiert: "Es gibt nur eine Sache, an der die Welt moralisch ernsthaft erkrankt ist, und das ist die Politik." (Lester 2000) "Krank" ist in der Tat das passende Wort für den Zustand, den die meisten Nationen erreicht haben. Politik führt zur schleichenden Erkrankung der Bürger, ähnlich dem Alkoholismus oder der Drogensucht. Am Anfang ist es eine gelegentliche Abwechslung, führt dann zum Dauerkonsum und endet damit, daß das ganze Leben davon bestimmt wird und alles andere zur Nebensache gerät. Politik ist im 20. Jahrhundert vom Gelegenheitstrunk zur kollektiven Besoffenheit geworden, und ihre Betreiber – aber auch ihre Klienten, die Bürger – leben in einer Art Delirium: Sie erkennen nicht mehr, in welchem Grad der Abhängigkeit sie sich befinden, präziser: wie *staatskrank* sie geworden sind.

Nach all den Ausführungen über Politik und Politiker sollte man sich vor einer falschen Schlußfolgerung hüten. Der genialische Journalist H. L. Mencken hatte zwar recht, als er den "typischen Politiker" wie folgt beschrieb: "Er ist gewillt, jedes Thema – egal wie idiotisch es auch sein mag – an sich zu reißen, das ihm Stimmengewinn verspricht; und er ist bereit, jedes Prinzip – so wertvoll es auch sein mag – zu opfern, das ihn Stimmen kosten könnte. Damit beschreibe ich nicht etwa einen außergewöhnlich schlechten demokratischen Politiker, sondern den ganz und gar normalen." Aber dennoch muß man auch sehen, daß Politiker und Politik in erheblichem Maße das Spiegelbild des Volkes sind, das sie regieren. Am vermeidbaren Elend der Welt – wie Krieg, Armut, Unterentwicklung, Arbeitslosigkeit, Inflation, Wirtschafts- und Währungskrisen etc. – wird sich so lange nichts zum Besseren ändern, solange die Menschen nicht erkennen, daß Politik ein zerstörerisches Geschäft ist, und solange die Tamburine der politischen Klasse, die Intellektuellen und Medienschaffenden nicht aufhören, ununterbrochen die Trommeln zu diesem Geschäft zu schlagen. Der Schlüsselsatz für eine Umkehr auf dem abschüssigen Weg stammt vom amerikanischen Ökonomen Mark Skousen, der anläßlich der Übernahme der FEE-Präsidentschaft (*Foundation for Economic Education*) gesagt hat: "Wir werden unsere politischen Führer niemals ändern, solange wir nicht die Leute ändern, die sie wählen."

Das freilich, ist ein hartes Stück (Aufklärungs-) Arbeit, und es ist – ich weiß, wovon ich rede – eine einsame Arbeit, deren Last nur wenige auf sich nehmen wollen und können. (Deshalb an anderer Stelle mein eindringliches Plädoyer für ein deutsches IEA. Seit einiger Zeit gibt es – dank Internet – das elektronische *CNE-magazin*, das monatlich von Professor Hardy Bouillon ausgesendet wird, sowie den wöchentlichen Kommentar des *Instituts für unternehmerische Freiheit*: http://www.unternehmerische-freiheit.de Beides sind hervorragende Info-Dienste, die mit ihren bescheidenen Mitteln beste

Aufklärungsarbeit in Sachen Markt und Freiheit leisten. Unter den gedruckten Medien bleibt die Monatszeitschrift *eigentümlich frei* einsame Spitze).

Zu dieser Arbeit gehört vor allem, den Bürgern die Illusion auszutreiben, Staat und Politik seien unverzichtbare Sicherheitsgaranten. Größer als der Freiheitsdrang des Menschen ist nämlich seine Sehnsucht nach Sicherheit. Für die Sicherheit – besser: für das, was die Leute für Sicherheit halten, sind sie bereit, die Freiheit zu opfern. Das öffnet dem Sozialismus, dem Illusionsmeister in Sachen vorgegaukelter Sicherheit, immer wieder die Tore, und das ist die Grundlage fast aller Machtchancen der Politik. Wer Sicherheit verspricht, gewinnt im Machtpoker. Deshalb besteht Politik zu einem erheblichen Teil aus der Instrumentalisierung der Angst der Bevölkerung vor den Unwägbarkeiten der persönlichen Verantwortung in der Freiheit und vor den Beschwerlichkeiten des strukturellen Wandels. Gegenüber den paradiesischen Vorschlägen der Parteien von "sozialer Sicherheit" bleiben die irdischen (realistischen) Problemlösungen des Marktes bei den meisten Leuten gefürchtet und verhaßt. Aber das Sicherheitsversprechen der Politik ist trügerisch und kann auf lange Sicht nicht eingehalten werden, weil Sicherheit als Kollektivangebot ein Schlaraffenlandtraum und somit unbezahlbar ist, und weil es durch die Ineffizienz allen staatlich-bürokratischen Handelns noch teurer wird und im Bankrott der Sicherungssysteme enden muß. Vom wohl bekanntesten aller Ökonomen (zumindest in den USA), Milton Friedman, stammt der Satz: "Der fundamentale Trugschluß im Wohlfahrtsstaat, welcher sowohl in die Finanzkrise als auch zum Verlust der Freiheit führt, liegt im Versuch, Gutes auf Kosten anderer zu tun."

Außerdem funktionieren staatliche Institutionen anders als private Unternehmen. Während in der Privatwirtschaft sowohl Unternehmer als auch Mitarbeiter für das Lösen von Problemen – und zwar für effizientes Lösen – belohnt und entlohnt werden, gibt es im öffentlichen Sektor keine Anreize, Probleme aus der Welt zu schaffen, auch nicht die Sicherheitsprobleme. Man stelle sich mal einen Moment lang vor, es gäbe eine bei privaten Unternehmen beschäftigte Polizei, die für die Verhinderung und Aufdeckung von Autodiebstählen zuständig wäre – und für deren Dienste die Autobesitzer (freiwillig) eine Art Versicherungsprämie zahlen würden. Diese Unternehmen könnten im Wettbewerb mit anderen Anbietern nur dann Gewinne machen, wenn sie die Zahl der Autodiebstähle drastisch reduzieren könnten und viele Erfolge (gefaßte Diebe und wiederaufgefundene Autos) vorzuweisen hätten. Diese "Polizisten" würden schon im Vorfeld versuchen, Autodiebstähle zu verhindern, einerseits durch technische Vorrichtungen (wie es ja bei den Autoherstellern schon lange geschieht), andererseits auch durch Schulung der Fahrzeugbesitzer (in Gebieten mit zahlreichen gewaltsamen Entwendungen eventuell auch durch Bewaffnung und Verteidigungsschulung der Fahrer), sowie durch effiziente Überwachungs- und Meldesysteme an Autobahnknotenpunkten und Grenzübergängen. Auch gäbe es gewiß "Fangprämien" für die privaten Polizisten.

Für öffentlich bedienstete Sicherheitskräfte gibt es kaum Anreize, Autodiebstähle zu verhindern oder aufzuklären und die Diebe zu fassen. Der Job ist beschwerlich und gefährlich, und "Erfolge" zahlen sich kaum aus – außer einer Verbesserung der Statistik. Das Einkommen der öffentlichen Polizisten steigt weder bei hohen – noch sinkt es bei niedrigen Erfolgszahlen; und von einem "Gewinn" des Innenministeriums kann ohnehin nie die Rede sein. Das bleibt natürlich nicht ohne Folgen für die Entwicklung des "Sicherheitsmarktes". Der amerikanische Ökonom Robert Higgs hat einmal die Relationen zwischen privaten Sicherheitskräften und staatlichen Polizisten für die USA untersucht. Sein Ergebnis: 1970 gab es in den USA noch 40 % mehr staatliche Polizisten als private. 1997 aber betrug die Zahl der privaten Polizisten (Sicherheitskräfte) bereits das Doppelte der staatlichen. Zugleich gaben die Amerikaner 1997 mit 90 Milliarden Dollar für private Sicherheitseinrichtungen und Schutzdienste mehr als das Doppelte des Betrages aus, der für die öffentliche Polizei an Steuer-Dollars (40 Milliarden $) bereitgestellt wurde. Deutlicher läßt sich nicht zeigen, wer auf diesem Sektor erfolgreicher agiert – oder anders gesagt: wer auf der ganzen Linie versagt. (Higgs 2002).

Des weiteren führt Higgs aus: Die meisten Anstrengungen und Kosten der öffentlichen Polizei konzentrieren sich auf Aktivitäten, die getätigt werden, *nachdem* Verbrechen passiert sind. Die private Polizei hingegen konzentriert sich auf die *Verhinderung* von kriminellen Handlungen. Und anstelle von Entschädigungszahlungen der Täter an die Opfer zwingt das öffentliche Sicherheitssystem die Opfer dazu, auch noch die Verwahrung der Täter in Gefängnissen und Zuchthäusern (über Steuern) zu bezahlen. Noch schlimmer: Viele Aktivitäten der öffentlichen Polizei richten sich darauf, Handlungen zu verfolgen, auf welche die Bürger jedes Recht haben (genauer: haben sollten): Von der Verfolgung des Joint-Rauchens über das Glücksspielverbot bis zum Verbot nicht-zertifizierter Medikamente. In vielen Fällen agiert das öffentliche Sicherheitspersonal nicht als Schützer, sondern als Agenten nackter Gewalt. Higgs schließt seine Analyse mit dem Satz: "Eine Regierung, die annimmt, sie müsse die Bürger vor sich selbst schützen und die ihre Gefängnisse und Zuchthäuser mit Millionen nicht-aggressiver >Übeltäter< füllt, hat in der Tat den Krieg gegen die eigene Bevölkerung eröffnet." (S. 312)

Ganz allgemein ist die Sache der Sicherheit vor den Unwägbarkeiten und Risiken des Lebens bei Staat und Politik am schlechtesten aufgehoben. Jede Sicherheitsforderung der Bürger an den Staat wandelt sich in der Hand des Gewaltmonopols in Befehlsgewalt um und vergrößert dessen Macht um immer neue Dimensionen. Das heißt: Die Freiheit der Bürger schrumpft und der Grad der Unfreiheit und der Knechtschaft steigt. In der Unfreiheit aber lauern die größten aller Sicherheitsrisiken des menschlichen Lebens. Wer bereit ist, die Freiheit der Sicherheit zu opfern, wird beides verlieren: Freiheit und Sicherheit.

Die nächste große Illusion, die man den Bürgern nehmen muß, ist der Glaube, Freiheit – mehr Freiheit – könne durch "gute" oder "bessere" Politik oder Politiker herbeigeführt werden. In Wirklichkeit ist durch "andere" Politiker und "bessere" Politik allenfalls zu erreichen, daß der Freiheitszerfall weniger rasch vor sich geht. Aber prinzipiell ist mehr Freiheit – und Freiheit ganz generell – nicht mit der Politik, sondern *nur gegen die Politik* zu erlangen. Der Überlebensruf der Freiheit lautet: "Keine Politik!" – oder wenigstens: "Viel weniger Politik!". Die weisesten Sätze zu diesem Thema lauten: *"Freiheit erfordert ein hohes Maß an Selbstbeschränkung: Freiheit verlangt, daß wir unsere Mitbürger nicht verletzten (nicht schädigen), weder von Person zu Person noch durch den kollektiven Prozeß – also durch Politik."* (Linda C. Raeder) (Raeder 1997).

"Für den Bestand der Freiheit brauchen wir eine entpolitisierte Gesellschaft, eine Gesellschaft, in welcher das Schicksal der Zivilisation nicht davon abhängt, wer gewählt wird." (Llewellyn H. Rockwell, Jr.) (Rockwell 2000a)

Es sollte sich endlich die Erkenntnis durchsetzen, daß die *Verwaltung des Lebens* der Menschen – und somit die Zerstörung ihrer Freiheit – die *Essenz* des politischen Geschäfts ist. Die Politisierung des gesamten Lebens der Bürger und ihre zunehmende fiskalkleptokratische Ausbeutung ist kein Unfall, kein politisch ungewolltes oder unvermeidliches Nebenprodukt der gesellschaftlichen Entwicklung, *sondern das ist das wesentliche Geschäft der Politik*; das ist ihr Lebenssaft, ohne den sie und ihre Betreiber nicht existieren könnten (und ohne den die politischen Personen nicht in Amt und Würden wären).

Die Gesetzgebung, das Hauptwerkzeug der Macht im demokratischen Staat, ist – auf den Freiheitsaspekt bezogen – in der Mehrzahl der Fälle keine Rechtsschöpfung, sondern Rechtsbruch und Rechtsschädigung (Schädigung der Freiheitsrechte). Die Gesetzgebung verbiegt und entwertet in aller Regel jenes tradierte Recht, in welchem sich das in Jahrhunderten herangewachsene Rechtsempfinden der Menschen widerspiegelt. Gesetze sind – auch und gerade in der modernen Demokratie – selten Instrumente, die das Recht gegen das Unrecht durchsetzen, sondern meistens politische Werkzeuge, mit denen die politisch Schwachen zugunsten der politisch Starken (Wählerstimmen-Mehrheiten) ausgebeutet, beraubt, unterdrückt und zu Zwecken der Umverteilung instrumentalisiert werden.

Professor Hans Willgerodt hat noch eine andere, wenngleich ganz ähnliche Art der Rechtszerstörung hervorgehoben: die Verdrängung dessen, was er "gedeckte Rechte" nennt, zu Lasten "ungedeckter Rechte". Politik ist im 20. Jahrhundert – und nun auch im 21. – weit überwiegend Umverteilungspolitik geworden. In rechtsanalytischer Betrachtung bedeutet das: einerseits Entzug von echten oder gedeckten Rechten, die aus Leistung und Produktion erworben wurden (oder erworben werden könnten, wenn man sie ließe), denen also reale wirtschaftliche Werte gegenüberstehen – und andererseits Zuteilung unechter oder ungedeckter Rechte, denen keine realen wirtschaftlichen Werte oder Leistungen zugrunde liegen. Mit Umverteilungs-"Recht" werden also Rechtsfiktionen und Vermögensillusionen in die Welt gesetzt und Rechts- und Wertezerstörung betrieben, sowie Betrug und Täuschung. Politik ist und bleibt unmoralisch, ordnungszerstörend und armutserzeugend. (s. Willgerodt 1998)

Es steckt eben für die politische Klasse eine unwiderstehliche Verlockung darin, zu glauben (und zu wissen), daß ihr die gesamte Bevölkerung als "Verfügungsmasse" bereitsteht. Und die Parlamente ("Volksvertretungen"), die einmal als Verteidigungsinstitutionen der Volksrechte *gegen die Regierungen* erstritten wurden, sind längst zum Bestandteil der Exekutiven geworden – und die Abgeordneten ("Volksvertreter") zu Fraktionszwang-Marionetten der installierten Regierungen. "Das Volk" muß sich in dieser Situation wieder selber helfen, indem es die wenigen Ausnahme-Persönlichkeiten und die wenigen Ausnahme-Publikationen unterstützt, die gegen das Politik-Theater opponieren und die ungeschminkte Wahrheit sagen. Für die Frage, ob wir in Freiheit oder in Knechtschaft leben (und leben werden), ist viel entscheidender, was wir denken, als wen wir wählen. Eine Gesellschaft, die mehrheitlich und entschieden Freiheit will, wird sie auch bekommen. Für jede andere Gesellschaft ist die Knechtschaft sicheres Schicksal und nur eine Frage der Zeit – ganz egal, wer sie regiert.

Kommen wir zur größten Illusion und zum verhängnisvollsten Irrtum politischer, ökonomischer und wirtschaftspolitischer Natur, von der sich die Bürger gründlich verabschieden sollten: vom Glauben nämlich, daß das, was sie in ihren Portemonnaies und auf ihren Spar- und Girokonten haben, Geld sei. Das, was die Amerikaner *fiat money* nennen (wir erinnern uns an die Schöpfungsgeschichte: *fiat lux!* Es werde Licht! – aus der Finsternis des Nichts; so ist *fiat money* "Geld", das auf Befehl des Staates oder der Banken aus dem Nichts entsteht): dieses *fiat money* ist kein Geld, sondern Scheingeld oder Falschgeld. (Warum das so ist, habe ich in meinem Buch *Geld, Gold und Gottspieler – Am Vorabend der nächsten Weltwirtschaftskrise* ausführlich dargestellt, weshalb es hier bei einigen wenigen Stichworten zum Thema bleiben soll).

Die tiefste Ursache der politischen Übel, die bisher dargestellt wurden, ist in der Tatsache zu suchen, daß diese Übel fast beliebig finanzierbar waren (und sind) – mit dem "leichten Geld" und dem "leichten Kredit" des *fiat money*-Systems. Dieses staatsmonopolistische, vom staatlichen Gewaltmonopol zum einzig zulässigen "gesetzlichen Zahlungsmittel" erklärte Scheingeld, hinter dem buchstäblich nichts steht, vergiftet sukzessive den Kreislauf des Kapitalismus. Es ist marktfremdes, sozialistisches Geld, das im Gegensatz zum echten Geld, dem Gold, beliebig vermehrbar ist und nicht wie das Gold-Geld im Markt entstanden ist, sondern durch politischen Herrschaftsbefehl. Es ist das entscheidende Spielgeld des politischen Macht- und Illusions-Spiels, und solange die Politik darüber nach Belieben verfügen kann, wird nichts und niemand sie von ihrem zerstörerischen Tun abbringen. Milton Friedman, Nobelpreisträger und wohl der berühmteste Ökonom des 20. Jahrhunderts, wurde nicht müde, zu wiederholen: "Der einzige Weg, um das Verhalten der Politiker zu ändern, ist, ihnen das Geld wegzunehmen."

Während unter dem Regime des Goldstandards die Güterpreise rund 150 Jahre lang im Durchschnitt gleich geblieben oder leicht gesunken sind, ist die Inflation im fiat money-System zur Dauerkrankheit sämtlicher Währungen der Welt geworden. Allein im 20. Jahrhundert hat es 25 Hyperinflationen (mit Inflationsraten von mehr als 50 % *im Monat*) gegeben. Und auch der "Stabilitäts-Weltmeister" unter den Währungen der Industriestaaten, die D-Mark, hatte bei ihrer Beerdigung durch den Euro gerade noch 5 % ihrer Kaufkraft von 1949/50. Mit den *Dollar* genannten Papierfetzen konnte sich die Verschuldung der Amerikaner (Staat, Unternehmen und Private) innerhalb nur weniger Jahrzehnte – besonders seit 1971, nach der endgültigen Lösung des Dollars vom Gold – auf die gespenstige Summe von 37.000 Milliarden Dollar (siebenunddreißigtausend Milliarden!) aufblähen. Das sind fünftausend Milliarden Dollar mehr als das gesamte Weltsozialprodukt von 32.000 Milliarden $. Allein die amerikanische Staatsschuld steigt um fast zwei Milliarden Dollar *pro Tag* – und der *Greenback* hat in der relativ kurzen Zeitspanne seit 1971 rund 80 % seiner Kaufkraft verloren. Der astronomisch teure Unsinn, der sich Politik nennt, könnte ohne permanente Inflation niemals finanziert werden.

Zu Zeiten des Goldstandards haben sich die Geld- und Kreditvolumina nie weit von der realen Güterwelt entfernt. Unter der fiat money-Regie aber fand ein babylonisches Feuerwerk statt, an dem die Welt buchstäblich verbrennen kann: Während sich das Volumen der Güterproduktion der Industrieländer in den letzten 30 Jahren vervierfacht hat, legte das

Geld- und Kreditvolumen auf das Vierzigfache zu. Dieses "leichte" – das heißt: mit einfachen Mitteln beliebig vermehrbare Geld – ist das eigentliche Mastfutter Leviathans, mit dem sich der Moloch Staat zu ungeahnten Ausmaßen groß fressen konnte. Ohne dieses Mastfutter hätte keiner der beiden Weltkriege geführt werden können (noch nicht einmal drei Wochen lang) – und genau deshalb wurde das echte Geld (Goldgeld) auch jeweils bei Ausbruch der Kriege abgeschafft.

Nur mit diesem Schein- und Falschgeld konnte sich auch die bei allen Politikern der Erde so beliebte Irrlehre des Lord Keynes (*Keynesianismus*) seit nunmehr 60 Jahren am Leben halten. Der amerikanische Ökonom Don Mathews hat gespottet: "Man stelle sich einmal einen hochrangigen Offiziellen der Notenbank vor – oder einen leitenden Angestellten des Arbeitsministeriums – oder einen etablierten Parteipolitiker, der verkündet: >Die Österreichische Schule der Nationalökonomie hat recht. Die Welt wäre besser dran, wenn wir nach Hause gingen.< Eher würde eine Wildente für die Verlängerung der Jagdsaison stimmen. Die Lobpreisung der spontanen Kräfte des Marktes ist keine geeignete Werbung für den Verkauf von Politik und politischen Aktivitäten. Sehr wohl aber eignet sich der Keynesianismus hierzu. Mag sein, daß die keynesianische Theorie die politischen Macher überhaupt nicht interessiert und überhaupt nicht ihre Arena ist – ihre Arena ist die Ungleichheit der Einkommen und Vermögen –, aber sie ist zweifellos das beste Vehikel, um überhaupt mit makroökonomischer Planung hausieren gehen zu können." (Mathews 1999)

Jedenfalls verwandelt die Droge *Scheingeld* die Volkswirtschaften der Erde in Junkies, in kranke Gebilde, die in Rausch und Delirium umhertaumeln und die eines nicht mehr fernen Tages mit dem letzten (ganz und gar nicht "goldenen") fiat money-Schuß zusammenbrechen werden. Der Restkapitalismus wird mit diesem Gift in seinen Adern zum Rohrkrepiererkapitalismus, der in seiner letzten Stunde nichts mehr mit Kapitalismus – aber um so mehr mit Krepieren zu tun haben wird. Die Geier des Marxismus, Sozialismus und Totalitarismus lauern schon, um über seinen Kadaver herfallen und ihm endgültig die Schuld an allen Übeln der Welt anlasten zu können. Die Menschen ahnen nicht, daß sie damit der einzigen menschenwürdigen Ordnung beraubt werden, die sie in Freiheit und Wohlstand führen und vor Knechtschaft, Elend und Sklaverei bewahren kann. So wie Napoleon anläßlich der Einführung der staatlichen Wehrpflicht gesagt hat: "Jetzt sind Soldaten weniger wert als Dreck", so werden die politischen "Feldherren" der nachkapitalistischen Zeit jubilieren, daß sie die Völker nun mit der politischen "Wohlverhaltenspflicht" endlich wie Dreck und Schlamm nach ihrem Gusto kneten können. Jedenfalls wenn – ja wenn die Bürger nicht endlich aufwachen und Leviathan sein Mastfutter entziehen. Nur wenn die Mitglieder der politischen Kasten sich der strengen Disziplin des echten Geldes, des marktwirtschaftlichen Goldgeldes unterwerfen müßten, könnten wir hoffen, daß die Zivilisation überlebt.

Deshalb waren auch die letzten Appelle des im hohen Alter stehenden Friedrich A. von Hayek in seiner Schrift *Denatio-*

nalisation of Money (Entstaatlichung des Geldes) (Hayek 1976, 1978) so eindringlich. Man kann sie auf die Kurzformel bringen: Wenn wir jemals wieder gesundes Geld haben wollen, wenn wir den wiederkehrenden Schüben von Inflation und Deflation, von Depression und Massenarbeitslosigkeit entkommen wollen, und wenn wir die ausufernden Budgetdefizite, die endlose Staatsverschuldung und den nationalistischen Staatsprotektionismus beenden wollen, dann müssen wir das Staatsmonopol über das Geld abschaffen, das Geld "entstaatlichen".

Anmerkung:
Es gibt Verschwörungstheoretiker, die den Dollar "Privatgeld" nennen, weil die größte und mächtigste Zentralbank der Welt, die (oder das) FED (Federal Reserve System), nominell einigen Mitgliedern der privaten "Hochfinanz" gehört. Das ist Unsinn. Zwar haben diese Herrschaften ganz gewiß ihre Hände im großen Macht- und Geldspiel (wir haben den verhängnisvollen Charakter der Verbindung zwischen big business und big government bereits erörtert), und das ist ganz und gar nicht gut; aber deshalb ist der Dollar noch lange kein "Privatgeld". Die FED wurde durch einen Kongreß-Beschluß (US-Parlament) gegründet, und ihre Vorstände werden von der US-Regierung ernannt (nach welchen Kriterien wohl?!) Außerdem ist der Dollar durch Einvernehmen zwischen Staat und Justiz einzig zulässiges "gesetzliches Zahlungsmittel", das heißt vor jeder Echtgeld-Konkurrenz geschützt. Wie könnte also der Dollar "Privatgeld" sein? Wer schießt, bestimmt über Leben und Tod – und nicht automatisch derjenige, dem das Gewehr gehört.

Hayek hatte zwar als Lösung nicht die Goldwährung im Auge, sondern "Konkurrierendes Privatgeld" (das freilich auch mit Gold unterlegt sein könnte), aber an der Einschätzung der vom fiat money ausgehenden Gefahr ändert sich dadurch nichts. Hayek weist mehrfach darauf hin, daß es bei seinem Vorschlag keineswegs nur um eine geldtechnische Verbesserung geht, sondern daß nicht weniger als unsere Freiheit und unsere materielle Existenz auf dem Spiel stehen. Auf Seite 110f. der genannten Schrift kann man lesen: "Wenn wir eine funktionierende Marktwirtschaft (und mit ihr die Freiheit des Individuums) erhalten wollen, *kann nichts dring-licher sein, als daß wir die unheilige und lange heimliche Ehe von Geld- und Finanzpolitik auflösen,* die mit dem Siegeszug der >Keynesianischen< Theorie ausdrücklich geheiligt wurde." (Hervorhebungen auch im Original) Und Hayek endet mit den Sätzen: "[Mein] Vorschlag deutet den einzigen Weg an, auf dem wir noch hoffen können, der anhaltenden Entwicklung aller Regierungen in Richtung auf den Totalitarismus Einhalt zu gebieten, der vielen scharfen Beobachtern als unvermeidlich erscheint. Ich wünschte, ich könnte den Rat geben, langsam vorzugehen. Aber die Zeit mag kurz sein." (S. 131)

Mit Hilfe des Scheingeldes kann die Politik den Menschen auch vorgaukeln (nicht dauerhaft, aber lange Zeit), die Wunschträume von umfassender Sicherheit und "sozialer Gerechtigkeit" seien tatsächlich machbar und finanzierbar. Welcher Illusionismus und welch schwere Irrtümer hinter diesen Täuschungsmanövern stecken, soll anhand des Begriffs *Soziale Gerechtigkeit* untersucht werden.

2. Was ist "Soziale Gerechtigkeit"?
Das Wort *Gerechtigkeit* wird hauptsächlich in zwei verschiedenen Bedeutungen gebraucht. Zum einen als Haltung

oder Tugend eines Menschen im Verhältnis zu anderen Menschen. Die Rechtswissenschaft spricht hierbei von der *iustitia commutativa*, der Tausch- oder Vertragsgerechtigkeit. Uns soll hier nur die andere, die zweite Bedeutung interessieren, nämlich die Gerechtigkeit als materiales Prinzip des Rechts im Verhältnis zwischen Einzelmenschen und Kollektiv, zugespitzter: zwischen Individuum und Staat.

Das Prinzip der Gerechtigkeit, von Liberalen auch oft *Herrschaft des Rechts* genannt, ist unschwer zu definieren: Es bedeutet und verlangt einfache und für alle gleiche allgemeine Regeln des rechten Verhaltens – und das impliziert die Nichtverletzung (und somit auch den Schutz) der Person und ihres Eigentums. Vor dem Recht und dem Gesetz müssen alle Bürger gleich sein, das heißt: niemand darf rechtliche Sondervorteile oder rechtliche Sondernachteile erfahren. Während in der kleinen privaten Gemeinschaft, in der Familie oder im Freundeskreis (also da, wo es nicht um gewaltgestützte Herrschaft geht) gerechtes Verhalten sich durchaus in ungleicher Behandlung zeigen kann – wie Berücksichtigung von Einzelumständen, die nur in der engen Gemeinschaft bekannt sein können und als Rechtfertigung für eine andere Behandlung dienen mögen, müssen in einer großen anonymen Gesellschaft gleiche Regeln für alle gelten.

Das ist vergleichbar den Regeln eines jeden Spiels, bei dem jedermann teilnehmen kann. So kann beispielsweise jeder Mensch irgendwo auf der Welt mit irgendeiner völlig fremden Person (oder mit mehreren ihm unbekannten Personen)

Schach spielen, auch wenn die Spieler unterschiedliche Sprachen sprechen und sich deshalb nicht verständigen können. Es spielt auch keine Rolle, ob der Mitspieler jung oder alt, männlich oder weiblich, dumm oder intelligent, stark oder schwach, gesund oder krank ist. Die Regeln sind bekannt und für alle gleich. Würde man einem "Spielleiter" das Recht einräumen, bei jedem Spiel Ausnahme- und Sonderregeln festzulegen – beispielsweise eine Regel wie >*Der Spieler X hat eine schlechtere Schulbildung genossen als Spieler Y. Er (X) darf deshalb drei Züge je Spiel zurücknehmen*<, so würde das bedeuten, daß a) kein Spiel mehr ohne den Spielleiter stattfinden könnte, daß b) sich der Spielleiter anmaßen dürfte, allwissend zu sein und alle Lebensumstände der Spieler zu kennen, und – noch schlimmer, daß c) der Spielleiter das Maß der Vor- und Nachteile in Leben und Person der Spieler "bewerten" und in Sonderregeln umsetzen dürfte – das heißt: daß er sich nicht nur Allwissenheit sondern auch Allmächtigkeit anmaßen dürfte und die Spielregeln nach Belieben verändern und festlegen könnte.

Erst recht muß das Prinzip der *Gleichheit vor dem Recht* im Verhältnis der Bürger zum Gewaltmonopolisten Staat gelten. Sobald Einzelumstände Berücksichtigung finden, entscheidet der jeweils Stärkere – hier also der Staat – darüber, welche Umstände wann und wie zu einer anderen Behandlung führen. Und damit sind der subjektiven Meinung sowie irgendwelchen Sonderinteressen und der Willkür alle Tore geöffnet. Gerechtigkeit im Vehältnis der Bürger zum Recht und im Verhältnis zum rechtsetzenden, rechtssichernden und rechtsdurchsetzenden Gewaltmonopolisten Staat ist relativ einfach zu definieren als *gleiche Regeln für alle.* Natürlich muß dieses Prinzip zugleich an die "goldene Regel" des gerechten Verhaltens gebunden sein, die da lautet: *Was du nicht willst, daß man dir tu, das füg auch keinem andern zu.* "Gerecht" kann also niemals eine für alle gleichermaßen gültige Regel sein wie *Jeder Mensch darf jeden anderen Menschen töten.* Die gleichen Regeln für alle müssen – um als Prinzip der Gerechtigkeit gelten zu können, zugleich explizit oder implizit mit dem *no harm-* Prinzip verbunden sein, also mit der Generalregel *schädige niemanden* oder mit der Friedensregel *Alles ist erlaubt, was friedlich und freiwillig geschieht.*

Was *Gerechtigkeit* oder *gerecht* ist, läßt sich also ganz klar definieren. Mit dieser Klarheit ist es vollständig vorbei, sobald dem Wort *Gerechtigkeit* das Präfix *sozial* beigestellt wird. Was "soziale Gerechtigkeit" ist, entzieht sich jeglicher Definierbarkeit. Es ist, wie Professor Kurt Leube es ausgedrückt hat, ein "narkotischer Begriff". (s. Leube 1999)

Der m.E. einzige Politiker, der diese Tatsache klar ausgesprochen hat, ist Otto Graf Lambsdorff. In der *Neuen Zürcher Zeitung* schrieb er: "Während die >adjektivlose< Gerechtigkeit als Regelgerechtigkeit, welche die Gleichheit vor dem Gesetz postuliert, klare Grenzen von Macht definiert, definiert >soziale Gerechtigkeit< nichts. Sie liefert der Politik eine >Rechtfertigung<, in prinzipienloser Weise Sonderinteressen zulasten der Allgemeinheit zu bedienen." (Lambsdorff 1995)

Detmar Doering von der *Friedrich-Naumann-Stiftung* ergänzte: "Die Werte, die heute allgemein zur moralischen Fundierung des Sozialstaates herangezogen werden, leiden in hohem Maße an Undefinierbarkeit. Der Begriff >soziale Gerechtigkeit< (im Gegensatz zur >adjektivlosen< Gerechtigkeit) ist ein extremes Beispiel dafür. Aufgrund seiner Undefinierbarkeit kann er für fast jedes beliebige staatliche Handeln herangezogen werden. Bereits hier ist das Ziel des liberalen Verfassungsstaates – nämlich die Definition der Grenzen des Staates – entscheidend ausgehöhlt." (Doering 1995, S. 26)

Es war ein schwarzer Tag für Recht und Freiheit, als Pius XI in seiner Enzyklika *Quadrogesimo anno* (1931) den Begriff *soziale Gerechtigkeit* offiziell eingeführt – und damit ausgerechnet eine Kampfparole der bolschewistischen Revolution aufgegriffen hat. Heute genießt dieses "Totschlagwort des vertikalen Bürgerkriegs" (W. S. Schlamm) in Deutschland einen quasi-religiösen Status. Professor Helmut Leipold hat sich anläßlich der Bundestagswahl von 1998 die Mühe gemacht, zu zählen, wie oft die Floskel *soziale Gerechtigkeit* in den Wahlprogrammen auftauchte. Das Ergebnis: Bei der SPD mehr als hundertmal, bei der CDU mehr als fünfzigmal. Daß die christlichen Kirchen die politische Lügen-Vokabel zum Glaubensbekenntnis erhoben haben, entbehrt nicht einer gewissen Tragik. Man könnte statt Tragik auch Einfalt sagen. Unterhöhlen sie doch damit ihr dekalogisches Fundament und betreiben auf diese Weise ihren eigenen Niedergang. Das *Mises Institute* in Auburn, USA, hat einmal die Zehn Gebote der Bibel so "umgeschrieben" (deformiert), daß sie zur Quasi-religion des Sozialstaats passen. (Das geschah nicht in blasphemischer Absicht, sondern im Gegenteil aus Verzweiflung über das Zerstörungswerk der wohlfahrtsstaatlichen Irrlehren am wahren Glauben). Das Siebte Gebot hat nun folgenden Wortlaut: "Du sollst nicht stehlen, es sei denn, du bedienst dich dazu der Regierung [des Staates] als Beauftragten. In diesem Fall ist es nicht Diebstahl, sondern soziale Gerechtigkeit."

Die ethische Position der Kirchen läßt sich seit langem auf den Nenner bringen, es gehe ihnen um *Fragen der sozialen Gerechtigkeit und der Moral*. Der niederschmetternde Irrtum, der in diesem Satz steckt, ist das Wörtchen *und*. Richtig müßte die Fragestellung lauten: Soziale Gerechtigkeit ODER Moral. Zwischen der *Gerechtigkeit* auf der einen Seite und der *sozialen Gerechtigkeit* auf der anderen Seite gibt es nämlich keine Verbindung; sie stehen sich diametral entgegen. Ebenso die *Persönlichen Rechte* (= Freiheit) und die *sozialen oder Gruppenrechte* (= Unfreiheit). *Gerechtigkeit* oder *Herrschaft des Rechts* impliziert den Schutz der Person und ihres Eigentums. Genauer: Freiheit als Grundbedingung für moralisches und gerechtes Verhalten bedeutet: Persönliche Rechte, persönliche Verfügungsrechte über die eigene Person und das persönliche Eigentum, sowie Schutz dieser persönlichen Rechte vor Eingriffen anderer Personen – und besonders vor Eingriffen des Gewaltmonopolisten Staat. Gruppenrechte hingegen – oder "soziale Rechte" – unterliegen der beliebigen Interpretation und der beliebigen Änderung durch die politische Macht. Sie bedeuten immer und notwendigerweise Bevorzugung einer Menschengruppe (oder mehrerer) zulasten einer anderen Gruppe (oder mehreren). Und sie bedeuten immer Eingriff in die persönlichen Rechte einiger oder vieler oder aller. "Soziale Rechte" oder "soziale Gerechtigkeit" können sich nur in Verletzung des fundamentalen Prinzips der Gerechtigkeit manifestieren: in der Verletzung der Regeln des rechten und gerechten Verhaltens für alle. "Soziale Rechte" und "soziale Gerechtigkeit" sind Synonyme für Unfreiheit, Rechtsbruch (Ungerechtigkeit), politische Willkür und Totalitarismus.

Kein Gesellschaftswissenschaftler hat mehr und tiefer über die Fiktion *soziale Gerechtigkeit* nachgedacht als Professor Friedrich A. von Hayek. Sein Fazit: "Mehr als zehn Jahre lang habe ich mich intensiv damit befaßt, den Sinn des Begriffs >soziale Gerechtigkeit< herauszufinden. Der Versuch ist gescheitert; oder besser gesagt, ich bin zu dem Schluß gelangt, daß für eine Gesellschaft freier Menschen dieses Wort überhaupt keinen Sinn hat." (Hayek 1977, S. 23). "Die völlige Inhaltslosigkeit des Begriffs >soziale Gerechtigkeit< zeigt [sich] an den Tatsachen, daß es keine Übereinstimmung darüber gibt, was soziale Gerechtigkeit im Einzelfall erfordert; daß ferner keine Kriterien bekannt sind, nach denen entschieden werden könnte, wer recht hat, wenn die Leute verschiedener Ansicht sind, und daß kein im voraus ausgedachtes Verteilungssystem auf eine Gesellschaft tatsächlich angewendet werden könnte, in der die einzelnen in dem Sinne frei sind, daß sie ihr eigenes Wissen für ihre eigenen Zwecke nutzen dürften." (S. 24) "Der Grund dafür, daß die meisten

Leute weiterhin fest an eine soziale Gerechtigkeit glauben, auch wenn sie entdeckt haben, daß sie nicht wissen, was sie bedeutet, liegt darin, daß sie meinen, es müsse etwas an dieser Phrase sein, wenn fast alle an sie glauben." (S. 25)

An anderer Stelle schreibt Hayek: "Das Schlagwort 'soziale Gerechtigkeit' [ist] keineswegs, wie die meisten Leute wahrscheinlich empfinden, ein unschuldiger Ausdruck guten Willens gegenüber den weniger Glücklichen ... Wenn die politische Diskussion redlich werden soll, ist es notwendig, daß die Leute erkennen, daß der Ausdruck intellektuell anrüchig ist, ein Kennzeichen der Demagogie oder des billigen Journalismus, den zu benutzen verantwortlich Denkende sich schämen sollten, weil sein Gebrauch, sobald die Leerheit dieses Ausdrucks erkannt ist, unredlich ist ... Ich habe immer stärker das Gefühl, daß der größte Dienst, den ich meinen Mitmenschen noch erweisen kann, der wäre, wenn ich die Redner und Schriftsteller unter ihnen dazu bringen könnte, sich gründlich zu schämen, jemals wieder den Ausdruck 'soziale Gerechtigkeit' zu benutzen." (Hayek 1981, S. 134)

Was Hayek wohl sagen würde, wenn er das gegenwärtige Schmierentheater mit der Gründung einer Partei erleben müßte, die dieses "Kennzeichen der Demagogie" zum Parteinamen erhoben hat (*WASG/Wahlalternative Arbeit und Soziale Gerechtigkeit*) und in der sich genau jene Unbelehrbaren einer Ideologie sammeln, die den Deutschen Ost nicht nur 40 Jahre Unfreiheit und Kärglichkeit, sondern auch den totalen Bankrott als Ergebnis ihrer Lebensarbeit beschert hat.

Wenn man versucht, die kolossale Fülle der Hayek'schen Schriften zum Thema sozialstaatlicher (also falscher) Rechtfertigungen von Markteingriffen und Umverteilung auf kürzestmöglichen Raum zusammenzudrängen, so könnte das wie folgt aussehen: Die persönlichen Entscheidungen der Menschen müssen stets Vorrang vor Kollektiventscheidungen haben, weil letztere zwangsläufig die Autonomie der Person verletzen. Die sozialstaatliche Begründung des Eingriffs in die Persönlichkeitsrechte und des damit erfolgenden Rechtsbruchs gegen das Gerechtigkeitsprinzip halten einer logischen Analyse nicht stand: Die Ergebnisse der marktwirtschaftlichen Kooperation sind ex ante (im vorhinein) unbekannt – und deshalb in ihren konkreten Ergebnissen unbeabsichtigt. Ohne das Vorliegen von Absicht und von Wissen um die konkreten Ergebnisse und Folgen des individuellen Handelns im Markt kann auch keine Verantwortung für die konkreten Folgen vorliegen – und somit entziehen sich die Marktergebnisse (wie z.B. die Höhe der Einkommen) einer Bewertung nach Gerechtigkeitsaspekten. Hinzu kommt: Die Entwicklung einer natürlichen Ordnung von Wirtschaft (Markt) und Gesellschaft mit ihren Institutionen, Traditionen und moralischen Normen ist weitgehend das Ergebnis spontaner Prozesse, deren Zustandekommen die Fähigkeiten der Vernunft weit übersteigen. Es ist deshalb unmöglich (und zugleich ordnungs-, moral- und effizienz- zerstörend), sie mit den Mitteln der abstrakten (konstruktivistischen) Vernunft und politischer Kollektiventscheidungen korrigieren oder gar "verbessern" zu wollen. Hinzu kommt die geschilderte Undefinierbarkeit und somit auch Nicht-Konkretisierbarkeit der *sozialen*

Gerechtigkeit. Es kann deshalb keine wie auch immer geartete Begründung für sozialstaatliche Korrekturen der Marktordnung und der Marktergebnisse geben – außer der nackten Gewalt oder dem skrupellosen politischen Machtkalkül.

Bei den sogenannten "sozialen Rechten" handelt es sich um schiere Sprachzerstörung und Lügenbegriffe. Es sind in Wahrheit *Ansprüche* gegenüber bekannten oder (meistens) unbekannten Dritten, die ohne Vertrag oder sonstige freiwillige Übereinkunft – also durch politischen Befehl – zustande gekommen sind. "Sozialrechte" signalisieren einen schweren Mißbrauch des Rechtsbegriffs. Ein (echtes) Recht ist etwas, das allen Bürgern gleichermaßen zusteht (auch wenn sie es in ungleicher Weise benötigen, nutzen oder schätzen). Außerdem bürden (echte) Rechte niemandem eine Last auf – außer dem Gebot zu friedlichem Verhalten. So belastet z. B. das Recht auf freie Meinungsäußerung oder auf die Unversehrtheit des eigenen Körpers (unversehrt von fremder Gewalteinwirkung) niemanden (allenfalls einen Verbrecher, der dadurch von einem kriminellen Angriff abgehalten werden soll). Bei den "Sozialrechten" hingegen, wie z. B. beim "Recht auf Lebensunterhalt" oder auf "angemessene Wohnung" oder auf "freie Schulbildung", handelt es sich nicht um Recht, sondern um Wünsche und rechtlich nicht zu begründende Ansprüche. Wenn irgend jemandem ein derartiges "Recht" gewährt wird, so bedeutet das unausweichlich, daß andere Menschen unter Zwang dafür zahlen müssen.

Der Ökonom Walter E. Williams macht das seinen Lesern anschaulich, indem er schreibt: "Wenn das der Sinn von 'Recht' wäre, dann würde das Recht auf freie Meinungsäußerung bedeuten, daß andere mir mit ihrem verdienten Einkommen ein Mikrophon, die Zuhörer oder den Textplatz in einer Zeitung bezahlen müßten, damit ich meine Meinung kundtun kann. Das Recht auf Reisefreiheit würde dann nicht bedeuten, daß jedermann mit seinem eigenen Geld hinfahren kann, wohin er will, sondern daß ich gezwungen wäre, Herrn Jedermann sein Flugticket und seine Hotelrechnung zu bezahlen." (Williams 2000)

Wenn alles Eigentum rechtmäßig erworben ist, gibt es eben nur ein einziges Motiv für die Forderung nach "mehr sozialer Gerechtigkeit" und "mehr Gleichheit" (durch staatliche Umverteilung) – und das ist der unter Instrumentalisierung der Neidgefühle der Menschen betriebene politische Machtgewinn. Für die angeblich "ethischen Kriterien" solchen Treibens gibt es keinen einzigen stichhaltigen Beweis.

Leider gibt es in Deutschland – aber auch im übrigen Europa – immer weniger Gesellschaftswissenschaftler, die den politischen Begriffsvernebelungen entgegentreten. Die Mutigen und Aufrechten sterben aus. Die verbalen Falschmünzer haben gesiegt. Anläßlich einer Untersuchung, was denn von Hayeks Kritik an der *sozialen Gerechtigkeit* geblieben sei, schreibt der Leiter des *Liberalen Instituts Zürich*, Robert Nef, resigniert: "Der Kampf gegen die >öffentliche Meinung< muß als verloren angesehen werden. Nicht nur die ursprüngliche Bedeutung von *sozial* [gesellschaftlich, R.B.], sondern auch die ursprüngliche Bedeutung von *gerecht* im Sinne von *regeltreu, nicht-willkürlich*, wird durch den allgemeinen Sprachgebrauch nicht mehr gedeckt ... Wir müssen heute – leider – davon ausgehen, daß wer Gerechtigkeit fordert und verspricht, ausgerechnet jene >soziale Gerechtigkeit< meint, mit der Hayek so gründlich abgerechnet hat ... Die Folgen sind ... moralisch verheerend." (Nef 2000).

Der Trierer Wissenschaftstheoretiker und Sozialphilosoph Professor Gerard Radnitzky sagte gar in einer seiner letzten Vorlesungen: "Wer mit seiner Lebenszeit, der knappsten unserer Ressourcen, haushälterisch umgehen möchte, sollte dem Gerede der politischen Diskussion über 'gerecht' und 'Gerechtigkeit' nicht viel Beachtung schenken. Die Wahrscheinlichkeit ist überwältigend, daß er damit nur Zeit verschwenden würde; denn – die intellektuellen Drahtzieher ausgenommen – wissen diese Schwätzer fast nie, worüber sie reden." (Radnitzky 2000)

Symptomatisch ist in diesem Zusammenhang auch, daß ausgerechnet der Philosoph der "Nebelsprache", John Rawls, als einflußreichster politischer Philosoph des 20. Jahrhunderts gilt und fast jedem Gebildeten der westlichen Welt bekannt ist, während andererseits nur wenige Intellektuelle vom scharfsinnigsten und klarsten politischen Philosophen der Neuzeit, von Anthony de Jasay, überhaupt jemals gehört haben. Bereits 1981, zehn Jahre nach dem Erscheinen des Rawls-Werkes *Eine Theorie der Gerechtigkeit*, zählte eine Bibliographie mehr als zweitausend Fachpublikationen, die sich mit dem Inhalt befaßt haben. Allein in den USA wurde das Buch mehr als 300.000 mal verkauft, eine Sensation für ein schwieriges Werk der Fachliteratur. Rawls, zu allem Übel hin auch noch vielfach als *Liberaler* bezeichnet (die Vernebelung hat eben alle Begriffe erfaßt) wurde damit zum anerkannten Vordenker der nachmarxistischen Linken.

Rawls Vernebelungsarbeit fängt schon beim Titel seines Buches an. Mit der Entrüstung des seriösen Wissenschaftlers schreibt deshalb der britische Professor für Politische Ökonomie, Antony Flew: "Die *Soziale Gerechtigkeit* beinhaltet wesentlich das, was im Sinne des herkömmlichen Gerechtigkeitsbegriffes als ungeheuerliche Ungerechtigkeit betrachtet wird, nämlich: Unter Androhung von Gewalt (via Besteuerung) jemandem etwas von dem wegzunehmen, was Bessergestellte ordnungsgemäß verdient haben oder besitzen, um es den weniger Gutgestellten zu geben. Es wird dabei stillschweigend unterstellt, die Summe aller Einkommen und Vermögen innerhalb eines Landes sei Kollektiveigentum, und deshalb stehe es zur beliebigen Umverteilung durch die 'gerechten' Umverteiler zur Verfügung. Ein herausragendes Beispiel für diese Unterstellung wurde von John Rawls mit seinem Buch *Eine Theorie der Gerechtigkeit* geliefert. Obwohl Rawls bereits auf Seite 7 einräumt, daß der wahre Gegenstand seiner Arbeit die 'soziale Gerechtigkeit' sei, beansprucht er im übrigen Text ebenso wie im Titel des Buches, 'die Gerechtigkeit' zu behandeln und eine 'substantive theory of justice' [eine Theorie vom *Wesen der Gerechtigkeit*, R.B.] zu entwickeln." (Flew 1997)

Auch Gerard Radnitzky, in der klaren Denktradition des *Kritischen Rationalismus* Karl Poppers stehend, kann sich bei der Analyse des Rawls-Werkes gelegentliche Sarkasmen nicht verkneifen. "Was in der Schöpfung versäumt wurde", so Radnitzky, "nämlich gleich alle gleich zu erschaffen, anstatt jeden jedem anderen ungleich, das soll durch ein Gemeinwesen, welches das Rawls'sche Moralsystem institutionalisiert, innerweltlich nachgeholt werden." (Radnitzky 1982, S. 90) Zu Rawls' *First principle of justice* (Grundprinzip der Gerechtigkeit) schreibt Radnitzky: "Die einzige Begründung, die Rawls für sein 'first principle' gibt, ist entwaffnend: es sei selbstverständlich." (S. 91)

(Das *first principle* hat nach Rawls zwei Aspekte: Jeder hat das Recht, von jedem anderen nicht übertroffen zu werden, und jeder hat die Pflicht, andere nicht zu übertreffen. Individuelle Unterschiede sind "ungerecht", weil "unverdient". Deshalb gehören herausragende Eigenschaften wie Schönheit, Klugheit oder Stärke nicht dem Individuum, das sie besitzt, sondern dem Kollektiv. Radnitzkys Kommentar dazu: "Das erinnert an den nationalsozialistischen Slogan >Du bist nichts, dein Volk ist alles<)

Im Prinzip ist Rawls' *Theorie der Gerechtigkeit* der Katechismus der neuen Sozial-Religion, der Vergötzung der Gesellschaft. Was man früher dem christlichen Gott in die Schuhe schieben konnte ("Wieso läßt Gott das zu?"), wird nun dem neuen Gott, der *Gesellschaft*, angelastet: *Die Gesellschaft* (das sind immer "die anderen") ist an allen Übeln schuld.

Wie erholsam dagegen – gegen solch gelehrsamen Humbug – die logisch klaren Ausführungen von Jasay. Er räumt gründlich auf mit den intellektuellen und politischen Verschmutzungen und Verfälschungen des Gerechtigkeitsbegriffs. Insbesondere zeigt Jasay, wie das ursprüngliche und seit der griechischen Antike gültige Verständnis von Gerechtigkeit als *Handlungsgerechtigkeit* (die allein sich mit persönlicher Verantwortlichkeit verbinden läßt) politisch und demagogisch geschickt uminterpretiert wird zu einer "Zustandsgerechtigkeit". Eine solche kann es zwar nicht geben, denn nur Individuen können gerecht oder ungerecht handeln, während ein Zustand – als Holismus (Ergebnis unzähliger Handlungen, Entscheidungen und unveränderlicher Gegebenheiten, die ein unentwirrbares Ganzes ergeben) – weder gerecht noch ungerecht sein kann, aber mit dieser Chimäre lassen sich alle politischen und gesellschaftsklempnerischen Vorhaben (angeblich) rechtfertigen, mit denen gesellschaftliche Zustände verändert und "gerechter" gestaltet werden sollen. Der vollständig verfälschte Gerechtigkeitsbegriff des politischen und intellektuellen *Neusprech* (Orwells *Newspeak*) ist der Stoff, aus dem die tödlich-utopistischen Träume sind.

Hier ist jedoch nicht der Ort für eine umfassende Erörterung der Thematik falscher und richtiger Gerechtigkeitsbegriffe und ihrer Apologeten. Interessierte, die auf klares Denken wert legen, seien auf die Jasay'sche Originallektüre verwiesen (s. Jasay 2002). Der politisch-korrekte (Un-) Geist, der unser Land überzieht, läßt leider nicht darauf hoffen, daß von Jasays Werken bald deutsche Übersetzungen vorliegen werden. Bislang ist in Deutsch – dank der brillanten Übersetzung von Monika Streissler – wenigstens ein Buch greifbar:

Liberalismus neu gefaßt – Für eine entpolitisierte Gesellschaft,
Propyläen, Ullstein, Berlin und Frankfurt a. M. 1995.

Es sei an dieser Stelle auch darauf hingewiesen, daß es im vorstehenden Kapitel nicht um die Frage ging, ob – und wenn ja, in welcher Form – es sogenannte "soziale Sicherungssysteme" geben sollte, oder ob der Sozialstaat überhaupt eine Existenzberechtigung hat oder nicht. Es ging hier darum, zu zeigen, unter welchen Schwindel- und Lügenetiketten die Politik uns den Sozialstaat und seine angeblichen "Sicherungssysteme" verkauft und welche Gefahren daraus für Marktwirtschaft und Freiheit erwachsen.

[Interessierte an der generellen Thematik des Sozialstaats erlaube ich mir, auf meine Publikation *Fauler Zauber – Schein und Wirklichkeit des Sozialstaats* hinzuweisen (Baader 1997)]

Da im abschließenden Kapitel noch die Frage "Was ist Freiheit?" kurz gestreift werden soll, ist es nützlich, noch einmal die ganz große Linie nachzuzeichnen, welche den Gerechtigkeitsaspekt mit dem Kapitalismus und der Freiheit (persönliche Freiheit und freie Gesellschaft) verbindet. Hierfür eignet sich ein Abschnitt aus der bereits genannten Vorlesung von Professor Gerard Radnitzky besonders gut und sei deshalb hier wiedergegeben:
"Der traditionelle Gerechtigkeitsbegriff fußt auf der Idee, daß Handlungen in der Vergangenheit im nachhinein belohnt oder bestraft werden sollen, je 'nach Verdienst'. Uns ist diese Idee durch die lateinische Tradition überkommen, insbesondere Ulpians Gerechtigkeits-Definition >*Honeste vivere, al-*

terum non laedere, suum cuique tribuere<. Im Blickpunkt steht dabei auch die Forderung, daß Gleiches gleich zu belohnen oder zu bestrafen sei und Ungleiches ungleich. (Aristoteles, *Nikomachische Ethik* 1131A 23-49). Diesen aus der griechisch-römischen Tradition auf uns überkommenen Ideen liegt also die Vorstellung einer engen Koppelung von Beitrag oder erbrachter Leistung und Nutzen für den Erbringer dieser Leistung zu Grunde, wie sie im freien privaten Markt weitgehend realisiert ist. [Äquivalenzprinzip, R.B.] Diese Koppelung ist die Voraussetzung für Verantwortung, die wiederum Freiheit voraussetzt und auch ermöglicht. Sie ist grundlegend für die Software-Infrastruktur des Kapitalismus (die Marktwirtschaft) und damit für die anonyme Großgesellschaft ... Gerechtigkeit im Sinne der *justitia commutativa* – commutatio des freiwilligen Tausches – ist daher ein Zentralbegriff in dem Moralsystem, das für eine freie Gesellschaft unentbehrlich ist, und sie ist aufs engste verbunden mit dem Eigentum, mit dem Halten von Versprechen, dem 'Finder-keeper'-Prinzip usf., d.h. mit den Maximen der Freien Gesellschaft."

Zu all dem steht die sogenannte *Soziale Gerechtigkeit* in Widerspruch – und zerstört somit sowohl den Markt als auch die Freiheit.

3. Was ist Freiheit?

Hier ist nicht der Ort für eine umfassende Darstellung und Analyse des Phänomens *Freiheit*. Es soll lediglich die Beziehung zwischen Freiheit und Kapitalismus aufgezeigt werden.

Zu diesem Zweck sind jedoch auch einige systematische Betrachtungen zum Freiheitsbegriff erforderlich.

Die unter der Ägide des Lügenbegriffs *soziale Gerechtigkeit* voranschreitende Zerstörung des Rechts führt auf direktem Weg auch zum Niedergang der Freiheit. "Soziale" Rechte und Gruppenrechte (also fälschlicherweise "Recht" genannte Ansprüche) bedingen nämlich, daß Recht und Gesetz instrumentalisiert werden, um "gesellschaftliche Ziele" zu verwirklichen. Damit ist die Freiheit als Prinzip bereits ausgelöscht, denn zur Festlegung eines oder mehrerer gesellschaftlicher Ziele bedarf es der Ermächtigung einer Herrschaftsinstitution, welche die Ziele festlegen kann und dabei auf die individuellen Zielsetzungen der Menschen keine Rücksicht zu nehmen braucht. Bei der Durchsetzung "gesellschaftspolitischer" Programme ist die betreffende Regierung auch gar nicht in der Lage, die individuellen Zielsetzungen der Bürger mit einzubeziehen, weil a) die Fülle der Ziele von Millionen Menschen nicht bekannt sein können, weil sich b) die individuellen Ziele permanent verändern, und weil c) diese Ziele so verschiedenartig sind wie die Menschen selbst, ja oft sogar untereinander im Widerspruch stehen. Die Festlegung und Verfolgung eines gesamtgesellschaftlichen Ziels seitens der Politik oder der Regierung ist *per se* bereits eine schwere Verletzung der Freiheitsrechte der Person.

Recht hat den ursprünglichen Sinn, die Freiheit und die privaten Rechte der Bürger zu schützen. Ein für gesellschaftliche Ziele instrumentalisiertes "Recht" kann diese Aufgabe nicht mehr konsequent wahrnehmen, weil die privaten Rechte im Namen der kollektiven Endzwecke notwendigerweise verletzt, beschränkt, reduziert oder schlimmstenfalls ganz abgeschafft werden müssen. Ludwig von Mises hat das in den schnörkellosen Satz gegossen: "Entweder ist es dem Menschen frei gestellt, nach seinem eigenen Plan zu leben, oder er wird gezwungen, sich bedingungslos dem Plan des Götzen >Staat< unterzuordnen." (Mises 1968, 1996)

Mit dem Terminus *private Rechte* sind wir bereits mitten in der Freiheits-Definition. Freiheit bedeutet nämlich im Kern *private Rechte* im Sinne der privaten Autonomie einer jeden Person hinsichtlich der eigenen individuellen Entscheidung über sich selber und ihr Leben – auch ihr gesellschaftliches Leben, sowie über ihr Eigentum und ihre Ziele, über ihre Zeit und die Früchte der eigenen Arbeit. Diese mir wie jedem anderen Menschen zugehörigen privaten Rechte sind nur insofern "Anspruchsrechte", als sie von jedem anderen fordern, nicht in meine persönliche Handlungs- und Entscheidungssphäre einzudringen. Es handelt sich dabei also wesentlich um *Abwehrrechte*. Freiheit ist immer *persönliche Freiheit*. Jedenfalls ist jede andere Freiheit (wie wirtschaftliche oder politische Freiheit) nur in dem Maße von Wert, als sie der persönlichen Freiheit dient. Hierzu ist das Diktum des englischen Schriftstellers Samuel Johnson (1709–1784) bekannt: "Political liberty is good only so far as it produces private liberty." (Politische Freiheit ist nur insoweit gut wie sie private [persönliche] Freiheit herstellt). Und diese persönliche Freiheit – also *die Freiheit* – kann man, volkstümlich gesprochen, definieren als das Recht einer jeden Person, in Ruhe gelassen zu werden (solange sie das wünscht). Sie wird durch den Spruch des Diogenes zu Alexander dem Großen symbolisiert: "Geh mir aus der Sonne".

Intellektuell redliche und wissenschaftlich seriöse Freiheitsdefinitionen zeichnen sich schon auf den ersten Blick dadurch aus, daß sie negativ formuliert sind. Das entspricht erkenntnistheoretisch der Aristotelischen Weisheit "Omnis determinatio negatio est" (Jede Definition ist gleichzeitig eine Negation). Anders gesagt: Abstrakte Begriffe lassen sich nur bestimmen, wenn man sagt, was das zu Bestimmende *nicht ist*. Hayek definiert Freiheit folgerichtig als "Abwesenheit von willkürlichem Zwang". Etwas präziser dargestellt, besteht die Freiheit bei Hayek aus drei negativ zu formulierenden Komponenten. Robert Nef hat sie wie folgt zusammengefaßt: Die Freiheit besteht "in erster Linie aus der Friedensidee (Negation von Gewalt und Krieg; Gewalt nur aus der Defensive), in zweiter Linie aus der Gerechtigkeitsidee (Negation von Willkür – nicht mehr und nicht weniger), und in dritter Linie aus der Freiheitsidee (Negation des Zwangs – so wenig Zwang wie möglich)." (Nef 1995, S. 27)

Es ist sofort ersichtlich, daß es sich bei diesen Negationen um Abwehrrechte gegen den Staat handelt. Das schließt positive Anspruchsrechte an den Staat – und damit auch an "die Gesellschaft" – aus. Die ursprünglichen Bürgerrechte, die in den verschiedenen *Bills of Rights* festgeschrieben wurden, dienten allesamt dem Schutz der Privatsphäre und der Person vor willkürlichen oder unangemessenen Eingriffen der Staatsmacht. Soweit hoheitlicher Zwang als zulässig erachtet wurde, war er an die Bedingung gebunden, daß es sich nur um Zwang bei der Durchsetzung allgemeiner Regeln handeln durfte, die auf eine unbekannte Zahl zukünftiger Fälle anwendbar – und für alle Bürger gleichermaßen gültig waren. Sobald solchen negativen (abwehrenden, verhindernden) Rechten positive Rechte hinzugefügt wurden, begann ein Prozeß der Rechtszersetzung.

Der hauptsächliche Todesstoß gegen das Recht wurde vom amerikanischen Präsidenten Franklin D. Roosevelt durchgeführt. Den klassischen Freiheitsrechten, der *Meinungsfreiheit* und der *Religionsfreiheit* (als Rechte gegen den Eingriff des Staates) fügte er im Rahmen seiner Parole von den *Vier Freiheiten* das "Recht" auf "Freiheit von Not" und auf "Freiheit von Furcht" hinzu – also Anspruchs"rechte" an den Staat. Dieser zerstörerische Prozeß fand seine vorläufige Hochblüte in der *Allgemeinen Erklärung der Menschenrechte*, die 1948 von den Vereinten Nationen (UN) verabschiedet wurden. In einer seiner Vorlesungen hat Hayek diese Menschenrechtskonvention einmal "eine Proklamation des Totalitarismus" genannt. Sie fügte den klassischen Bürgerrechten sieben sogenannte "soziale und ökonomische Rechte" hinzu. Mit ihnen wurde jedem Menschen positive Ansprüche zugesichert, von denen niemand weiß, wer sie erfüllen soll – und in welcher Form.

Hayek fragt: "Was kann beispielsweise die juristische Bedeutung der Feststellung sein, jedermann habe Anspruch darauf, > ... in den Genuß der für seine Würde und die freie Entwicklung seiner Persönlichkeit unentbehrlichen wirtschaftlichen, sozialen und kulturellen Rechte zu gelangen< (Art. 22)? Gegen wen soll >jeder Mensch< einen Anspruch haben auf >angemessene und befriedigende Arbeitsbedingungen< (Art. 23 (1)) und auf >angemessene und befriedigende Entlohnung< (Art. 23 (3))? Was sind die Folgen der Forderung, daß jedermann das Recht haben solle, >am kulturellen Leben der Gemeinschaft frei teilzunehmen... und am wissenschaftlichen Fortschritt und dessen Wohltaten teilzuhaben< (Art. 27 (1))? >Jeder Mensch< soll sogar >Anspruch auf eine soziale und internationale Ordnung [haben], in welcher die in der vorliegenden Erklärung angeführten Rechte und Freiheiten voll verwirklicht werden können< (Art. 28)." (Hayek 2003, S. 255)

Es wird in den entsprechenden Paragraphen auch niemand genannt, gegen den sich die Ansprüche richten könnten. "Die Gesellschaft" als Adressat scheidet aus, weil ein holistisches Phänomen wie "die Gesellschaft" weder denken noch handeln kann, weder werten noch jemanden in bestimmter Weise behandeln. "Sollen derartige Ansprüche Befriedigung finden", schreibt Hayek, "so muß die spontane Ordnung, die wir Gesellschaft nennen, durch eine vorsätzlich geleitete Organisation ersetzt werden: Der *kosmos* des Marktes wäre durch eine *taxis* zu ersetzen, deren Angehörige das tun müßten, was man ihnen vorschreibt." (S. 254) "Offensichtlich beruhen alle diese 'Rechte' auf der Deutung der Gesellschaft als vorsätzlich geschaffene Organisation, von der jedermann beschäftigt wird. In einem System von Regeln gerechten Verhaltens, das von der Vorstellung persönlicher Verantwortung ausgeht, könnten sie nicht verallgemeinert werden, und sie erfordern daher, daß das Gesellschaftsganze in eine einzige Organisation umgewandelt wird, das heißt im vollsten Sinne des Wortes totalitär wird." (S. 255)

Keinesfalls können die klassischen Bürgerrechte und die "neuen sozialen und ökonomischen" Rechte gleichzeitig verwirklicht werden oder Anwendung finden. Sie sind unvereinbar. Die alten Bürgerrechte zielten auf eine Ordnung der Freiheit. Die neuen Falschmünzer-"Rechte" zielen auf eine Organisation der Knechtschaft. Die hehren Worte erweisen sich als Fluch und als Lügenbegriffe. Um so tragischer, daß das neueste, "Verfassung" genannte Machwerk, die derzeit von den meisten Parlamenten der europäischen Staaten einfach "durchgewunkene" *Verfassung der Europäischen Union,* der UN-Menschenrechtserklärung in dieser Hinsicht keinesfalls nachsteht, sondern sie in einigen "Rechten" sogar noch übertrifft.

Das, was seltsamerweise noch immer "Recht" genannt wird, ist in unserer Zeit so weit auf den Hund gekommen, daß die Juristen noch nicht einmal den Unterschied zu kennen scheinen zwischen dem im deutschen Grundgesetz fixierten Diskriminierungsverbot, welches das Verhältnis zwischen Staat und Bürger regelt, und dem Diskriminierungsverbot Brüsseler Herkunft, mit dem das Vertragsrecht im Privatbereich der Bürger untereinander ausgehebelt wird. Und wenn sie den Unterschied kennen, kümmert sie das offensichtlich nicht. Ein Aufschrei der juristischen Zunft ob des ungeheuerlichen Eingriffs in das Privatrecht ging jedenfalls anläßlich der Gesetzesimplementierung im Sommer 2005 nicht durchs Land.

Es bleibt festzuhalten: Jeder Mensch, jedes Individuum, gehört sich selbst und niemandem sonst (allenfalls Gott, aber das ist eine andere, nicht-politische Geschichte). Deshalb darf niemand über einen Menschen ohne dessen Einwilligung verfügen. Gerade weil dieses Prinzip für alle Menschen gleichermaßen gilt, gibt es überhaupt eine Legitimation für das Gewaltmonopol *Staat*, dessen erste und einzige Aufgabe es ist, darüber zu wachen, daß niemand über einen anderen unter Zwang verfügt oder einen anderen gegen dessen Willen als Mittel für eigene Zwecke mißbraucht. Jeder Staat, der statt dessen selber über die Bürger verfügt und sie unter Anwendung oder Androhung von Zwang und Gewalt als Mittel für seine (macht- oder "erlösungs"-politischen) Zwecke einsetzt – wozu auch Aufbau und Betrieb des modernen Sozial- und Wohlfahrtsstaates gehören – ist eine Perversion der Rechtsstaatsidee und hat seine Legitimation verloren.

Am Freiheitsrecht eines jeden Menschen gibt es nichts zu rütteln und zu deuten, nichts "abzumildern" und zu relativieren. Während wir in der Realität ständig mit Kompromissen leben müssen (weil die Freiheit das Friedens- und Freiwilligkeitsgebot impliziert), darf man – was den Freiheitsbegriff anbelangt – in seinen Gedanken und Überzeugungen keine Abstriche machen. Wer hinsichtlich der Freiheit einen Kompromiß eingeht, hat sie bereits verloren. Der New Yorker

Anwalt Jeff Snyder hat am Beispiel der sukzessive ausgehöhlten Bürgerrechte der amerikanischen *Bill of Rights* gezeigt, daß ein Recht absolut sein muß, wenn es Recht bleiben soll, das heißt es darf keine Ausnahmen geben und es muß als Zweck an sich gelten, nicht als Mittel für andere Zwecke. Sonst steht dieses Recht nicht über und außerhalb der Gesetzgebung, sondern wird zum Gegenstand der Gesetzgebung, zu einer Schöpfung gesetzgeberischer Aktion und von Mehrheiten oder von herrschenden Richtermeinungen. Snyder warnt: "Wenn das Recht nicht absolut ist, haben die Bürger absolut keine Rechte." (Snyder 2001)

Die *Virginia Bill of Rights* und die kurz danach deklarierte *Bill of Rights* der amerikanischen *Unabhängigkeitserklärung* von 1776 sind Freiheitsdokumente ohne Wenn und Aber. In letzterer steht zu lesen, daß "alle Menschen gleich geschaffen sind; daß sie von ihrem Schöpfer mit gewissen *unveräußerlichen Rechten* ausgestattet sind; daß dazu Leben, Freiheit und das Streben nach Glück gehören; daß *zur Sicherung dieser Rechte* Regierungen unter den Menschen eingesetzt werden, die ihre rechtmäßige Macht aus der Zustimmung der Regierten herleiten; daß wenn immer irgendeine Regierungsform sich als *diesen Zwecken abträglich* erweist, es Recht des Volkes ist, sie zu ändern oder abzuschaffen und eine neue Regierung einzusetzen." (Hervorhebungen R. B.)

Der Hinweis auf den Schöpfer macht deutlich, daß diese in der Tradition des Abendlandes stehende Freiheitsauffassung – anders als es uns einige moderne Polit-Pfaffen weismachen wollen – wesentliche Wurzeln im Christentum hat. Der große Religionsphilosoph Romano Guardini hat das in die Worte gefaßt: "Die Axiome der Unantastbarkeit der Person ..., der Freiheit und Ehre jedes Menschen ..., der grundsätzlichen Gleichberechtigung jenseits von Privileg und Begabung ..., die Wahrheit des Wortes und die Verläßlichkeit des Vertrages – das, und vieles sonst enthält ... als Gedanke wie als Motiv und als Haltung die Wirkungen von vielen Jahrhunderten christlicher Gewissensbildung und Menschenformung." (Guardini 1993, S. 1075) Und der Marburger Professor Helmut Leipold hat den Werdegang der Freiheitsrechte mit dem Satz beschrieben: "Die Ideen der Unantastbarkeit der Freiheit, des Lebens, Denkens, Glaubens und des Eigentums sind religiösen Ursprungs und wurden später von der liberalen Ideologie aufgenommen und säkularisiert." (Leipold 2000, S. 18) Wer das einmal zur Kenntnis genommen hat, dem wird auch klar, daß der fehlende Gottesbezug in der EU-Verfassung nicht nur ein Beleg für die Entchristlichung des Abendlandes ist, sondern auch ein Signum für den Niedergang der Freiheitsrechte.

Die Verkehrung von Abwehr- in Anspruchsrechte ist jedoch nur eine von vielen semantischen Methoden zur politisch gewollten Zersetzung der persönlichen Freiheit. Ähnlich verheerend für den Bestand von Recht und Freiheit wirkt sich der demagogische Trick aus, den Begriff *Zwang* in der Freiheitsdefinition ("Abwesenheit von Zwang") falsch zu interpretieren. Das Gegenteil von Freiheit ist nicht das, wozu uns gegebene Umstände "zwingen", sondern der willentliche oder willkürliche Zwang durch Menschen. Nur Menschen haben den freien Willen und die Option, absichtlich oder willkürlich Zwang ausüben zu können, während die Umstände, in denen wir uns befinden, oder Gegebenheiten, mit denen wir uns konfrontiert sehen, diesen Willen nicht haben können. Noch präziser: Alle "Zwänge", denen wir uns aufgrund der Unvollkommenheit unseres Wissens, der Fragwürdigkeit unserer Institutionen, der Knappheit unserer Ressourcen und der Unwägbarkeiten der Natur und des Schicksals ausgesetzt sehen, dürfen nicht mit dem Begriff *Unfreiheit* belegt werden. Aber jede Chance, die wir irgend jemandem einräumen, auf andere Menschen willentlich Zwang zu unfreiwilligem Handeln auszuüben, ist ein Beitrag zur Verminderung oder Zerstörung der Freiheit – also ein Schritt zur Unfreiheit. Hayek wußte sehr wohl, warum er Freiheit nicht als Abwesenheit von Zwang definiert hat, sondern als "Abwesenheit von *willkürlichem* Zwang". Im Prinzip war das jedoch alles schon vor rund 250 Jahren bei David Hume nachzulesen.

Mit der sprachlichen Turnübung, Not als "Zwang" zu bezeichnen – und somit von der Freiheit als "Freiheit von Not" zu sprechen, verwandeln die Nebelphilosophen des Wohlfahrtsstaates die privaten Freiheitsrechte von Abwehrrechten *gegen den Staat* – wie durch Zauberhand – in Anspruchsrechte *an den Staat* (oder an "die Gesellschaft"). Staat und Politik haben nach dieser pervertierten Freiheitsdefinition gefälligst dafür zu sorgen, daß niemand Not leidet und jedermann frei von materiellen "Zwängen" leben kann. Und das, um es zu wiederholen, kann der Staat nur versuchen in die Tat umzusetzen (gelingen wird es ihm nie), indem er die echten Freiheitsrechte systematisch verletzt und abschafft. "Wir sollten uns davor hüten", hat Wilhelm Röpke geschrieben, "dieser Rattenfängerschalmei der >Freiheit von Not< so lange zu folgen, bis wir uns unversehens in einem Staat befinden, in dem wir in ihrem Namen gerade der echten Freiheiten beraubt sind und uns von Gefängnisinsassen nicht mehr wesentlich unterscheiden." (Röpke 1958, S. 234f.)

In ähnlich (falsche) Richtung gehen die Vermischungen des Freiheitsbegriffs mit *wirtschaftlicher Macht* oder *finanzieller Potenz*. In seiner großen Freiheitsstudie *Private Rights Against Public Power* schreibt Gerard Radnitzky: "Wenn man Freiheit mit Macht oder körperlicher und finanzieller Potenz verwechselt, dann kann man auch behaupten, die meisten Bewohner der DDR vor dem Fall der Mauer seien frei gewesen, denn die meisten hätten sowohl die physische Kraft als auch die finanzielle Potenz gehabt, ihr Land zu verlassen. Und wenn der frühere Kanzler Helmut Schmidt einmal gesagt hat, die >wahre< Freiheit liege in der sozialen Sicherheit, dann ist auch das eine Perversion des Freiheitsbegriffs, denn in diesem Fall wäre ein in einen goldenen Käfig eingesperrter Mensch der Freieste aller Freien. Aber diese Perversionen haben es wenigstens noch mit Individuen zu tun. Noch schlimmer ist der Marx'sche Freiheitsbegriff, der sich auf das Kollektiv bezieht (etwa als Emanzipation der Menschheit von Entfremdung und dinglichem Zwang oder Not)." (s. Radnitzky 1993, S. 26)

Im Schlagschatten des vielgeschundenen Wortes *Freiheit* sind noch viele Irrtümer, Illusionen und ideologische Betrugsmanöver unterwegs. Hier sei der besonders virulente Fehler herausgegriffen, Freiheit mit *Demokratie* gleichzusetzen. Nichts könnte falscher sein als das. Die Freiheit (persönliche Freiheit) steht sogar in einem Spannungsverhältnis zur modernen Form der Demokratie, das bis zur Gegensätzlichkeit reichen kann. Die Gleichung >Demokratie = Freiheit< ist falsch. Die Demokratie ist zwar jeder Art und Form der Diktatur oder Despotie bei weitem vorzuziehen (jedenfalls solange sie nicht zur absoluten Demokratie entartet und damit selber zur Tyrannis wird), aber vom Ideal einer freien Gesellschaft ist sie weit entfernt. Demokratie ist, wie der Titel eines berühmten Buches von Professor Hans-Hermann Hoppe lautet, ein >Gott, der keiner ist<. (Hoppe 2001). Die eigentliche Festung der Freiheit ist das gesicherte Eigentumsrecht (im weiten Sinne: Eigentum an der eigenen Person, am eigenen Körper und an den Früchten der eigenen Arbeit und an den übrigen rechtmäßig erworbenen Gütern).

Das gesicherte Eigentum ist die beste Form der Demokratie. Wer im Rahmen seines Eigentumsrechts eine Stimme abgibt, bestimmt damit vollständig und sicher seine Wahl: Er wählt ein weißes Baumwollhemd statt eines grünen Polyester-Hemdes, einen Ford statt eines VWs, ein Buch über das alte Ägypten statt eines Kochbuchs, eine Bratwurst statt eines Hühnerbeins, eine Beethoven-Disk statt einer von Michael Jackson, eine Reise in den Schwarzwald statt eines Fluges nach London. Es spielt dabei keine Rolle, welche Wahl andere Leute treffen. Bei einer (politisch) demokratischen Wahl aber gibt der einzelne eine Stimme unter Millionen ab, und was dabei herauskommt, weiß er nicht und kann er auch nicht beeinflussen. Ob seine Wahl eine Chance hat, hängt auch von der Wahl unzähliger anderer Leute ab. Demokratie ist ein unverzichtbares Instrument, um bestimmte Regierungen auf unblutige Weise loswerden zu können, aber sie ist nicht Freiheit, denn das Ergebnis des "Loswerdens" ist eine andere Regierung, die uns wiederum vorschreibt, was wir zu tun und zu lassen haben. Mit einer freien Gesellschaft hat das wenig zu tun. "In einer freien Gesellschaft", so Erich Weede, "verfügt jeder nichtentmündigte Erwachsene über das Eigentum an sich selbst und seinem Humankapital, an seiner Intelligenz und seinem Körper, an seiner eigenen Arbeitskraft. Die Freiheit, über deren Einsatz selbst entscheiden zu dürfen, ist der wichtigste Aspekt der Freiheit überhaupt." (Weede 2001)

Das große Spannungsverhältnis zwischen Freiheit und Demokratie kommt auch in den Worten des renommierten Demokratie-Theoretikers Giovanni Sartori zum Ausdruck: "Der einzig bekannte Weg, ein nicht unterdrückendes politisches System zu konstruieren, ist die Entpersönlichung der Macht, indem das Recht über die Menschen gesetzt wird. Doch die Verbindung von Freiheit und Recht war noch nie so gefährdet wie heute. Löst sich die Herrschaft des Rechts in die der Gesetzgeber auf, so steht grundsätzlich der Weg zur subtilsten Form der Unterdrückung offen: der >im Namen des Gesetzes<." (Sartori 1987, 1992, S. 324)

Noch zugespitzter ist die Formulierung des kolumbianischen Philosophen Nicolás Gómez Dávila: "Freiheit bedeutet keine Teilhaberschaft an der politischen Macht. Ihre Definition in politischen Machtbegriffen ist jene Finte, mit der der Demokrat betrügt." (S. 15) "Entweder hat der Mensch Rechte oder das Volk ist souverän." (Dávila 1992, S. 160)

Für den Grad der Freiheit oder Unfreiheit in einem Land gibt es einen groben Maßstab, und zwar das dort erreichte Ausmaß an Kollektiventscheidungen. Je höher die Staatsquote, die Abgabenquote und die Regulierungsdichte, desto mehr haben Kollektiventscheidungen die individuellen Entscheidungen der Bürger zurückgedrängt – und desto geringer ist somit der Freiheitsgrad. Auch das wirft kein gutes Licht auf die Demokratie, die ja eine geradezu reine Form der Kollektiventscheidung darstellt. Den eigentlichen "Wurm", der die Demokratie "faul" macht, hat der amerikanische Ökonom Allan Meltzer einmal wie folgt freigelegt: "Stimmrechte sind gleichmäßig verteilt, und der Durchschnittswähler besitzt weniger als das Durchschnittseinkommen." Ergebnis: Wenn die Eigentumsrechte nicht streng geschützt sind, kommt das allgemeine Wahlrecht einer "Lizenz zur Umverteilung" gleich. (Meltzer 1999) Das eigentliche Ergebnis läßt Meltzer leider unbenannt, nämlich daß die "Lizenz zur Umverteilung" einer Lizenz zum fast beliebigen Raub und zur endlosen Bestechung durch den Gewaltmonopolisten Staat gleichkommt. Noch schlimmer: Wie sollte man die Eigentumsrechte jemals streng schützen können, wenn die demokratische Mehrheit auch über den Grad des Eigentumsschutzes befindet?! Wir erinnern uns an den Satz von Llewellyn H. Rockwell, Jr.: "Für den Bestand der Freiheit brauchen wir eine entpolitisierte Gesellschaft, eine Gesellschaft, in welcher das Schicksal der Zivilisation nicht davon abhängt, wer gewählt wird." (Rockwell 2000)

Mit diesem Satz nähern wir uns dem, was man als "einzig mögliche Lösung des politischen Freiheitsproblems" überschreiben könnte. Doch davon später. Zunächst sollten wir uns noch die Freiheitsbegründung desjenigen Freiheitsdenkers ansehen, der mit den schärfsten logischen Werkzeugen ausgestattet ist: die von Anthony de Jasay. Der hohe Abstraktionsgrad der Jasay-Texte macht ihre Lektüre schwierig. Es ist deshalb ein Segen, daß Gerard Radnitzky die Gedanken Jasays in einer Reihe von Schriften so dargestellt hat, daß jedermann sie mit einigem guten Willen verstehen kann (s. z. B. Radnitzky 2004). Aber auch Jasay selber bemüht sich um Allgemeinverständlichkeit immer dann, wenn er sich in Zeitungs- oder Zeitschriftenartikeln an ein breiteres Publikum wendet (s. z. B. Jasay 2003). (Ähnlich brillante und stringente Definitionen und Analysen zum Freiheitsbegriff finden sich auch – mit etwas anderen Methoden und Denkwerkzeugen als bei Jasay – bei Professor Hardy Bouillon; s. dazu Bouillon 1997).

Jasay hält die herkömmlichen Freiheitsbegründungen der liberalen Lehre für zu leicht korrumpierbar und anfällig für Verwässerung. Deshalb seien sie auch bereits korrumpiert und verwässert. Das "Immunsystem" des Liberalismus ist nach

Jasay zu schwach, so daß es die Freiheitsidee nicht gegen Infektionen schützen kann. Die Freiheitsliebe als höchster Wert gerät schnell in Konkurrenz mit anderen "obersten" Werten (wie z. B. der Sicherheit). Der (ohnehin fragwürdige) Utilitarismus des "größten Glücks der größten Zahl" wird rasch zur Handlungsanweisung an die Politik, die Dinge "besser zu machen". Sogar John Stuart Mills' berühmtes *No Harm Priciple* (Niemandem schaden) ist gefährlich, weil es die Frage erlaubt: Was ist Schaden und ab welcher Schadenshöhe ist die Regierung zum Eingreifen berechtigt? Die Antworten lassen subjektive Urteile zu. Heute werden, so Jasay, sogar Unterlassung (omission) und Vollmacht (commission) miteinander vermischt. "Jemandem nicht zu helfen", sagt man, "fügt diesem Jemand Schaden zu." Sogar der ehrwürdige Eigentumsaspekt von John Locke (Selbsteigentum der Person) war letztlich nicht hilfreich, weil man ihn zu leicht als Egoismus diffamieren kann. Freiheit ist sowohl ein finaler Wert (Wert in sich) als auch ein instrumenteller Wert (notwendig, damit die Menschen ihre individuellen Ziele verfolgen können). Werte bedingen jedoch Werturteile, und Werturteile sind subjektiv und somit angreifbar. Die Freunde der Freiheit, so Jasay, haben es aber gar nicht nötig, auf Bewertungen zurückzugreifen. Um Freiheit und Liberalismus gegen sozialistische Verwässerungen und gegen prinzipienlosen Pragmatismus zu feien, schlägt Jasay zwei Grundpositionen vor: eine logische, "Freiheitsvermutung" genannt, und eine moralische mit der Bezeichnung "Ablehnung der Unterwerfungsregel".

Die Freiheitsvermutung leitet sich wie folgt her: Das Individuum darf jede beliebige Handlung ausführen, solange in der Gesellschaft, in der es lebt, keine stichhaltigen Einwände gegen dieses Handeln vorliegen. Sobald aber ein Einwand geltend gemacht wird ("Das darfst du nicht tun, weil Grund X dagegen spricht"), steht der Gesetzgeber vor der Frage, wem er die Beweislast dafür auferlegen soll, daß Grund X tatsächlich besteht und stichhaltig ist. Wenn der Inhalt der Einwände tatsächlich von Relevanz in der betreffenden Gesellschaft ist (also nicht von vornherein als unsinnig oder unerheblich betrachtet wird) und wenn die Anzahl der Einwände überschaubar ist, dann ist die Frage, ob der Handlungswillige die Gegenargumente entkräften kann, eine Frage der Effizienz und der benötigten Zeit. Wenn jedoch die Liste der Einwände unendlich ist, dann ist es dem Handlungswilligen unmöglich, sie alle mit rationalen Argumenten aus dem Weg zu räumen. In diesem Fall wäre der Gesetzgeber oder Richter unvernünftig, wenn er dem Handlungswilligen die Beweislast dafür auferlegen würde, daß alle Einwände gegen seine beabsichtigte Handlung logisch falsch sind. Es wäre das ein Verlangen, das unmöglich erfüllt werden könnte.

Nun ist aber die Zahl der denkbaren Einwände gegen fast jede Handlung endlos. Deshalb muß die Beweislast eines Grundes für das Verbot der Handlung demjenigen auferlegt werden, der sie verhindert wissen will – und nicht dem Handlungswilligen die Beweislast dafür, daß sein Handeln keinem möglichen Einwand entgegensteht. Also sollte jeder Einwand gegen eine Handlung bewiesen werden müssen. Die Freiheitsvermutung für jedes Handeln muß so lange gelten, bis derjenige, der einen Einwand dagegen vorbringt, seine Einwendung bewiesen hat.

> *Anmerkung:*
> Die Freiheitsvermutung läßt sich auch aus Karl Poppers erkenntnistheoretischem Gegensatz zwischen Falsifikation und Verifikation herleiten. Für die Aussage, diese oder jene Handlung sei schädlich, gibt es so viele potentielle Begründungen, daß sie nicht falsifizierbar ist. Es widerspricht also jeglicher Logik, die Unschädlichkeit einer Handlung beweisen zu müssen. Hingegen ist jeder einzelne Einwand verifizierbar oder falsifizierbar. Also sollte jeder Einwand gegen eine Handlung bewiesen werden müssen. Es gilt die Freiheitsvermutung einer jeden Handlung so lange, bis der Einwand gegen sie bewiesen ist.

Mit einiger umgangssprachlicher Unschärfe kann man die Freiheitsvermutung Jasays auch mit dem Satz darstellen: Alles ist erlaubt, was nicht ausdrücklich verboten ist – und das Verbot muß rational als Schadensverhinderung begründet sein.

Das klingt alles sehr abstrakt, hat aber ganz konkrete Konsequenzen für die Scheidung zwischen echten und falschen Rechten. Bei einer Freiheit (zu bestimmtem Handeln) oder einem echten persönlichen Recht wird von niemandem eine Dienstleistung verlangt; es wird lediglich erwartet, daß der von dieser Freiheit gedeckte Bereich zu respektieren ist, daß man also in Ruhe gelassen wird. Bei den falschen "Rechten" hingegen wird von anderen Menschen verlangt, eine bestimmte Leistung zugunsten desjenigen zu erbringen, der sich auf ein "Recht" beruft. Solche fälschlicherweise mit "Recht" bezeichneten Ansprüche sind immer Ansprüche auf das Eigentum anderer. Sie sind also das Gegenteil eines Rechts, nämlich des Grundrechts auf Eigentum. Professor Radnitzky führt dazu aus: "Genau genommen, sind diese sogenannten Rechte, die Sozialrechte, nur Ansprüche, die von den Herrschenden gewährt wurden. Wenn eine Wahl bevorsteht, wird die Phantasie der Politiker beim Erfinden neuer Rechte besonders beflügelt. Von den Politikern werden sie mit dem PR-Wort 'Recht' verbrämt. Von den Begünstigten werden sie alsbald als etwas erlebt, was ihnen *'zusteht'* und quasi internalisiert. Es entsteht daher eine Art Ratschen-Effekt: sie lassen sich nur schwer wieder abschaffen, 'zurückdrehen'. Die gewährten Benefizien können allerdings von den jeweiligen Herrschenden jederzeit wieder gestrichen werden ... eine Freiheit dagegen ist von den jeweiligen Herrschenden unabhängig. Sie können dagegen verstoßen, aber sie können sie ebenso wenig abschaffen, wie ein Dieb das Eigentumsrecht, die Eigentumskonvention, abschaffen kann, indem er stiehlt. Das Wort >Recht< ist im alltäglichen Gebrauch so sehr mißbraucht worden, daß man diese zur Worthülse mit beliebigem Inhalt verkommene Buchstabensequenz am besten vermeidet." (Radnitzky 2001, S. 271)

Soweit die erste (logische) Freiheitsbegründung von Anthony de Jasay. Nun zur zweiten, zur (moralischen) Freiheitsbegründung in Form der *Ablehnung der Unterwerfungsregel.*

Als Beispiel für eine Unterwerfungsregel führt Jasay den Satz an: "Der König in seiner Weisheit hat seinen Willen kundgetan, und diesem Willen müssen alle gehorchen." Auch wenn dieser Wille von einer demokratisch gewählten Regierung ausgeht, hat sie mit der königlichen Unterwerfungsregel das wesentliche Element gemeinsam, nämlich die Verpflichtung aller Mitglieder der betreffenden Gesellschaft, sich der Entscheidung von wenigen (Regierenden) in dieser Gesellschaft zu unterwerfen. Noch schlimmer: Diese Unterwerfung muß im voraus geschehen, bevor man weiß, was die Regierenden in unzähligen Einzelfällen entscheiden werden. Jasay schreibt: "Es lassen sich Gründe dafür finden, daß dies so sein muß, um das Regierungsgeschäft überhaupt betreiben zu können, aber das ändert nichts an der Tatsache, daß die Unterwerfungsregel eine Ungeheuerlichkeit ist. Unterwerfung ist moralisch akzeptierbar, wenn sie freiwillig erfolgt, und freiwillige Unterwerfung rationaler Individuen ist denkbar auf einer Von-Fall-zu-Fall-Basis ... Als Generalregel aber, als Blankoscheck, kann sie schwerlich beides sein: freiwillig und rational. Wenn zur Ausübung von Regierung eine generelle Unterwerfungsregel erforderlich ist (und das ist wohl der Fall), dann ist die Legitimität der Regierung – jeder Art von Regierung – moralisch nicht zu rechtfertigen." (Jasay 2003)

Das bedeutet, so Jasay weiter, daß strikt Liberale die Frage, ob sie für Anarchie eintreten, eigentlich nach den Regeln der Logik mit Ja beantworten müßten. "Aber es handelt sich um ein >Ja<, dessen praktische Konsequenzen notwendigerweise durch die Realitäten unseres gesellschaftlichen Zustands eingeschränkt sind." Jasay führt dann (sinngemäß) aus, daß zu Zeiten, als das Leben der Menschen noch nicht von Gesetzen und politischen Befehlen überwuchert war, die meisten gesellschaftlichen Koordinations- und Kooperationshandlungen auf tradierten Konventionen freiwilliger Natur beruhten. Und, anders als das Gesetz, das auf gewaltsamer Durchsetzung beruht, setzen sich Konventionen von selbst durch. Hayeks *Spontane Ordnung* steht als Schlüsselbegriff dafür. In allen Gesellschaften entstanden spontane Konventionen und Taburegeln, welche schädigendes Handeln unterdrückten und Leib, Leben, Eigentum und Vertrag schützten. In der westlichen Welt aber haben zwei Jahrhunderte mit immer mehr Gesetzen, Regulierungen, Besteuerungen und öffentlichen Diensten – kurz: der Rückgriff auf die Unterwerfungsregel – ein frommes Vertrauen in den Staat als Regelsicherer geschaffen. Die Muskeln der Gesellschaft zur Bewahrung und Neuerzeugung von Konventionen sind deshalb atrophiert.

Angesichts dieser Realität wäre es wohl vergeblich, zu erwarten, daß dem Kollaps des Staates eine geordnete Anarchie folgen würde. Das wahrscheinlichere Szenario wäre das eines noch widerlicheren Nachfolgestaates. Und das limitiert die praktische Agenda des strikten Liberalismus. "Trotz der Logik der These", so Jasay, "daß der Staat intrinsisch überflüssig (nicht notwendig) ist, und trotz der Attraktivität einer geordneten Anarchie, ist es kaum der Anstrengung wert, seine Legitimität permanent in Frage zu stellen. Die fromme Lüge von der Existenz eines Gesellschaftsvertrages darf jedoch nicht dazu führen, daß der Staat die Gefolgschaft seiner Untertanen als willfährig zugestanden betrachtet." Es bleibt den Freunden der Freiheit nichts anderes übrig, als sich gegen jeden einzelnen Schritt des ein- und vordringenden Staates zu wehren, zugunsten der Bewahrung privater Räume und des Zurückdrängens öffentlicher Räume.

Die meisten Leute, die mit solchen Gedanken konfrontiert werden, denken oder sagen: >So genau wollte ich das alles nicht wissen. Das abstrakte Zeug hat doch mit der Wirklichkeit nicht viel zu tun. Außerdem kann man ja sowieso nichts ändern<. Eine solche Reaktion ist verständlich, aber selbstmörderisch. Realität und Geschichte haben es unzählige Male bewiesen: Ist ein wesentliches Prinzip der Freiheit erst einmal verletzt, geht die Erosion unablässig weiter – bis zum bitteren Ende in Knechtschaft und Tyrannis. Die Freiheit geht bekanntlich scheibchenweise verloren, Tag für Tag in meist unmerklichen kleinen Schritten, aber mit der unerbittlichen Stetigkeit einer Sanduhr. Ein kluger Kopf hat den Vorgang mit einem Frosch-Beispiel deutlich gemacht: Wird ein Frosch in heißes Wasser geworfen, so springt er heraus, ohne Schaden zu nehmen. Setzt man ihn aber in kaltes Wasser und erhöht dessen Temperatur langsam und stetig, so bleibt der Frosch sitzen, bis es zu spät ist.

Wer noch jung genug ist, wird wahrscheinlich die zweifelhafte "Gelegenheit" haben, das totalitäre Ende seiner Freiheit noch selber zu erleben; für seine Kinder und Enkel wird die Wahrscheinlichkeit einer solch verhängnisvollen Entwicklung sogar zunehmend zur Gewißheit. Dazu ein anschauliches Beispiel, das von einem der besten Denker unseres Landes stammt, von Dr. Bruno Bandulet. Im *Deutschland Brief* vom Dezember 2002 schien Bandulet ein Märchen zu erzählen, indem er schrieb:

"Es war einmal ein Land, das hatte die stärkste Armee weit und breit, die besten Schulen und Universitäten, eine kleine, hocheffiziente Verwaltung, wenige und einfache Gesetze. Es hatte eine Börse, an der die Aktien immer dann stiegen, wenn die Arbeitslosigkeit zurückging, und fielen, wenn sie zunahm. Dies bei einer Arbeitslosenquote zwischen zwei und drei Prozent. Es hatte einen Kapitalmarkt, auf dem man unbesorgt auf Sicht von 30 Jahren in Anleihen investieren konnte und dabei keine Kaufkraftminderung riskierte, denn das Geld blieb auch in der nächsten Generation stabil. In diesem Land stiegen die Exporte, wuchs die Wirtschaft, die Löhne und Einkommen nahmen stetig zu, der Mittelstand florierte, ein gelernter Maurer konnte mit drei Wochenlöhnen die gesamte Jahresmiete seiner Wohnung zahlen. In diesem Land wurden Gesetze, auch Steuergesetze, für Generationen gemacht. Und der Staatsanteil am Sozialprodukt ... erreichte gerade einmal 14 %." [Heute über 50 %, R. B.] "Was ich Ihnen eben erzählt habe" fuhr Bandulet fort, "ist kein Märchen. Dieses Land hat es wirklich gegeben. Es war das deutsche Kaiserreich vor 1914 ... Es war die freieste Gesellschaft, in der die Deutschen je gelebt haben. Frei, weil ... Rechtssicherheit herrschte, weil der Staat das Eigentum respektierte." (Bandulet 2002)

Der geschilderte Zustand liegt weniger als hundert Jahre zurück – also gerade mal drei Generationen. Außerdem sollte man beim Vergleich mit unserer heutigen Situation und angesichts der relativen Kürze der vergangenen Zeit nicht vergessen, daß die Deutschen in der Zwischenzeit zwei apokalyptische Kriege und zwei schreckliche Diktaturen (eine gesamtdeutsche und eine ostdeutsche) erleben mußten; von den verheerenden Inflationen und Währungsreformen ganz zu schweigen.

Anmerkung:
Hierzu paßt eine Erinnerung, die ich an meinen Vater habe. Anläßlich eines Gesprächs über den Nationalsozialismus und den Zweiten Weltkrieg sagte er mir: "Als ich ein junger Mann war, hatten wir – meine Freunde und ich – bezüglich des Ersten Weltkriegs für unsere Väter nur Kopfschütteln und Spott übrig. Ich kann mich erinnern, daß ich zu meinem Vater – also zu deinem Großvater, der aus dem Ersten Weltkrieg gottlob unverletzt zurückgekommen war, gesagt habe: >Wie konntet ihr nur so etwas mit euch machen lassen?! Mit uns [also der Jugend der 20er Jahre] hätte man das nicht machen können<".
Nachdem er dies berichtet hatte, legte mein Vater eine Sprechpause ein und überlegte, sichtlich bewegt, ob er weiterreden sollte. Schließlich sagte er noch einen Satz, bei dem ihm Tränen in die Augen traten: "Und was hat man dann mit uns gemacht ...?!"

Jedermann, der genügend theoretisches Wissen und praktische Erfahrung hat, weiß, wie töricht es ist, zu glauben, "so etwas" könne niemals mehr geschehen. "So etwas" vielleicht nicht, aber anderes – und vielleicht noch viel Schrecklicheres.

Wer soll uns denn vor verhängnisvollen Entwicklungen bewahren, wenn wir selber nicht mit hinreichenden Kenntnissen und unablässiger Wachsamkeit verfolgen, was mit uns und unserer Freiheit geschieht? Will Durant, der Historiker und Meister der Beschreibung des klassischen Griechenland, hat schon bezüglich der Frühzeit der Zivilisation geschrieben: "Ewige Wachsamkeit ist der Preis für Ordnung wie für Freiheit; und die Gesetzlosigkeit lauert wie ein Wolf an jedem ordnungsgemäß funktionierenden Bereiche und wartet nur

auf einen schwachen Punkt, der ihr den Einlaß freigibt."
(Durant 1939, 1977, S. 35) Und Gottfried Keller hat schon vor
langer Zeit gewarnt: "Keine Regierung und keine Bataillone
vermögen Recht und Freiheit zu schützen, wo der Bürger
nicht imstande ist, selber vor die Haustüre zu treten und
nachzuschauen, was es gibt."

Die übliche Schulweisheit hat zu diesem "Nachsehen"
noch nie gereicht, und sie reicht auch heute nicht und wird
niemals genügen, die Mechanismen der Macht und der
Knechtschaft rechtzeitig erkennen – und ihnen somit effektiv
Widerstand leisten zu können. Die Freiheit geht immer wieder verloren, nicht nur, weil man sie uns nimmt, sondern
auch, weil wir sie uns nehmen lassen. Und nehmen lassen wir
sie uns weniger aus Feigheit und sehenden Auges, sondern
weit mehr aus Unkenntnis der politischen und geistigen Mechanismen des Freiheitsentzugs und der Freiheitszerstörung.
Was auch immer die Funktionäre treiben, welcher Macht und
Privilegien sich die politische Kaste auch erfreuen mag: es
funktioniert nur, weil die Bürger sich fast beliebig regieren
lassen. Es gilt eben nicht der Satz >Keine Knechte ohne Her-
ren<, sondern vielmehr die Weisheit: >Keine Herren ohne
Knechte<.

John W. Campbell, Jr. hat das ebenfalls auf den Punkt
gebracht mit seinem Satz: "Der einzige Mensch, der die Sklaverei möglich macht, ist der Sklave." Und der Wirtschafts-
und Politikwissenschaftler Ken Schoolland hat den Kern des
Geschehens beim Freiheitsverlust in einer Persiflage auf den

Fürsorgestaat freigelegt: Bei den Gewaltangriffen auf Leben, Freiheit und Eigentum, so Schoolland, "ist es das gleiche, ob diese Handlungen von einer Person allein begangen werden oder von den vielen gegen die wenigen oder sogar von Beamten in feinen Anzügen ... Die Probleme der Welt, die aus der ersten Anwendung von Gewalt durch eine Regierung [den Staat] entstehen, haben eine Lösung. Die Lösung ist, daß die Menschen der Welt aufhören, Regierungsbeamte zu bitten, Gewalt in ihrem Auftrag einzusetzen. Böses geht nicht nur von schlechten Menschen aus, sondern auch von guten Menschen, welche die Anwendung von Gewalt [indirekt über den Staat, R.B.] als Mittel für ihre eigenen Ziele tolerieren. Auf diese Weise haben gute Menschen in der ganzen Geschichte die schlechten Menschen mit Macht versehen." (Schoolland 1998, S. 162f.)

Seit 1990, dem Jahr der Wiedervereinigung, zeigt sich bei den entsprechenden Umfragen des Allensbacher Instituts ein massiver Trend in der Bevölkerung zur Bevorzugung der *Gleichheit* vor der *Freiheit*. In den neuen Bundesländern hat die Gleichheit als höher geschätzter Wert inzwischen die Freiheit überholt. Gleichheit ist aber das Todesgift der Freiheit. Auf diese Weise werden wir die Freiheit erneut verlieren – zum dritten Mal in Folge durch dieselbe Ideologie. Es drängt sich einem der Verdacht auf, daß Napoleon recht gehabt haben könnte mit seiner Bemerkung: "Das Bedürfnis nach Freiheit ist nur das Bedürfnis kleiner, von Natur besonders begabter, sich über die Alltäglichkeit erhebender Kreise. Man kann daher die Freiheit straflos vergewaltigen, während die Gleichheit hinwiederum gerade der Menge behagt." (Sieburg 1956, S. 403)

Die Freunde der Freiheit müssen wissen, daß es nur einen Weg zur Bewahrung der Freiheit gibt. Genau besehen, sind es zwei parallel verlaufende und zusammenhängende Wege: Die eine Hälfte ist eine moralische, geradezu antirationalistische, die andere eine rationale, eine Laufspur des Wissens. Zur moralischen Spur: Hier gilt der Schlüsselsatz Hayeks: "Es ist eine Tatsache, die all die großen Vorkämpfer der Freiheit ... nicht müde wurden, zu betonen, daß Freiheit ohne tief eingewurzelte moralische Überzeugung niemals Bestand gehabt hat und daß der Zwang nur dort auf ein Minimum herabgesetzt werden kann, wo zu erwarten ist, daß Individuen sich in der Regel freiwillig nach gewissen Grundsätzen richten." (Hayek 1971, S. 79)

Das war schon dem großen Freiheitsphilosophen Edmund Burke eine selbstverständliche Erkenntnis. In einem Brief an ein Mitglied der Nationalversammlung schrieb er 1791: "Die Menschen sind zu bürgerlicher Freiheit genau in dem Maße befähigt wie sie bereit sind, ihren eigenen Trieben moralische Fesseln anzulegen ... Die Gesellschaft kann nicht existieren ohne daß irgendwo eine Kontrollmacht über die Wünsche und Triebe angesiedelt ist, und je weniger von dieser Kontrollmacht im Innern [im einzelnen Menschen, R. B.] sitzt, desto mehr muß sie von außen kommen. Es liegt in der ewigen Ordnung der Dinge, daß Menschen von ungezügeltem Charakter nicht frei sein können. Ihre Leidenschaften schmieden ihre Fesseln." Leonard E. Read hat für diesen Tatbestand die schönen Worte vom "inneren und äußeren Gesetz" gefunden. Je weniger "inneres Gesetz", desto mehr "äußeres Gesetz", also je weniger Selbstdisziplin, desto mehr hoheitlicher Zwang. (s. Read 2000)

Es kann also nicht verwundern, wenn der bedeutende Freiheitsphilosoph und Historiker Lord Acton (1834 – 1902) zur kategorischen Aussage kam: "Kein Land ohne Religion kann frei sein. Religion [Lord Acton meinte die christliche Religion, R. B.] schafft und verstärkt das Pflichtbewußtsein. Wenn die Menschen nicht aus Pflichtgefühl anständig bleiben, muß die Furcht diese Rolle übernehmen. Je mehr sie aber von der Furcht bewacht werden, desto weniger frei sind sie. Je größer die Kraft des Pflichtbewußtseins, desto größer die Freiheit." (Acton 1988, S. 650) In umgekehrter Richtung, aber mit demselben Hintergrund hat einer der scharfsinnigsten Denker der gesamten Freiheitsliteratur, Frédéric Bastiat, formuliert: "Versuche es mit der Freiheit, denn Freiheit ist ein Glaubensbekenntnis in Gott und seine Werke."

Zur selben Überzeugung kamen auch die Agnostiker unter den großen Freiheitsphilosophen. So auch Hayek, der zu diesem Thema am tiefsten geschürft hat. In unzähligen Schriften hat er dargelegt, daß die persönliche Freiheit nur in einer Gesellschaft bewahrt werden kann, in welcher die wichtigen Werte wie die Achtung der Person, der Respekt vor dem Eigentum und das Halten von Verträgen *fraglos* gelten. Der Schlüssel hierbei ist das Wort *fraglos*. Nur wenn die Prinzipien des rechten und gerechten Verhaltens, die >*man tut...*<- und >*man tut nicht* ...<-Regeln in einer Gesellschaft in Form von religiösen Glaubenshaltungen oder als tradierte Tabus gelten – und somit nicht rational "hinterfragt" werden, können sie bei einer hinreichend großen Zahl von Bürgern verbindliche Leitlinien für das persönliche Verhalten bleiben. Sobald nur noch solche moralischen Werte und Verhaltensregeln anerkannt werden, die sich rational ("vernünftig") erklären und rechtfertigen lassen, gehen diese Werte verloren, weil die wenigsten von ihnen einer rationalen Begründung zugänglich sind. Sobald man hinter die Zehn Gebote der Bibel ein *Warum?* setzt, ist ihre – das menschliche Zusammenleben stabilisierende – Kraft dahin. Sie müssen dann durch den strafbewehrten Befehl ersetzt werden. Dieser aber widerspricht der Grundbedingung aller Moral, der Freiwilligkeit, und beschleunigt somit die Moralzerstörung. Am Ende des Weges steht dann entweder die Diktatur im Namen nationalistischer oder sonstiger kollektivistischer Schein- und Ersatzwerte und/oder das, was Jasay den "Panzersozialismus" genannt hat. Ähnlich wie Hayek hat auch Jasay gezeigt, daß es zur Bewahrung der Freiheit letztlich auf die Überzeugungen der Menschen (geltende Werte und Tabus) ankommt, viel mehr als auf eine bestimmte Staats- und Regierungsform oder auf eine freiheitliche Verfassung (Eine Verfassung, so Jasay, "ist ein Keuschheitsgürtel, zu dem die Dame selbst den Schlüssel hat.")

Mit dem Niedergang des religiösen Glaubens und der fraglos geltenden Moralregeln schwindet auch die Karitas, die freiwillige Hilfsbereitschaft der Menschen für ihre in Not und Elend lebenden Mitbürger. Schon im Griechenland des Aristoteles war das Zeichen des *eleutheros*, des Freien, die Freigiebigkeit, die freiwillige Bereitschaft, anderen zu geben. Schwindet sie, schwindet auch die Freiheit. Und umgekehrt! Auch deshalb ist der Wohlfahrtsstaat, das politische Raubsystem des erzwungenen "Gebens" seinem innersten Wesen nach ein System der Freiheitszerstörung.

Im viktorianischen London des Jahres 1900 waren sozial- und wohlfahrtsstaatliche Einrichtungen unbekannt. Trotzdem hat es keinen einzigen Einwohner der Stadt gegeben, der unbehandelt krank geblieben wäre oder der mittellos hätte hungern oder als Obdachloser leben müssen. Dutzende von sogenannten *Friendly Societies* kümmerten sich um jeden Gestrauchelten oder Unglücklichen; die Ausgaben für karitative Zwecke bildeten den zweitgrößten Budgetposten (nach den Lebensmitteln) der Bürgerhaushalte, und fast die Hälfte aller Londoner Ehefrauen in den bürgerlichen Familien waren aktiv und unentgeltlich in Hilfseinrichtungen tätig. Mit dem Heraufziehen der staatlichen Sicherungs- und Wohlfahrtseinrichtungen lösten sich diese Institutionen und freiwilligen Hilfsdienste sukzessive auf. Im Wohlfahrtsstaat gilt die Devise >Warum soll ich meinem Nachbarn helfen, wenn es doch das Sozialamt gibt<.

Dabei war es keinesfalls so, daß überall in den Industrieländern der Sozialstaat hätte "einspringen" müssen, weil die private Karitas ausfiel, sondern umgekehrt: Das Machtstreben der Parteien und Regierungen ging mit den Versprechungen von immer mehr "sozialen" Wohltaten auf Stimmenfang, und mit dem rasanten Wachstum der staatlichen "Sozialversicherungen" und "Sozialleistungen" ging das Schrumpfen privater Hilfsbereitschaft einher. Damit trocknete aber nicht nur die private Karitas aus, sondern es wurden auch immer mehr Bedürftige erzeugt. Das liegt in der Natur der Kollektivleistungen (wir erinnern uns an die "Tragödie des Gemeineigentums"), an der Tatsache also, daß Anreize gesetzt werden, das System auszubeuten und die eigenen Anstrengungen zu verringern. Die Zahl der Hilfsbedürftigen schwoll jedoch auch deshalb rapide an, weil der Sozialstaat teurer und teurer wurde und den Bürgern immer mehr von ihren Einkünften und Vermögen rauben mußte, um das wuchernde Wohlfahrtsgebilde finanzieren zu können. Mit dem Sozialstaat wächst auch der Steuer- und Abgabenstaat zum alles verzehrenden Moloch heran. Die Bürger müssen ihm immer größere Teile ihrer Arbeitserträge in den Rachen werfen und werden auf diese Weise tatsächlich massenweise zu Bedürftigen. Damit steigen die Kosten erneut, die Abgabenschraube muß weiter nach oben gedreht werden, noch mehr Menschen können ihren Lebensunterhalt aus dem immer geringer werdenden Restverdienst nicht mehr bezahlen. Ein Teufelskreis, der theoretisch erst sein Ende findet, wenn alle ihres Einkommens vollständig beraubt und abhängige Kostgänger des Staates geworden sind. (In der Praxis kann das Ende der Elendsspirale auch früher eintreten, und zwar durch den Staatsbankrott).

Der amerikanische Autor George Amberg hat in den (ach so "kapitalistischen") USA nicht weniger als 52 Steuerarten gezählt und geschrieben: "Keine dieser Steuern hat es vor hundert Jahren gegeben. Damals war unser Land das wohlhabendste der Welt mit der größten Mittelschicht der Welt. Mutter blieb zuhause, um die Kinder aufzuziehen. Mit der zunehmenden Wegnahme unserer Einkommen brauchen immer mehr Familien zwei Verdiener, um über die Runden zu kommen. Viele Bürger halten die Besteuerung für richtig oder notwendig. Sie sehen nicht, daß alles, was der Staat ausgibt, von uns Bürgern nicht mehr ausgegeben, nicht mehr gespart oder investiert werden kann. Der Weg, der von der Freiheit wegführt, ist mit Steuern gepflastert." (Amberg 2005)

Die meisten Menschen merken eben nicht, daß ihnen inmitten des Sozial- und Menschenrechts-Gesäusels der Politik die wahren Menschenrechte sukzessive entrissen werden. In einer Human Rights-Studie hat Professor Hardy Bouillon das Fazit gezogen: "Menschenrechte werden üblicherweise als ein logisch inkonsistentes Bündel von Rechten und Anspruchsrechten präsentiert. Diese logische Inkonsistenz könnte aufgelöst werden, wenn man Menschenrechte als Eigentumsrechte verstehen und formulieren würde." (Bouillon 2005)

Eine der beiden Spuren auf dem Weg hin zu mehr Freiheit und zur Bewahrung der Freiheit muß für die westliche Welt also zum Ziel *Stärkung des christlichen Glaubens* führen. Es ist tragisch, daß die beiden großen christlichen Kirchen ihre Aufgabe heutzutage weit mehr in der Funktion eines Hilfsbüttels des Sozialstaats sehen als in ihrer ursprünglichen Funktion als Überbringer und Künder der christlichen Glaubenslehre und Heilsbotschaft. Eine entscheidende Trendwende könnte meines Erachtens nur dann eintreten, wenn das Bildungswesen vollständig privatisiert wäre. Den Kirchen würde damit unmittelbar eine führende Rolle bei Leitung und Betrieb von Schulen und Hochschulen zuwachsen (was in historischer Betrachtung ohnehin ihre Domäne war; die wenigen katholischen Internate in Deutschland gelten heute geradezu als "Rettungsinseln" im Sumpf der niedergehenden Erziehung). Auch könnten sie sich auf diese Weise sukzessive von ihrer finanziellen Staatsabhängigkeit befreien. Ähnliches gilt für das Gesundheitswesen.

Kommen wir zur zweiten, zur "rationalen" Wegspur, die zum Freiheitsziel führen könnte, wenn eine hinreichende Zahl von Menschen sie beschreiten würde: zum *Wissen*, und hier hauptsächlich zum Wissen um die wahren Zusammenhänge des komplexen Geschehens, das wir *Wirtschaft* nennen. Hier sieht es, wohl hauptsächlich aufgrund des verstaatlichten Bildungswesens, überaus traurig aus. Das Trauerspiel beginnt schon bei einfachen Vorgängen. Wenn beispielsweise Unternehmen – oder, wie es in der Alltagssprache heißt: *die Wirtschaft* – mit Vorschriften und Regulierungen, mit Steuern und Abgaben überzogen werden, so kümmert das die meisten Leute wenig bis gar nicht. Sie denken "Es kann mir egal sein, wenn man den Bossen da oben auf die Finger klopft und in ihre übervollen Kassen greift." Manche Zeitgenossen kapieren noch nicht einmal, daß sich die Lkw-Maut unmittelbar im Preis der Tomaten und Gurken niederschlägt, die sie im Supermarkt kaufen. Viele plappern auch die politischen Lug- und Trug-Sprüche nach, daß die Unternehmen "viel zu wenig

Steuern zahlen". Unabhängig davon, daß solche Behauptungen selten mit den Fakten übereinstimmen, scheint auch hierbei den meisten Leuten nicht bewußt zu sein, daß fast alle Belastungen "der Wirtschaft" mit Steuern, Abgaben und Bürokratiekosten über die Preise der Güter und Leistungen an die Konsumenten (also an uns alle) weitergegeben werden. Das geht auch gar nicht anders, weil die Unternehmensgewinne im Verhältnis zu den Umsätzen und Gesamtkosten viel zu niedrig sind, um Mehrbelastungen auffangen zu können. Außerdem sind Gewinne, wie wir gesehen haben, unwägbare Restgrößen. Man kann somit zusätzliche Kosten gar nicht zu Lasten unbekannter (und vielleicht gar nicht realisierbarer) Gewinne "kalkulieren".

Außerdem sollte nach allen bisherigen Ausführungen erkennbar geworden sein, daß Konsumenten und Arbeitnehmer (also wir alle) durch sinkende oder nicht-erzielte Unternehmensgewinne geschädigt werden, weil wir durch unterbleibende Investitionen und geringere Kapitalbildung nur ärmer oder weniger wohlhabend werden können. Gewinne sind eben eine Hauptquelle der Kapitalbildung.

Doch sind das noch nicht einmal die schlimmsten Wirkungen der staatlich-bürokratisch-fiskalischen Eingriffe ins Wirtschaftsgeschehen. Es sollte endlich zum Allgemeinwissen gehören, daß das, was wir *die Wirtschaft* oder *die Volkswirtschaft* nennen, nicht viel anderes ist als die Summe der Wünsche, Präferenzen und Bedürfnisse aller Bürger (zumindest was die materiellen Bedürfnisse anbelangt – aber damit indirekt auch viele nicht-materielle Anliegen). So sicher wie die beiden Seiten einer Gleichung im Summenwert nicht voneinander abweichen, so gewiß ist auch, daß die staatliche "Kontrolle" (Bevormundung, Regulierung, Beschränkung, Behinderung, Belastung etc.) der Unternehmen und Unternehmer – also der Wirtschaft – automatisch auch eine entsprechende Schädigung der Bürger bedeutet. Politik, die den Unternehmern vorschreibt, was sie zu tun und zu lassen haben, schreibt – um eine oder zwei Ecken herum – auch den anderen Menschen eines Landes vor, wie sie zu leben haben.

Den Merkspruch >*Markt oder Befehl*< kann man auch ausführlicher formulieren, nämlich: "Entweder lassen wir uns von den Signalen des freien Marktes als freie Bürger leiten – oder wir werden als Mündel und Knechte von den Befehlen des Staates gelenkt." In diesem Satz ist implizit die Annahme enthalten, daß es sich bei den Marktsignalen (Preisen) um annäherungsweise "richtige" Signale handelt. Und richtig können sie auf keinen Fall sein, wenn sie durch hoheitliche Eingriffe verzerrt und verändert werden. Wir Konsumenten und Verfolger privater oder beruflicher Ziele treffen dann Entscheidungen, die wir bei Vorliegen unverzerrter Marktsignale nicht oder anders getroffen hätten. Dazu ein konkretes Beispiel: Die Herstellung von Computern und von Software war ursprünglich in Staatshand – und zwar in der Hand von Spezialisten des amerikanischen Verteidigungsministeriums. Wenn die Herstellung von Computern und von Software in Staatshand geblieben wäre, dann hätten diese Apparate immer noch das Ausmaß einer Schrankwand und würden ein Vermögen kosten. Wie viele Menschen könnten sich dann wohl – im Vergleich zur gegebenen Situation – einen Computer leisten?!

In dem Maße, wie sich die Freiheit "der Wirtschaft", "der Unternehmer", "des Kapitals" und "des Kapitalismus" verringert, geht auch die persönliche Freiheit der Bürger nieder. Wer das nicht einsehen will, verhält sich wie ein Mann, der sich wünscht, der regionale Stromversorger möge durch Sabotage ausfallen, damit der Nachbar seinen Rasen nicht mehr mähen kann. Jede (nicht gegen kriminelle Schädigung gerichtete) Einschränkung der Freiheit – sei es bei den Individuen oder den Unternehmen – verletzt nicht nur die Menschenrechte und die Menschenwürde, sondern vermindert auch die Effizienz der sozioökonomischen Ordnung (Gesellschaft). Es werden damit falsche Anreize gesetzt und produktive Anreize verhindert, behindert, reduziert oder eliminiert; es werden falsche Informationen (über das Preissystem und das Kostengefüge) ausgestreut und richtige oder nützliche Informationen verhindert, behindert, reduziert oder eliminiert; und es werden die Korrespondenz und Kongruenz zwischen der Angebotsstruktur der Produzenten und der Bedürfnisstruktur der Konsumenten erschüttert und verzerrt.

Wilhelm Röpke hat einmal auf eindringliche Weise die mangelnden Kenntnisse der Bürger bezüglich der Marktwirtschaft beklagt und auch auf die Folgen des Übelstands hingewiesen. "Eines der schwersten Gebrechen unserer Zeit", so Röpke, "besteht darin, daß das Problem der wirtschaftlichen

Ordnung als ein in jeder Volkswirtschaft zu lösendes ebensowenig verstanden wird wie die besondere Art, in der die Marktwirtschaft es löst. Die Menschen unserer Zeit werden mit Wissen aller Art vollgestopft, aber etwas Wesentliches lernen sie nicht: die Wirkungsweise und den Sinn des eigenen Gesellschafts- und Wirtschaftssystems zu verstehen, dessen Glieder sie sind und von dessen Funktionieren ihr Lebensschicksal abhängt. Keine Kultur aber hat jemals lange bestehen können, wenn ihre inneren Gesetze und der Sinn ihrer Einrichtungen nicht mehr begriffen wurden. Der Unverstand, mit dem sogar der durchschnittlich Gebildete unserer Epoche den verwickelten Zusammenhängen der modernen Wirtschaft und ihren inneren Gesetzen gegenübersteht, ist wahrhaft erschreckend. (Röpke 1953, 1997, S. 37f.)

Welches Ausmaß dieser "erschreckende Unverstand" im gegenwärtigen Deutschland angenommen hat, mag ein Verein belegen, der sich *HMF Offensive e.V.* nennt und vor einiger Zeit als "streitbare Vertretung für Handwerk, Mittelstand und Freie Berufe" gegründet wurde. Dem Rundschreiben des Vereins vom Sommer 2004 (mit anhängenden Briefkopien an Partei-, Beamtenbund- und Krankenkassen-Funktionäre, bei denen sich der *HMF Offensive e.V.* als "die neue geistige Führung und das Sprachrohr des Mittelstands in Deutschland" empfiehlt), sind unter anderem folgende "Kernforderungen" zu entnehmen:

– Endlich Investitionen in Milliardenhöhe und Schaffung neuer Arbeitsplätze in der BRD;

- Verhinderung von Kapitalverschiebung ins Ausland durch Einfuhr- und Strafsteuern;
- Globalisierungsstop und Wirtschaftsanschubfinanzierung mit EU-Milliarden;
- Geldkontrolle durch nationale Banken und Sanierung des maroden Privatbankensystems;
- Erhaltung der Handwerksbetriebe durch mehr staatliche Leistungen.

Das entstammt, wohlgemerkt, nicht dem Parteiprogramm der Aufwärm-Kommunisten von Oskars Gnaden, sondern einem Programmpapier, das an Handwerksmeister, Mittelständler und Selbständige – also an Unternehmer gerichtet ist. Kommentar überflüssig.

An anderer Stelle hat Röpke auf die Unteilbarkeit von wirtschaftlicher und *ganzer* Freiheit hingewiesen: "Wenn wir die Freiheit im Politischen und Geistigen wünschen, müssen wir uns für sie auch im Wirtschaftlichen entscheiden, ... wie wir uns umgekehrt darüber klar sein müssen, daß eine kollektivistische Wirtschaftsordnung die Freiheit im Politischen und Geistigen vernichtet."

In der modernen Großgesellschaft sind Freiheit und Marktwirtschaft zwei Seiten derselben Medaille. Jede der beiden ist ohne die andere nicht existenzfähig. Wer die eine Seite beschneidet oder zerstört, beschneidet oder zerstört auch die andere Seite. Markt braucht, schafft und fördert Freiheit; Freiheit braucht, schafft und fördert Markt. Freiheit ist zwar mehr als die Freiheit des Marktes, aber die freie Marktwirtschaft ist wesentliche und unerläßliche Grundlage der persönlichen Freiheit (also der Freiheit ganz generell). Zu dieser Interdependenz hat Professor Erich Hoppmann, Hayeks Nachfolger auf dem Ökonomie-Lehrstuhl in Freiburg, geschrieben: "Mit dem Hinweis auf die Interdependenz der Ordnungen ... ist gemeint, daß freiheitliche Ordnung als Ganzes unteilbar ist. Eine separate >Wirtschaft< ist ein gedankliches Konstrukt." (Hoppmann 1998, S. 13)

Hier zeigt sich also, daß die beiden Wegspuren zur Freiheit, die moralische (nicht-rationalistische) und die rationale (des ökonomischen Wissens) zusammengehören und einen Weg bilden. Marktwirtschaft ist nicht nur die effizienteste aller Wirtschafts- und Gesellschaftsordnungen (und als *Ordnung* überhaupt singulär), sondern auch eine zutiefst moralische Ordnung, weil sie die einzig denkbare Ordnung der (persönlichen) Freiheit ist, und weil jede andere Formation von Wirtschaft und Gesellschaft ein System gegen die Freiheit – und somit unmoralisch ist. Der Kern der Moral, das Wesenselement einer jeden Moral, heißt Freiheit. Freiheit, die Abwesenheit von willkürlichem Zwang und von zwingender Gewalt, ist das wichtigste aller Menschenrechte und die Basis allen moralischen Handelns. Diese Freiheit, die Autonomie der persönlichen Entscheidung, die Freiheit der Wahl (Option) und die Freiwilligkeit des Vertragsschlusses, ist in keinem anderen Wirtschafts- und Gesellschaftssystem so systemimmanent wie in der Marktwirtschaft – und deshalb ist jedes andere System menschlichen Zusammenwirkens in einer Gesellschaft weniger moralisch oder unmoralisch.

Wer es mit dem Wort und der Vorstellung und dem kostbarsten aller Menschengüter (neben der Liebe) namens *Freiheit* wirklich ernst meint, braucht keine dicken Wälzer über Moralphilosophie zu lesen (obwohl das keinesfalls schaden kann), sollte sich aber dringend kundig machen, was *Marktwirtschaft* oder *Kapitalismus* wirklich ist und bedeutet – und was nicht! (Aber man muß bei der Auswahl seiner Lektüre vorsichtig sein, denn der Rattenfänger sind viele und der wahren Geister nur wenige. Hilfreich bei dieser Auswahl ist gewiß die Reihe >Meisterdenker der Freiheitsphilosophie<, die im Ott Verlag, CH-Bern erschienen ist und überwiegend von Professor Gerd Habermann herausgegeben wird.) Auch das Internet bietet nunmehr eine Fülle von Gelegenheiten, sich kundig zu machen. Für denjenigen, der mit der englischen Sprache keine Mühe hat, sind die täglichen Informationen des *Mises Insitute* (mises.org und lewrockwell.com) von unschätzbarem Nutzen. Und die Monatszeitschrift *eigentümlich frei* sollte unerläßliche Lektüre eines jeden wahren Freiheitsfreundes sein.

Angeregt durch Ausführungen von Professor Erich Weede zum Thema *Demokratie und Kapitalismus* (s. Weede 1997), will ich den Versuch unternehmen, die einzigartigen und unverzichtbaren Vorzüge einer kapitalistischen Ordnung in sechs Thesen zusammenzufassen. Wer sich diese 6 Punkte merken kann, hat einen entscheidenden Schritt zum Austritt aus der Knechtschaft und zur Verweigerung von Hörigkeit gemacht:

1) **Nur im Kapitalismus** ist menschenwürdige (freiwillige) Koordination und Kooperation der Menschen möglich (Als Alternativen bleiben nur a) der Befehl und b) der Mehrheitsbeschluß);

2) **Nur im Kapitalismus** können die Konsumenten (also alle Bürger) "das Kapital" für sich arbeiten lassen – egal ob es ihnen gehört oder nicht (die Alternative ist das "Staatskapital", das a) den Bürgern entzogen werden muß, um überhaupt entstehen zu können, und das sich b) einen Dreck um die Bedürfnisse der Konsumenten schert, weil es nicht im "gnadenlosen" Wettbewerb steht);

3) **Nur im Kapitalismus** tragen diejenigen die Verluste, welche die Entscheidungen treffen. (Bei den Alternativen 'Befehl' [= Staatsentscheidung] oder 'Mehrheitsbeschluß' [= überwiegende Staatsentscheidung] tragen die Steuerzahler und Konsumenten die Verluste und Folgen falscher Entscheidungen);

4) **Nur im Kapitalismus** gibt es Meinungsvielfalt und Abweichungen von ideologischer Meinungsdiktatur, denn nur im Kapitalismus finden sich (in aller Regel) Finanziers zur Veröffentlichung und Verbreitung abweichender Meinungen; ist das Kapital in Staatsbesitz, wird nur noch die "genehme" und "herrschende" Meinung publiziert (steuerfinanziert);

5) **Nur im Kapitalismus** können Politiker Einkommensalternativen zum Einkommen aus dem politischen Geschäft finden, wenn sie abgewählt werden oder aus sonstigen Gründen ihre Posten verlieren. Gibt es diese Alternative nicht, so verteidigen sie ihre Macht "um jeden Preis";

6) **Nur im Kapitalismus** haben die Menschen die Chance, ihr eigenes Wissen – und das aller anderen! – zu ihrem eigenen Nutzen (und dem aller anderen!) zu nutzen und Kreativität zu entwickeln, die ihnen und allen anderen nützt. (Die Alternative ist das "befohlene Wissen" und die "befohlene Kreativität", ein Wissen und eine Kreativität, die – wegen der Abwesenheit des Wettbewerbs – weit ineffizienter sind oder ganz verborgen bleiben, ja sogar, soweit sie vorher vorhanden waren, sukzessive verrotten, und die in aller Regel nur den Machthabern dienen).

Wenn hinreichend viele Menschen – vor allem Intellektuelle – verstehen lernen, was die natürliche Ordnung von Wirtschaft und Gesellschaft, der Kapitalismus, wirklich ist, kann die Erde ein Ort des Friedens werden, wo alle Menschen ihr Glück suchen und am Fortgang der Schöpfung freudig teilhaben und mitwirken können. Falls es aber beim weitverbreiteten Unverständnis bleibt, wird unser blauer Planet früher oder später zu einem globalen Gulag, schlimmstenfalls zu einem den ganzen Globus umspannenden Friedhof am Rande der Milchstraße.

Der Kapitalismus: Das sind wir Menschen selber. Nur der Kapitalismus ist eine natürliche Ordnung. Nur im Kapitalismus können wir in Freiheit und Würde leben. Nirgendwo sonst. Dies gelingt uns aber nur, wenn wir ihn kennen, wenn wir *wirklich wissen*, was Kapitalismus ist – *und was nicht*. Nur dann können wir ihn verteidigen – und damit uns selber vor Not und Knechtschaft bewahren. Eine entscheidende Bewährungsprobe könnte uns bald wieder bevorstehen. Ob wir wohl – wieder einmal – versagen werden?

LITERATURVERZEICHNIS

Acton 1988: Lord Acton: *Selected Writings*, Vol. III, Liberty Classics, Indianapolis 1988.

Amberg 2005: George Amberg: "The Tax Path Away from Liberty", lewrockwell.com v. 15.01.2005.

Baader 1997: Roland Baader: *Fauler Zauber – Schein und Wirklichkeit des Sozialstaats*, Resch Verlag, Gräfelfing 1997.

Baader 2000: Roland Baader (Hrsg.): *Logik der Freiheit. Ein Ludwig-von-Mises-Brevier*, Ott Verlag, CH-Thun 2000.

Baader 2003: Roland Baader: *totgedacht. Warum Intellektuelle unsere Welt zerstören*. Resch Verlag, Gräfelfing 2003.

Bandulet 2002: Bruno Bandulet: Ausschnitte aus dem *Deutschland Brief* vom Dezember 2002.

Becker 1995/96: Gary S. Becker: "Humankapital und Wirtschaftswachstum", in: *Schweizer Monatshefte*, Heft 12/1, Dez. 1995/Jan. 1996, S. 17–21.

Beyfuß 1997: Jörg Beyfuß et al.: *Globalisierung im Spiegel von Theorie und Empirie*, Beiträge zur Wirtschafts- und Sozialpolitik, Institut der deutschen Wirtschaft, Köln, Heft 235, 1997.

Bouckaert 2001: Boudewijn Bouckaert: "Will globalization lead to cultural monotony?", Vortrag vor der *Friedrich A. von Hayek-Gesellschaft* am 31.06.2001 in Freiburg i.Br.

Bouillon 1993: Gerard Radnitzky and Hardy Bouillon (eds.): *Government: Servant or Master?*, Radopi, Amsterdam/Atlanta, GA, 1993, pp. 23-71.

Bouillon 1997: Hardy Bouillon: *Freiheit, Liberalismus und Wohlfahrtsstaat*, Nomos, Baden Baden 1997.

Bouillon 2005: Hardy Bouillon: *What are Human Rights?*, Occasional Paper No 6 des *Liberalen Instituts* der *Friedrich-Naumann-Stiftung*, 2005.

Buchanan 1962: James M. Buchanan and Gordon Tullock: *The Calculus of Consent*, Universtity of Michigan Press, 1962.

Collier/Dollar 2002: Paul Collier, David Dollar: *Globalization, Growth and Poverty, Building an Inclusive World Economy*. World Bank, Oxford University Press, New York 2002.

Connolly 1998: Bernard Connolly: "The spectre of intervention", in: *Euromoney*, Sept. 1998.

Dávila 1992: Nicolás Gómez Dávila: *Auf verlorenem Posten*, Karolinger, Wien 1992.

DiLorenzo 2004: Thomas DiLorenzo: *How Capitalism Saved America: The Untold History of Our Country, From the Pilgrims to the Present.* Crown Forum, 2004.

Doering 1995: Detmar Doering: "Anstöße für eine Verfassung der Freiheit", in: Friedrich Naumann Stiftung (Hrsg.): *Radikal Liberales Forum*, Sept. 1995, S. 25–31.

Doering 2003: Detmar Doering: "Deutschland steigt ab", in: *Schweizer Monatshefte*, April 2003, S. 34.

Durant 1939, 1977: *The Story of Civilization. 2. The Life of Greece III-V*, Simon and Schuster, New York 1939. Deutsch: Das klassische Griechenland, Südwest Verlag, München 1977.

Ederer 2000: Günter Ederer: *Die Sehnsucht nach einer verlogenen Welt*, C.Bertelsmann, München 2000.

Eichenberger 2005: Rainer Eichenberger: "Außer Konkurrenz", in: *Die Weltwoche* Nr. 17.05, S. 7

Engels 1985: Wolfram Engels: *Über Freiheit, Gleichheit und Brüderlichkeit*, Frankfurter Institut für wirtschaftspolitische Forschung e.V., Bad Homburg 1985.

Eucken 1932, 1997: Walter Eucken: "Staatliche Strukturwandlungen und die Krisis des Kapitalismus", Weltwirtschaftliches Archiv, Bd.XXXVI, 1932, S. 297–321. Wiederabdruck in: Ordo, Bd. 48, 1997, S. 5–24.

Fears 1988: J. Rufus Fears (ed.): *Selected Writings of Lord Acton*, Vol. III, Liberty Fund, Indianapolis 1988.

Fischer 1998: Wolfram Fischer: *Expansion, Integration, Globalisierung. Studien zur Geschichte der Weltwirtschaft*, Vandenhoeck & Ruprecht, Göttingen 1998.

Flew 1997: Antony Flew: "Private Property and >Social Justice<", in: *The Freeman*, May 1997, pp. 299–301.

Folsom, Jr. 1997: Burton W. Folsom, Jr.: "Market Entrepreneurs: Building Empires of Service", Hillsdale College-*Imprimis*, Vol 26, No 12, Dec. 1997.

Gehlen 1969, 1981: Arnold Gehlen: *Moral und Hypermoral*, 1969, 4. Aufl.: Akademische Verlagsanstalt Athenaion, Wiesbaden 1981.

Gillessen 2005: Günther Gillessen: "Je freier die Wirtschaft, desto sozialer ist sie auch", in der *Jungen Freiheit* vom 22.05.2005.

Guardini 1993: Romano Guardini: *Ethik. Vorlesungen an der Universität München*, Bd.2, Grünewald, Mainz, und Schöningh, Paderborn 1993.

Habermann 2001: Gerd Habermann: "Was ist des Unternehmers Pflicht und Schuldigkeit?", *Forum* (Vortragsreihe des Instituts der Deutschen Wirtschaft, Köln), Jg. 51, Nr.27 v. 3.7.2001.

Hankel 1993: Wilhelm Hankel: *Die sieben Todsünden der Vereinigung*, Siedler, Berlin 1993.

Hayek 1946 / 1976: Friedrich A. von Hayek: "Wahrer und falscher Individualismus", Dublin und Oxford 1946. Wiederabdruck in: Hayek: *Individualismus und wirtschaftliche Ordnung*, Neugebauer, Salzburg 1976, S. 9–48.

Hayek 1971: Friedrich A. von Hayek: *Die Verfassung der Freiheit*, J.C.B. Mohr (Paul Siebeck), Tübingen 1971.

Hayek 1976, 1978: Friedrich A. von Hayek: *Denationalisation of Money*, The Institute of Economic Affairs, London 1976; erweiterte Auflage: *IEA Hobart Paper Special* No 70, 1978.

Hayek 1977: Friedrich A. von Hayek: *Drei Vorlesungen über Demokratie, Gerechtigkeit und Sozialismus*, J.C.B. Mohr, Paul Siebeck, Tübingen 1977.

Hayek 1979: Friedrich A. von Hayek et al.: "Wilhelm Röpke – Einleitende Bemerkungen zur Neuauflage seiner Werke", in: Wilhelm Röpke: *Die Lehre von der Wirtschaft*, 1937, 12. Auflage, Verlag Paul Haupt, Bern und Stuttgart 1979, S. V-XXXVI.

Hayek 1981: Friedrich A. von Hayek: *Recht, Gesetzgebung und Freiheit*, 3 Bände, Band 2: *Die Illusion von der sozialen Gerechtigkeit*, Verlag moderne industrie, Landsberg am Lech 1981.

Hayek 1996: Friedrich A. von Hayek: *Die verhängnisvolle Anmaßung. Die Irrtümer des Sozialismus*, Mohr, Tübingen 1996.

Hayek 2003: Friedrich A. von Hayek: *Recht, Gesetz und Freiheit*, Mohr, Siebeck, Tübingen 2003.

Higgs 1995: Robert Higgs: "The Myth of >Failed< Policies", in: *The Free Market*, Vol 13, No 6, June 1995.

Higgs 2002: Robert Higgs: "Government Protects Us?", in: *The Independent Review*, Vol VII No 2, Fall 2002, pp. 309-313)

Hoppe 2001, 2003: Hans-Hermann Hoppe: *Democracy – The God That Failed*, Transaction Publishers, New Brunswick, New Yersey 2001. Deutsch (übersetzt von Robert Grözinger): *Demokratie – Der Gott, der keiner ist*, Manuskriptum Verlag, Waltrop und Leipzig 2003.

Hoppmann 1998: Erich Hoppmann: "Die Interdependenz der Ordnungen", in: *Ordo*, Bd. 49, 1998, S. 3–14.

Hülsmann 2004: Jörg Guido Hülsmann: "The Cultural and Spiritual Legacy of Fiat Inflation", *Mises Daily Article* v. 28. 07. 2004.

Jasay 1995: Anthony de Jasay: *Liberalismus neu gefaßt. Für eine entpolitisierte Gesellschaft*, Propyläen, Ullstein, Berlin u. Frankfurt a. M. 1995.

Jasay 1997: Anthony de Jasay: *Against Politics – On government, anarchy, and order*, Routledge, London and New York 1997.

Jasay 2002: Anthony de Jasay: *Justice and its Surroundings*, Liberty Fund, Indianapolis 2002.

Jasay 2003: Anthony de Jasay: "Liberalism Loose or Strict", in: *Reflexion* Nr. 49/50, Dezember 2003, S. 15–19.

Kasper 2001: Wolfgang Kasper: "Ordnungspolitischer Zerfall >down under<", in der *Neuen Zürcher Zeitung* vom 14. 04. 2001.

Kirsch 1981: Guy Kirsch: "Den >homo oeconomicus< menschlicher machen", in der *Frankfurter Allgemeinen Zeitung* vom 10. 01. 1981.

Lambsdorff 1995: Otto Graf Lambsdorff: "Protektionismus als moderne Form des Imperialismus", in: *Neue Zürcher Zeitung* vom 28. 10. 1995.

Leipold 2000: Helmut Leipold: "In Deutschland muß sich eine 'Bürgergesellschaft' entwickeln – Ist das realistisch?", in: *Orientierungen* Nr. 86, Dez. 2000, S. 14–20.

Lester 2000: J. C. Lester: *Escape from Leviathan: Liberty, Welfare and Anarchy Reconsidered*, St. Martin's Press, New York 2000.

Leube 1999: Kurt R. Leube: "Über Solidarität und soziale Gerechtigkeit", in: *Schweizer Monatshefte*, Heft 2, 1999, S. 23–27.

Lynch 2000: Alberto Benegas Lynch: "George Soros – Eine Gefahr für den Kapitalismus", in: *Schweizer Monatshefte*, Juni 2000, S. 5–7.

Mathews 1999: Don Mathews: "Why Keynes Lives", in: *The Free Market*, Sept. 1999.

Miegel 2003: Meinhard Miegel: "Deutschland steuert in die Ausweglosigkeit", Interview in: *MUT* Nr. 433, Sept. 2003, S. 6–12.

Mierzejewski 2005: Alfred C. Mierzejewski: *Ludwig Erhard. Der Wegbereiter der Sozialen Marktwirtschaft. Eine Biographie,* Siedler, Berlin 2005.

Mises 1922: Ludwig von Mises. *Die Gemeinwirtschaft,* Jena 1922.

Mises 1922, 1932, 1981: Ludwig von Mises: *Die Gemeinwirtschaft,* Gustav Fischer Verlag 1922, unveränderter Nachdruck der 2. umgearb. Auflage, Jena 1932, Philosophia Verlag, München 1981.

Mises 1927, 1993: Ludwig von Mises: *Liberalismus,* Gustav Fischer Verlag, Suttgart und Jena 1927, Nachdruck: Academia Verlag, Sankt Augustin 1993.

Mises 1931: Ludwig von Mises: "Der Economist – Die Krise und der Kapitalismus", in: *Neue Freie Presse* v. 17. 10. 1931.

Mises 1978: Ludwig von Mises: *Im Namen des Staates,* Verlag Bonn Aktuell, Stuttgart 1978.

Nash 1986: Ronald H. Nash: *Poverty and Wealth,* Crossway Books, Westchester, Ill. 1986.

Nef 1995: Robert Nef: "Marktwirtschaft als 'Weg aus der Knechtschaft'", in: *Reflexion,* Schriftenreihe des *Liberalen Instituts Zürich,* Heft Nr. 34, März 1995, S. 74–76.

Nef 2000: Robert Nef: "Was bleibt von Hayeks Kritik an der 'sozialen Gerechtigkeit'?", Vortrag, gehalten in Peking im Jahr 2000.

Nef 2001: Robert Nef: "Recht als ethisches Minimum", in: *Reflexion* Nr. 44, Januar 2001, S. 33.

Nef 2003: Robert Nef: Brief an den Chefredakteur Wirtschaft der *Neuen Zürcher Zeitung,* Dr. Gerhard Schwarz, vom März 2003.

Nef 2003a: Robert Nef: "Aufklärung durch Globalisierung", in: *Schweizer Monatshefte,* März 2003, S. 5.

O'Keeffe 1999: Dennis O'Keeffe: *Political Correctness and Public Finance,* IEA Studies in Education No. 9, London 1999.

Ortega 1942, 1951: José Ortega Y Gasset: "Der entfremdete Mensch", 1942; deutsch in: Ortega Y Gasset: *Das Wesen geschichtlicher Krisen,* Deutsche Verlagsanstalt, Stuttgart, 2. Aufl. 1951, S. 43–59.

Powelson 1994: John P. Powelson: *Centuries of Economic Endeavor: Parallel Paths in Japan and Europe and Their Contrast with the Third World,* Michigan University Press, Ann Arbor 1994.

Radnitzky 1982: Gerard Radnitzky: "Das Verhältnis von individuellen Freiheitsrechten und Sozialrechten", in: Lothar Bossle u. Gerard Radnitzky (Hrsg.): *Die Selbstzerstörung der offenen Gesellschaft*, Naumann, Würzburg 1982, S. 63–125.

Radnitzky 1993: Gerard Radnitzky: "Private Rights against Public Power: The contemporary conflict", in: Radnitzky/Bouillon (eds.): *Government: Servant or Master?*, Radopi, Amsterdam/Atlanta, GA, 1993, pp. 23–71.

Radnitzky 2000: Gerard Radnitzky: "Soziale Gerechtigkeit – eine Chimäre?", Vortrag, gehalten am 25. 03. 2000 an der Universität Trier.

Radnitzky 2001: Gerard Radnitzky: "Die Wissenschaftstheorie des Kritischen Rationalismus und das Argument zugunsten der Freiheit", in: Darius Aleksandrowicz, Hans Günther Ruß: *Realismus Disziplin Interdisziplinarität*, Editions Rodopi, Atlanta, GA, Amsterdam 2001, pp. 269–284.

Radnitzky 2004: Gerard Radnitzky: "Eine Art libertäres Manifest", in: *eigentümlich frei* Nr. 39, Jan./Feb. 2004, S. 46f.

Read 2000: Leonard E. Read: *"The Law Without"*, Reprint im *President's Essay* der *Heritage Foundation* vom Herbst 2000, pp. 35–41.

Raeder 1997: Linda C. Raeder: "Education and the Free Society", in: *The Freeman*, Oct. 1997, S. 620f.)

Raico 1999: Ralph Raico: Die *Partei der Freiheit. Studien zur Geschichte des deutschen Liberalismus*, Lucius & Lucius, Stuttgart 1999.

Rajan 2003: Raghuram G. Rajan and Luigi Zingales: *Saving Capitalism from the Capitalists. Unleashing the Power of Financial Markets to Create Wealth and Spread Opportunity*, Crown Business, New York 2003.

Reisman 2004: George Reisman: "Is Laissez-Faire a Threat to Freedom? An Answer to George Soros", *Mises Daily Article* v. 1.11. 2004.

Rich 2000: Franziska Rich: "Rußland kann auch anders sein", in der *Neuen Zürcher Zeitung* vom 5. Januar 2000.

Richman 2003: Sheldon Richman: "Vices and Crimes", in: *Ideas on Liberty*, May 2003, pp. 2f.

Rochas 2001: Mauricio Rochas: "Aufruf für eine offene Welt", Erstpublikation in *Dagens*; übersetzter Nachdruck in: *eigentümlich frei* Nr. 17, Sept. 2001, S. 16–18.

Rockwell 2000: Llewellyn H. Rockwell, Jr.: "Government Lies", in: *The Free Market*, Vol 18, No 12, December 2000, pp. 4f.

Rockwell 2000 a: Llewellyn H. Rockwell, Jr.: Brief des Präsidenten (Rockwell) des *Ludwig von Mises Institute*, Auburn, Alabama, zum Jahresende 2000.

Röpke 1950: Wilhelm Röpke: *Mass und Mitte*, Rentsch Verlag, Erlenbach-Zürich 1950.

Röpke 1958: Wilhelm Röpke: *Jenseits von Angebot und Nachfrage*, Eugen Rentsch Verlag, Erlenbach-Zürich und Stuttgart 1958.

Röpke 1953, 1997: Wilhelm Röpke: "Kernfragen der Wirtschaftsordnung", Entwurf von 1953, Abdruck in: *Ordo*, Band 48, 1997, S. 27–64.

Röpke 1979: Wilhelm Röpke: *Die Lehre von der Wirtschaft*, 1937, 12. Auflage, Verlag Paul Haupt, Bern und Stuttgart 1979.

Rothbard 1963/1983: Murray N. Rothbard: *America's Great Depression*, 1963. Fourth Edition: Richardson & Snyder, New York City 1983.

Sartori 1987, 1992: Giovanni Sartori: *The Theory of Democracy revisted*, Chatham, New Jersey 1987; deutsch: *Demokratie-Theorie*, Wissenschaftliche Buchgesellschaft, Darmstadt 1992.

Schelsky 1975: Helmut Schelsky: *Die Arbeit tun die anderen. Klassenkampf und Priesterherrschaft der Intellektuellen*, Westdeutscher Verlag, Opladen 1975.

Schelsky 1982: Helmut Schelsky: "Die lautlose Revolution. Die Machtergreifung in Bildungseinrichtungen, Kirchen und Massenmedien", in: *Epoche* Nr. 4, 1982.

Schmid 1999: Josef Schmid: *Die Moralgesellschaft. Vom Elend der heutigen Politik*. Herbig, München 1999.

Schoolland 1998: Ken Schoolland: *Die Abenteuer des Jonathan Gullible*, S.P. Kopp, Berlin 1998.

Schwarz 1999: Gerhard Schwarz: "Ökonomische Miszellen zum Ziffernwechsel" in der *Neuen Zürcher Zeitung* vom 31.12.1999.

Schwarz 2005: "Kapitalismuskritik als Realitätsverweigerung", *Neue Zürcher Zeitung* v. 21.05.2005.

Sennholz 2005: Hans F. Sennholz: Interview mit dem *Austrian Economics Newsletter*, Vol 22, No 1, Spring 2005.

Sieburg 1956: Friedrich Sieburg: *Napoleon – Die hundert Tage*, Deutsche Verlagsanstalt, Stuttgart 1956.

Snyder 2001: Jeff Snyder: "Rights Without Exceptions", in: *Ideas on Liberty*, May 2001, pp. 20-24.

Sorba, Antal 1970: *Die große Schröpfung*, Econ, Düsseldorf und Wien 1970.

Spaemann 1965, 2001: Robert Spaemann: Antrittsvorlesung "Die zwei Grundbegriffe der Moral" von 1965, wiedergegeben in: Robert Spaemann: *Grenzen. Zur ethischen Dimension des Handelns*, Klett-Cotta, Stuttgart 2001.

Späth 2005: Lothar Späth: "Alarmstufe Rot" im *Handelsblatt* vom 20. 07. 2005.

Topitsch 1972: Ernst Topitsch: "Krimineller Moralismus", in: *Die Welt* vom 9. 9. 1972.

Topitsch 1973: Ernst Topitsch: *Gottwerdung und Revolution*, Verlag Dokumentation, Pullach 1973.

Topitsch 1999: Ernst Topitsch: "Im Reich der Lüge", in: *Junge Freiheit* v. 17. 12. 1999.

van den Berg 2002: Hendrik van den Berg: "Does Annual Real Gross Domestic Product per Capita Overestate or Underestate the Growth of Individual Welfare over the past two Centuries?", in: *The Independent Review*, Vol. VII No.2, Fall 2002, pp.181-196.

Tuchtfeldt 1973, 1996): Egon Tuchtfeldt: "Über den Mythos der Machbarkeit", in: *Schweizer Monatshefte*, Heft 8, 1973, auszugsw. Wiederabdruck in: *Schweizer Monatshefte*, Heft 7/8, 1996, S. 68.

Tullock 1962: James M. Buchanan and Gordon Tullock: *The Calculus of Consent*, University of Michigan Press, 1962.

Walters 1993: Alan Walters: Interview-Artikel "Am EWS-Kollaps sind nicht die Spekulanten schuld", in: *Finanz und Wirtschaft* v. 25. 08. 1993.

Weede 1998: Erich Weede: "Wenn die Demokratie den Kapitalismus untergräbt", im *Handelsblatt* vom 17. 09. 1998.

Weede 2000: Erich Weede: *Asien und der Westen*, Nomos Verlagsgesellschaft, Baden-Baden 2000.

Weede 2001: "Mehr Selbstbestimmung als Mitbestimmung", in: *Schweizer Monatshefte*, Mai 2001, S. 12–15.

Weede 2002: Erich Weede: "Globalisierung ist ein Programm gegen Massenarmut", *Handelsblatt* vom 26. 03. 2003.

Weede 2003: Erich Weede: *Mensch, Markt und Staat. Plädoyer für eine Wirtschaftsordnung für unvollkommene Menschen*, Lucius & Lucius, Stuttgart 2003.

Weede 2003 a: Erich Weede: "Radikalliberale und Patrioten zusammen?", in: *eigentümlich frei* Nr. 38, Nov./Dez. 2003, S.41–43.

Wegmann 2003: Milène Wegmann: "Für die Bewahrung der Werte einer freien Gesellschaft", in: *Neue Zürcher Zeitung* vom 15.03.2003.

Willgerodt 1998: Hans Willgerodt: "Gedeckte und ungedeckte Rechte", in: *Orientierungen* Nr.76, Juni 1998, S. 20–25.

Willgerodt 1999: Hans Willgerodt: "Stabiles Geld und Marktfreiheit als Krisenursache?" im *Handelsblatt* vom 26.10.1999.

Williams 2000: Walter E. Williams: "Silly Talking", in: *Ideas on Liberty*, July 2000, pp. 63, 64.

Younkins 1997: Edward W. Younkins: "Business and Morality in a Free Society", in: *The Freeman*, Nov. 1997, pp. 679f.

PERSONEN-VERZEICHNIS

Haberler, Gottfried 48
Habermann, Gerd 119, 120, 161, 162, 287
Hankel, Wilhelm 201
Hayek, Friedrich A. von 11, 48, 63, 79, 80, 132, 135, 149, 189, 190, 191, 198, 199, 229, 230, 231, 237, 238, 239, 241, 242, 250, 251, 252, 253, 257, 268, 274, 275, 276, 286
Hegel, Georg Wilhelm Friedrich 93
Henderson, David A. 87, 88
Hensel, K. Paul 190
Higgs, Robert 196, 221, 222
Hitler, Adolf 139
Hobbes, Thomas 93
Hölderlin, Friedrich 177
Hoover, Herbert Clark 61
Hoppe, Hans-Hermann 98, 99, 259
Hoppmann, Erich 286
Hülsmann, Jörg Guido 105, 106, 107
Hume, David 257

James, Harold 184
Jasay, Anthony de 213, 214, 215, 242, 244, 245, 262, 263, 266, 267, 268, 276
Johnson, Samuel 249

Kant, Immanuel 209, 210
Kasper, Wolfgang 168
Keller, Gottfried 272
Keynes, John Maynard 48, 49, 179, 191, 228, 231
Kim Il Sung 70

Kirsch, Guy 93
Kirzner, Israel M. 146
Konfuzius 7

Lafontaine, Oskar 117, 163, 182
Lambsdorff, Otto Graf 234
Lasalle, Ferdinand 70
Lee, Dwight R. 194
Leipold, Helmut 235, 256
Lenin 70, 93, 186
Lester, J.C. 217
Leube, Kurt 234
Lincoln, Abraham 26, 60
Locke, John 263
Löw, Konrad 14
Lutz, Friedrich A. 190
Lynch, Alberto Benegas 63, 64, 165, 166

Machlup, Fritz 48
Maddison, Angus 15
Mao Tse-tung 70, 133, 209
Marx, Karl 10, 13, 14, 59, 70, 87, 131, 137, 142, 143, 167, 174, 176, 187, 203, 229, 258
Mathews, Don 228
Maurer, Ulrich 186
Meltzer, Allan 261
Mencken, H. L. 217
Menger, Carl 48, 138
Mierzejewski, Alfred C. 63, 115, 116
Miegel, Meinhard 19, 20
Mill, John Stuart 11, 263
Mises, Ludwig von 16, 17, 48, 62, 63, 94, 98, 117, 122, 123, 124, 129, 130, 152, 190, 249, 287

Roland Baader,
Diplom-Volkswirt, Jahrgang
1940, ist klassisch-liberaler
Nationalökonom und Sozialphilosoph. Nach Studium (bei
Friedrich A. von Hayek) und
20-jähriger Unternehmertätigkeit
wurde er freier und – wie er
betont – »von nichts und niemandem abhängiger« Autor.

Seine sprachgewaltigen und po-
pulärwissenschaftlich-verständ-
lichen Schriften haben ein breites
Leserpublikum gefunden.

Mit bislang 12 Büchern, 20 Buch-
beiträgen, rund 200 Zeitschriftenartikeln und unzähligen Vorträgen
gilt Baader als herausragender
Freiheitsdenker des deutschen
Sprachraums.

Die Zeitschrift ef-magazin nennt
ihn den »wahrscheinlich bedeutendsten klassisch-liberalen
Autor im deutschsprachigen
Raum«. Baader ist Mitglied der
internationalen *Mont Pelerin
Society* und der deutschen *Friedrich A. von Hayek-Gesellschaft.*

Bücher von Roland Baader im RESCH-VERLAG:

**Die belogene Generation –
politisch manipuliert statt
zukunftsfähig informiert**
224 Seiten, Taschenbuch,
ISBN 3-930039-67-2, € 14,32

**Die Enkel des Perikles – Liberale
Positionen zu Sozialstaat und
Gesellschaft**
280 Seiten, Französische Broschur,
ISBN 3-930039-33-8, € 15,24

**Fauler Zauber – Schein und
Wirklichkeit des Sozialstaats**
292 Seiten, Hardcover mit
Schutzumschlag,
ISBN 3-930039-59-1, € 24,54

**Geld, Gold und Gottspieler –
am Vorabend der nächsten
Weltwirtschaftskrise**
344 Seiten, Hardcover mit
Schutzumschlag,
ISBN 3-935197-30-6, € 29,90
Taschenbuchausgabe,
ISBN 3-935197-42-X, € 18,90

**Kreide für den Wolf – Die tödliche
Illusion vom besiegten Sozialismus**
272 Seiten, Hardcover mit
Schutzumschlag,
ISBN 3-935197-69-9, € 22,91

**totgedacht – Warum Intellektuelle
unsere Welt zerstören**
288 Seiten, Hardcover mit
Schutzumschlag,
ISBN 3-935197-26-8, € 22,80

**Wider die Wohlfahrtsdiktatur –
Zehn liberale Stimmen**
256 Seiten, Französische Broschur,
ISBN 3-930039-34-6, € 15,24

Gerne senden wir Ihnen unseren
Prospekt „Politik/Recht/Wirtschaft
und Gesellschaft" zu, in dem Sie
umfassende Informationen zu den
Büchern von Roland Baader und
anderen Autoren finden.

Alle Informationen erhalten Sie
auch auf unserer Internetseite
http://www.resch-verlag.com.

Verlag Dr. Ingo Resch GmbH http: www.resch-verlag.com
Maria-Eich-Straße 77 · D-82166 Gräfelfing · 089/8 54 65-0 · Fax 089/8 54 65-11

Roland Baader

Geld, Gold und Gottspieler
Am Vorabend der nächsten Weltwirtschaftskrise

344 Seiten
Hardcover mit Schutzumschlag € 29,90
ISBN 3-935197-30-6

Taschenbuch € 18,90
ISBN 3-935197-42-X

Roland Baader hatte vor mehr als 10 Jahren prognostiziert, dass der Sozialstaat nicht zu halten ist, heute belegt er, dass das Staatsmonopol Geld die Industrieländer in die schwerste Wirtschaftskrise führen wird. Das falsche Geld als Ursache der rasanten Staatsverschuldung und damit die Ursache einer nicht mehr zu bewältigenden Krise wird von den wenigsten Ökonomen erkannt. Baader belegt, es ist nicht der freie Markt, der versagt, sondern das falsche, weil staatliche Geld, das den Wirtschaftskreislauf vergiftet. Es wird verkannt, dass auch ein Tauschmittel einen realen Wert besitzen muss, um es vor der beliebigen Vermehrbarkeit zu schützen.

Wieland Kurzka

Im Paragrafenrausch
Überregulierung in Deutschland –
Fakten, Ursachen, Auswege

304 Seiten
Taschenbuch € 14,90
ISBN 3-935197-43-8

Dieses längst überfällige Buch verdeutlicht zweierlei: zum einen den Übereifer des Gesetzgebers und zum anderen den Ruf des Bürgers nach Gesetzen. Bei fast jedem Reformvorhaben wird Deregulierung versprochen, doch jede Reform ist mit einem Wust neuer Gesetze, Vorschriften und Regeln verbunden. Die Menge der zu verabschiedenden Gesetze bringt es mit sich, dass sich in zunehmendem Maß „handwerkliche" Fehler einschleichen. Dieses Buch bleibt nicht bei einer Beschreibung des beklagenswerten Zustandes stehen, sondern zeigt die Gründe auf und nennt Voraussetzungen, die einer Gesetzesflut Einhalt bieten können.

Verlag Dr. Ingo Resch GmbH http: www.resch-verlag.com
Maria-Eich-Straße 77 · D-82166 Gräfelfing · 089/8 54 65-0 · Fax 089/8 54 65-11